분단시대의 작가 하이너 뮐러 연구

김창우

경북대학교출판부

김창우

1949년 서울 출생
고려대학교 독문과 졸업
서독 자유베를린대학 연극학 석사
현 경북대학교 독문과 교수

(사)전국민족극운동협회 이사장 역임
대구 극단 '함께 사는 세상' 상임 연출
연출작 : 〈이 땅은 니캉 내캉〉, 〈선새임뇨〉, 〈해직일기〉, 〈노동자 내 청춘〉 외 다수
역서 : 『봉인된 시간』, 『타르코프스키의 순교일기』, 『영화판의 적들』
논문 : 「역사적 소재의 희곡적 수용」, 「하이너 뮐러 교육극 연구」, 「크리스토프 하인의 역사극 연구」 외 다수

분단시대의 작가 하이너 뮐러 연구

찍은날 2008년 10월 13일 | **펴낸날** 2008년 10월 15일
지은이 김창우
펴낸이 노동일 | **펴낸곳** 경북대학교출판부
출판등록 1973년 10월 10일 ㉣97호 | **주소** 대구광역시 북구 산격동 1370번지
전화 053-950-6741~3 | **팩스** 053-953-4692 | **E-mail** press@knu.ac.kr
Homepage http://knupress.com

정가 15,000원
ISBN 978-89-7180-237-3 93850

※파본은 바꾸어 드립니다.

머리말

극장을 역사를 기록하는 장소라고 주장하는 것은 매우 중요하다. - 하이너 뮐러

뮐러의 작품은 어렵다고 흔히들 말한다. 첫 번째 어려움은 작품 자체의 어려움으로, 뮐러가 인용하는 인용구들의 출처와 그 전후맥락을 알면 어느 정도 풀리게 된다. 두 번째 어려움은 공연의 어려움이다. 사건의 흐름이 아니라 의식의 흐름을 따라가는 장면들이 많아서, 이를 어떻게 무대에서 표현할 수 있을지 선뜻 그림이 떠오르지 않기 때문이다. 그래서인지 웬만큼 이름이 난 중진 연출가들은 뮐러의 작품을 잘 선택하지 않는다. 원작자와 과감하게 맞서야 하는 연출가 노릇에 썩 자신이 없기 때문일까? 사유극(思惟劇, Gedankenspiel)이라 표현할 정도로 사변적인 뮐러의 대본을 무대에 펼치기 위해서는 그 사변적 내용, 의식의 편린들을 내면에서 외면으로 과감하게 바꾸어 주어야 하는데, 그 작업이 만만치 않기 때문일 것이다. 이제까지 뮐러의 많은 작품들이 공연되었지만, 작가 자신과 로버트 윌슨의 연출을 제외하고, 중진 연출가의 이름은 별로 보이지 않는다. 뮐러의 작품은 젊고 패기 있는 연출가들이 즐겨 선택한다. 뮐러 자신은 이 공연화의 어려움을 문학과 연극의 '충돌'이라 불렀고, 연극의 생명은 바로 이 '충돌'에 있다고 하였다. 작가는 충돌 자체가 극적이라면 그 충돌이 인물의 내면에서, 의식 속에서 벌어지더라도 상관하지 않는다. 뮐러 드라마에 자주 나오는 의식의

흐름 속의 갈등을 시각적으로 표현하는 것은 연출가의 몫이다. 뮐러의 드라마를 무대가 아닌 책상에서 읽으면서 즐길 수 있는 이유도 바로 이 때문이다. 1차 암호만 풀리면 웬만큼 극적 상상력이 있는 독자라면 그의 드라마를 진진하게 즐기며 음미할 수 있다. 왜냐하면 뮐러의 드라마는 지면 한가득, 온갖 갈등과 모순, 날카로운 사회비판과 호된 자기질책들이 난무하기 때문이다. 20세기 최고의 극작가로 평가되는 뮐러의 작업은 새로운 연극을 위한 실험의 연속이었다. 희곡의 전통적 양식인 대화 대신 산문과 독백과 인용을 자주 사용하며, 구성을 포기하고 토막극 형식을 그는 선호하였다. 이러한 뮐러 드라마의 묘미를 맛볼 수 있는 도움수단을 제공하고자 하는 것이 이 책을 쓰게 된 동기였음을 밝혀 둔다.

뮐러가 평생을 부여안고 씨름했던 핵심주제는 '독일', 그것도 '분단된 독일'이었다. 지구상의 유일한 분단국가에 살고 있는 필자에게 분단독일에 관한 뮐러의 드라마들은 새로운 사극의 방향을 제시해 주었다. 과거사의 단순 재구성이 아니라, 역사의 흐름 속에서 악한 것, 처절한 것, 해결되지 않은 것들을 집요하게 강조하는 그의 드라마는 관객들에게 해결책을 제시하지 않는다. 관객이 참여하도록 하고, 작가와 함께 사고하도록 함으로써 작가가 쓴 작품이라는 기계가 비로소 작동하게 만든다.

반만년의 파란만장한 역사를 갖고 있으면서도 고전이라 부를 만한 사극 한 편이 없는 우리의 현실은 안타깝기 짝이 없다. 열린 구조와 미완의 형식을 선호한 뮐러의 토막극 형식 드라마는 연산(連山)구조를 갖는 우리 탈춤의 형식과 유사하다. 사유(思惟)의 놀이 속으로 관객들을 참여시키는 뮐러의 연극미학은, 틈새를 미리 설정하고 관객들을 참여시키는 탈춤의 수법과 연극미학적으로 공통분모를 갖고 있다. 그렇다고 뮐러의 드라마 틀거리에 우리 내용을 채우자는 제안을 하는 것은 아니다. 그가 제시한 방향과 우리 전통극의 미학이 같은 방향을 취하고 있다는 점을 인식하고, 21세기에 걸맞은 연극미학을 탐색해 나가는 일은 충분히 의미 있는 일이 아니겠는가? 브레히트의 작업결과가 아니라, 작업방식을 이어받아야 한다고 주장한 뮐러처럼, 뮐러의 작업방식을 활용하면서 뮐러 연극의 사변적 측면을 탈춤의 신명으로 넘어설 수 있다면, 이는 결코 뮐러를 배반하는 행위가 아닐 것이다. 뮐러는 본격적인 극작가의 길을 걷기 이전인 22세 청년 시절, 한반도와 작은 인연을 맺은 바 있다. 1951년 동베를린에서 열린 제3차 세계 청소년 평화축전에 참석한 북한팀에게 뮐러는 환영의 시를 헌정했고, 이 시는 작곡되어 연주되었다. 분단된 한반도에서 분단을 극복하는 제3세계 연극의 깃발이 높이 펄럭이게 된다면 이는 뮐러에게 좋은 답례가 될 수 있을 것이다.

필자의 졸저가 독자들에게 뮐러의 드라마를 음미할 수 있는 도움수단이 될 수 있었으면 하는 바람과, 한국연극의 정립에 조금이라도 이바지할 수 있기를 바라는 마음 간절하다.

2008년 10월

김 창 우

차례

약어표

Gl. : Müller Heiner : Gesammelte Irrtümer. Interviews und Gespräche, Frankfurt/M.1986

Gl2. : Müller Heiner : Gesammelte Irrtümer 2. Interviews und Gespräche, Frankfurt/M.1990

Gl3. : Müller Heiner : Gesammelte Irrtümer 2. Texte und Gespräche, Frankfurt/M.1994

KoS. : Krieg ohne Schlacht. Leben in zwei Diktaturen, Köln, 1992

독일어의 약어표기

a.a.O. : am angegebenen Ort = 앞의 책

Bd. Band = 권(卷)

Ebd. : Ebenda = 위의 책의 같은 면

f. : folgende Seite = ~면 이하 다음 면까지

ff. : folgende Seiten = ~면 이하 여러 면

Hrsg. : Herausgeber = 편저자

S. : Seite = 면, 쪽

u.a. : und andere = ~ 등

Vgl. : Vergleiche! = 참조

1장

분단시대의 작가 하이너 뮐러

1929년 작센지방의 에펜도르프(Eppendorf)에서 사민당 간부의 아들로 태어난 하이너 뮐러(Heiner Müller)는 나치 파시즘하에서 유년을 보내고, 참전과 포로생활을 거친 후 사회주의 국가로 새롭게 탄생한 동독에서 작가생활을 시작하여 동독정권이 붕괴되기 직전까지 왕성한 작품 활동을 전개했던 극작가이다. 그는 독일 통일 6년 후인 1995년 12월 영욕으로 점철된 삶을 마감하였다. 현재 뮐러는 브레히트에서 페터 바이스로 이어지는 독일 극작가의 산맥을 이어받은 현대 독어권 최고의 극작가로 평가받고 있다.

뮐러는 스스로 철저한 사회주의자임을 자처하면서도 사회주의 체제가 갖는 모순에 끊임없이 저항하였고, 사회주의 사회 속에 존재하는 갈등과 어두운 측면을 집요하게 밝힘으로써 동독 정권의 박해를 받아 온 작가 중 한 명이었다. 뮐러의 극작활동은 사회주의 국가로 출범한 동독의 국가건설 과정에서 드러나는 갈등과 모순을 다룬 1950~60년대 초기의 소위 생산현장 드라마로 시작된다.[1)]

열렬한 사회주의자였던 뮐러가 사회주의 건설에 의용(義勇)과 박차를 가하는 선전연극에 적극 호응한 것은 자연스러운 일이었다. 그러나 사회주의에 대한 낙관적 전망을 제시하고 작업능률을 향상시키는 데 기여함으로써 사회주의 건설을 촉진시키고자 했던 정부 당국의 기대와는 달리, 뮐러는 모순과 갈등을 드러냄으로써 역사 발전의 진정한 추동력을 얻어 내려고 했다. 실제로 뮐러의 생산현장 드라마들은 물질적·사회적 개선을 수반하는 새 시대가 개인의 행복을 대가로 요구하고 있다는 점, 인간소외 현상은 사회주의 사회 속에서도 극복되지 못했고 오히려 정치적 불신과 관료주의 때문에 더욱 가중되고 있다는 점 등을 줄기차게 지적하고 있다.

이러한 시도는 당시 동독 정권에 의해 부분적으로 인정받기도 하였지만(1959년 하인리히 만 상 수상), 결국 그는 혹독한 비판과 함께 작가연맹에서 축출되고 만다. 1959년 1월 동독 공산당 중앙위원회 제4차 총회에서 당 총서기 발터 울브리히트(Walter Ulbricht)는 뮐러를 분파주의적 경향(sektierische Tendenzen)을 보이는 작가라고 비판했으며, 1961년 12월 작가연맹은 『이주노동자 혹은 농촌의 삶 Die Umsiedlerin oder das Leben auf dem Lande』을 "사회현실을 왜곡한 해가 되는 작품(eine schädliche Entstellung der gesellschaftlichen Wirklichkeit)"이라 비판하면서 뮐러를 작가연맹에서 제명하였다. 1965년 뮐러는 사회주의 건설 과정과 건설 현장을 다루는 『건설 Der Bau』(1965)을 발표하지만, 이에 대해서도 중앙위원회 11차 총회는 "사회주의에 해가 되는 경향(den Sozialismus schädliche Tendenzen und Auffassung)"을 가진 작품으로 평가절하하였다.

---

1) 『헐값 노동자 Der Lohndrücker』(1956), 『수정 Die Korrektur』(1957), 『이주노동자 혹은 농촌의 삶 Die Umsiedlerin oder das Leben auf dem Lande』(1961), 『건설 Der Bau』(1965).

내용에 대한 비판과 더불어 사회주의 리얼리즘이 요구하는 낙관적 전망의 부재, 생산현장 드라마이면서도 시적인 언어로 구성된 대사, 그리고 줄거리와 구성 관계가 포기된 형식상의 문제점 등이 아울러 지적되면서 뮐러는 작가적 시련을 겪게 된다.

이와 같은 창작 외적 상황으로 인해 사회주의 건설 현장이라는 동독의 현실을 작품의 소재로 택할 수 없게 된 뮐러는 이후 희랍 고전의 각색과 재해석을 시도하는 작품들을 집필하게 된다. 『필록테트 Philoktet』, 『헤라클레스 5 Herakles 5』, 『폭군 오이디푸스 Ödipus Tyrann』(1966), 『프로메테우스 Prometheus』(1968), 『메데아 놀이 Medeaspiel』(1974) 같은 작품들이 여기에 속한다.

고전의 재해석과 더불어 뮐러의 작업은 브레히트의 교육극 시도로 이어졌다. 브레히트의 교육극 이론과 실제를 본격적으로 시도한 『호라티우스 Der Horatier』(1968), 『마우저 Mauser』(1970)에서 뮐러는 혁명과 폭력의 문제를 다루며 스탈린주의를 비판적으로 조명한다.

이와 같은 작품 소재의 전환은 현실로부터의 도피라기보다는 오히려 "현실의 역사적 근원"을 찾아내려는 시도로 해석된다. 진정한 사회주의 변혁을 이루지 못하고 여전히 야만의 상태에 머물러 있는 더딘 역사 진행과정의 근본적 원인을 뮐러는 고대가 가진 야만적 성격에서 찾고자 한 것이다. 뮐러는 신화와 고대에 대한 전통적 경외심과 가치를 전복시켜 버린다. 또한 진정한 사회주의 이전의 시대를 진정한 역사가 펼쳐지기 이전인 야만의 시대로 파악하는 뮐러는 이를 빙하기(Eiszeit)로 부르고 있으며, 빙하기의 역사를 전사(前史)로 명명하고 있다. 그러므로 신화와 고대의 이야기, 그리고 진정한 사회주의가 펼쳐지고 있지 못한 지금의 현실이 모두 빙하기에 속하는 셈이며, 그 속에서의 이야기 또한 모두 전사(前史)에 해당하는 만큼, 신화와 고대의 이야기는 결국 현실과 동시대를 다루는 것이라고 해석할 수 있겠다.

『마우저』 이후의 작품 세계는 참혹한 과거회상, 초현실적 환각, 충격적이며 비연대기적인(anachronistisch) 악몽으로 채워지고 있다. 이는 계몽적이고 변증법적인 브레히트 연극에 심취해 있던 뮐러의 작가적 성향이 잔혹과 충격 그리고 비유의 연극인 아르또 연극으로 선회했음을 의미한다. 즉 무대가 관객을 계몽시키고 변증법적 사고를 유도해야 한다는 이론에 충실하던 종래의 자세에 변화가 생겼음을 의미하는 것이다.

빙하기와 전사(前史)에 대한 관심은 독일 역사를 다룬 일련의 작품 속에서 더욱 심화되어 나타난다. 독일 근대사와 독일 현대사의 재조명을 통해 독일인의 심성을 파헤침으로써 독일 분단의 뿌리를 좁은 의미의 정치적 분석을 통해 찾으려 하기보다는 넓은 의미의 민족 정서적 차원에서 찾아보려는 시도들이 『게르마니아 베를린에서 죽다 Germania Tod in Berlin』(1971), 『시멘트 Zement』(1972), 『살육 Die Schlacht』(1974), 『군들링의 생애 프로이센의 프리드리히 대왕 레씽의 잠 꿈 비명 Leben Gundlings Friedrich von Preußen Lessings Schlaf Traum Schrei』(1976) 등의 작품에서 계속된다. 아르또의 영향을 받은 뮐러는 이제 감각적 표현을 선호하고 대화 위주의 연극을 지양하기 시작한다. 또한 시간과 공간에 구애받지 않고 대화, 서사적 문장, 팬터마임, 인형극 등의 다양한 표현수단을 구사하며, 스토리 위주의 희곡에서 탈피하여 "문학의 시녀"로서의 연극을 지양하며, 추상적인 의식의 흐름을 무대에서 시청각적으로 표현하려고 노력한다. 독일인 특유의 관념적 사고를 감각적으로 표현하는 실험을 과감하게 전개한 것이다. 연극공연에서 대본이 갖는 비중을 극소화하는 이러한 실험은, 극작가로서 자신의 작업을 마무리하는 마지막 작품이라는 상징성을 부여한 『햄릿기계 Hamletmaschine』(1977)에 이르면, 좌파 지식인으로서 작가 자신의 좌절 자체를 드라마 소재로 사용하는 데까지 나아간다. 그리고 이와 같은 실험은 이후의 작품들인 『과업 Der Auftrag』(1979), 『사중주 Quartett』(1980), 『황폐한 물가 메데아 자료 아르고호 사람들이 있는 풍경 Verkommenes Ufer Medeamaterial Landschaft mit Argonauten』(1982), 그리고 『그림쓰기 Bildbeschreibung』(1984), 『해부·티투스 로마의 몰락 셰익스피어 주석 Anatomie Titus Fall of Rome ein Shakespeare Kommentar』(1985), 『볼로콜람스크 국도 Wolokolamsker Chaussee』(1984~1985) 등에서 종래의 전통적 극형식을 파기하고 새로운 연극을 지향하는 형태로 이어져 나갔다.

70년대 이후 뮐러 작품의 가장 큰 변화는 구성(Fabel)의 포기라고 할 수 있는데, 이는 구성을 중요시했던 브레히트 연극으로부터의 탈피를 의미한다. 이제 뮐러는 완성된 구성보다는 열린 미완의 구조, 즉 단편(斷片)의 가변성, 미완성으로 인한 관객들의 참여 가능성을 중시하는 입장을 취하고 있다. 따라서 뮐러는 브레히트의 작품평가에 있어서도 흔히 브레히트의 대표작으로 손꼽는 후기의 대작들보다는 미완으로 끝난 망명 이전의 교육극 『팟쩌 Fatzer』를 가장 높이 평가하고 있다.

이와 같은 열린 구조와 미완의 형식은 독일의 근·현대를 통해 독일 민족의 분열과 분단을 역사적 맥락에서 다룬 역사극 『살육』, 『볼로콜람스크 국도』, 『게르마니아 베를린에서 죽다』, 『군들링의 생애 프로이센의 프리드리히 대왕 레씽의 잠 꿈 비명』에서 잘 드러나고 있다.

그러나 이러한 뮐러의 작품 세계를 이해하기 위해서는 역사에 대한 뮐러의 인식을 살펴보는 작업이 선행되어야 할 것이다.

1. 뮐러의 역사 인식

뮐러의 사극을 분석하기 위해서는 뮐러가 역사를 어떻게 인식하고 있는가를 먼저 살펴보아야 한다. 그런데 이를 위해서는 철저한 공산주의자임을 자처하는 뮐러를 위시한 마르크스주의자들의 역사 인식이 전통 사극을 집필한 극작가들의 역사 인식과 어떻게 다르며, 또 더 나아가 사적 유물론에 입각한 마르크스주의자들의 낙관적 역사 인식과, 비관적이며 회의적인 좌파 지식인 뮐러의 역사 인식이 어떻게 다른지가 규명되어야 할 것이다.

1) 전통적 사극과 역사 인식

사극의 개념 정립에 앞서 사극을 지칭하는 독일어의 개념들을 정리할 필요가 있다. 사극을 독일어는 Historiendrama, historische Drama, geschichtliches Drama, Geschichtsdrama 등으로 다양하게 표기하고 있다. 그러나 Historie란 개념이 독일어에서는 언어 관습상 Geschichte란 개념으로 받아들여지지 않는다는 노이부어(Neubuhr)의 다음과 같은 지적은 사극의 개념정립이 geschichtliches Drama 혹은 Geschichtsdrama 쪽으로 시도되어야 함을 시사해 준다.

> Historiendrama란 개념은 독일의 영문학계에서만 국한되어 쓰이는 개념으로 영어의 history plays, 그리고 histories에서 따온 것이며 주로 셰익스피어의 사극을 지칭하는 데 사용된다. (Elfriede Neubuhr(Hrsg) : Geschichtsdrama, Darmstadt 1980 S. 2)

사극의 개념은 통상 "역사적 소재, 즉 사료적·고증적 소재를 다룬 연극"으로 규정되어 왔다. 그러나 이러한 개념규정에는 이 역사적 소재를 작가가 어떻게 각색하였는가에 대한 언급이 전혀 없다. 즉, 사료와 희곡의 관계, 역사적 소재와 역사적 인물들에 대한 극작가의 자세에 대해서는 아무런 언급도 하지 않고 있다. 이런 측면을 고려하여 고돈 크레이그(Gordon Craig)는 작가의 집필목적을 사극 분류의 잣대로 사용하고 있다. 크레이그는 희곡을 작가의 집필목적에 따라 분류하면서, "사극이란 작가의 집필의도가 역사를 해석하고 파악하며 역사를 바라보는 입장을 밝히는 데 있는 모든 희곡을 말한다"라고 주장한다. 그러나 괴테의 『사생아 Natürliche Tochter』, 호프만슈탈의 『탑 Der Turm』, 브레히트의 『억척어멈과 그녀의 자식들 Mutter Courge und ihre Kinder』 같은 작품들은 역사의 전개 과정, 사건, 시대, 인물, 문제점에 대한 작가의 해석 등 나름대로 역사해석을 시도하고 있지만, 고증될 수 있는 사료에 전적으로 의존하고 있지는 않다. 이처럼 역사해석은 시도하고 있으나, 이를 사료적·고증적 자료에 의존하지 않고 신화, 일화, 환상적 자료 등에 의존하고 있는 희곡도 있으므로 크레이그의 사극개념은 보충될 필요가 있다. 위의 일부 희곡까지도 사극의 범주에 넣기 위해서는 사극의 개념을 보다 확대한 다음과 같은 개념이 좀 더 적합하다고 생각된다.

> 어떤 소재를 선택했는가에 관계없이 역사를 보는 작가 자신의 입장을 밝히는 희곡을 사극(geschichtsdeutende/geschichtliche Dramen)이라고 본다. (앞의 책 S. 5)

그러나 뮐러의 사극은 노이부어의 사극개념에는 포함되지 않는 측면을 지니고 있다. 뮐러는 고전 사극 작가들처럼 주체성·객관성·확신감을 가지고 자료를 처리하는 자세는 불가능하다고 생각하고 있다. 그는 "작품의 생명은 작가의 의도와 자료 사이의 모순, 그리고 작가와 현실 사이의 모순 속에서 얻어지는 것"이라고 주장하고 있다. 이처럼 작가의 의도는 처음부터 선명하게 부각되기보다는 애초에 모순적 측면과 함께 관객들에게 던져짐으로써 관객들과의 충돌을 지향하고 있다. 또한 뮐러가 사극에서 시도하는 묘사대상은 역사적 사건의 전개 과정이나 전체적 흐름이라기보다는, 역사적 순간에 이루어졌던 인간들의 '자세와 태도'들(Haltung)이다. 게니아 슐쯔(Genia Schulz)의 표현대로 뮐러는 역사 서술가라기보다는 역사 사상가에 더 가깝다. 뮐러의 사극은 과거 역사에 대한 재구성이나 역사적 사건의 서술이 아니라, 역사에 대한 생각, 역사에 대한 심사숙고에 해당된다. 사극의 새로운 지평을 연 뮐러의 작품들은 종래의 개념만으로는 포착할 수 없는 측면들을 지니고 있으며, 따라서 사극의 개념은 보다 확대되어야만 할 것이다.

2) 마르크스주의자들의 역사 인식

마르크스주의자들에게 사극의 의미는 역사의 본질을 극명하게 드러내는 데 있다. 따라서 사극의 의미 충족은 역사의 본질이 특별히 선명하게 드러나는 혁명적 과정의 묘사를 통해 이루어진다. 마르크스(Marx)와 엥겔스(Engels)가 1859년 농민전쟁을 소재로 한 페르디난드 라쌀(Ferdinand Lasslle)의 사극 『지킹엔의 프란쯔 Franz von Sickingen』에 관해 언급한 것도 이런 이유에서였다. 라쌀은 이 작품에서 "역사 스스로 극적인 모습을 취했고, 사회적인 모순이 은폐되지 않고 어쩔 수 없이 폭력적인 해결점을 향해 내몰렸으며, 이제껏 개량의 형태로 발전되어 오던 양상이 질적 도약을 하게 되며, 급기야는 혁명적인 운동으로 파격적 모습을 갖는 시대", 소위 혁명적 시대를 다룬다. 역사의 흐름 자체가 극적 양상을 갖는 혁명이야말로 역사를 다루는 극작가에게 더없이 적절한 묘사대상이라고 마르크스주의자들은 생각한다. 이들에게 혁명적 시대란 소위 평화적인 발전 속에서 서서히 축적되었던 수많은 모순들이 해결되는 시대이며, 인간 사회의 역사에 있어서 가장 본질적이고 결정적인 순간들로 가득 찬 시대이다. 사적 유물론자인 에른스트 슈마허(Ernst Schmacher)는 "현대사와 현대의 관객, 그리고 당대의 인간들을 위해 과거 역사를 꿰뚫어 볼 수 있도록 만드는 것"이 사극의 기능이라고 주장하고 있다. 즉 '세계를 해석'하는 것이 중요한 것이 아니라, '세계를 변혁'시키는 것이 중요하다는 마르크시즘의 기본입장은 극작가에게도 해당되며, 작품은 사회변혁에 일조를 해야만 한다는 것이다. 인류의 역사를 계급투쟁의 역사로 파악하고, 지난날의 역사를 왕조사, 즉 지배계급의 역사로 보며, 이제 새롭게 역사의 주체로 등장한 민중의 시각에서 지나온 역사를 바라보는 마르크스주의자들의 역사 인식과 사극관은 슈마허의 아래와 같은 입장에서 잘 드러나고 있다.

> 사극에 등장하는 역사의 추동세력과, 당대의 역사를 변혁시키려는 추동력 사이에 진정한 유사성이 있을 때에야 비로소 사극은 그 기능을 완수할 수 있다. 역사의 진실이 현대를 위해 실제로 활용될 수 있도록 만들어 주는 것이 사극의 목적이다. 실현하고자 하는 당대의 진실은 역사적 진실로부터 유기적으로 추출될 수 있어야만 한다. 따라서 사극의 시사성은 시사적인 경향성을 삽입함으로써 역사의 시사화를 만들어서는 안 된다. 시사성은 역사의 소재, 그 자체로부터 나올 수 있어야 한다. (앞의 책 S. 407)

사극의 경향은 당대의 역사관에 좌우되었으며, 이러한 사관은 당대의 총체적 사회발전의 정도에 좌우되었다. 사적 유물론은 처음으로 극작가가 역사의 법칙성, 역사 흐름의 전형적 측면을 파악하는 것을 가능케 해주었으며, 역사 그 자체를 드라마로 인식하고 묘사하는 것을 가능케 해주었다. 따라서 역사에 기록된 위대한 인물 이외에도 역사의 주체인 민중이 행동하는 모습을 담아내도록 하였으며, 그렇게 함으로써 역사적인 운동의 본질을 담아내도록 하였다. (앞의 책 S. 417)

쉴러는 비극을 논함에 있어 역사적 진실을 예술법칙의 하위개념으로 분류하고, 주어진 소재를 작가의 필요에 따라 각색할 것을 주장하였다. 이에 반해 사적 유물론에 입각한 극작가는 역사의 묘사에 있어서 관객에게 공포와 연민을 불러일으키는 것만으로는 만족할 수 없으며, 이것이 당대의 현실을 개혁할 수 있어야 한다고 생각한다. 그리고 이러한 현실 개혁에 요구되는 사회와 역사의 본질 파악을 위해서는 과학적 인식과 이 인식에 기초한 사회적 의식이 필수불가결하다고 믿는다. 사극의 목적은 공포와 연민의 감정유발에만 있는 것이 아니다. 역사의 본질에 대한 통찰, 즉 현대의 인간들이 행동하는 데 사용할 수 있는 통찰력을 관객들에게 전달해주는 것이 사극의 목적이다. 이러한 감정은 이 통찰력을 당대의 사회적 실천으로 적극적으로 바꾸어 놓기 위해 반드시 필요하다. 이 감정들은 사람들을 동원시키고, 적극적으로 행동하도록 하며, 또한 낙관적인 성격을 갖는다. 따라서 통찰력과 감정의 전달은 역사적 진실이 예술법칙의 하위에 설정되지 않고, 예술에 의해서 극명하게 드러나도록 이루어져야 한다. (앞의 책 S. 418)

사적 유물론에 입각한 슈마허의 역사 인식과 사극관은 좌파 지식인 뮐러에게도 상당 부분 해당된다. 역사의 법칙성과 역사 흐름의 전형적 측면은 특히 시공을 넘나드는 뮐러의 작품 속에서 사건의 지속성이 아니라 역사의 지속성으로 여실히 드러나고 있으며, 역사의 주체인 민중의 모습은 생산현장극을 비롯한 많은 작품에서 주요 묘사대상으로 취급되고 있다. 역사의 본질에 대한 통찰 또한 집요하게 그리고 지나치게 관념적일 정도로 추구되고 있는데, 사회주의의 태동과 사회주의가 국가이데올로기로 정착되는 과정을 다룬 작품에서는 이것이 주류를 이루고 있다고 해도 과언이 아니다. 그러나 사회주의의 역사를 바라보는 뮐러의 시각은 결코 국가가 요구하는 낙관적 색채를 갖고 있지 않다. 역사의 진실을 드러냄에 있어 뮐러는 한마디로 비관적 공산주의자라고 할 수 있다. 이제 뮐러의 역사 인식과 사극에 대한 견해를 살펴보자.

3) 뮐러의 비관적 역사 인식

1929년생인 뮐러는 나치 시대에 청소년기를 보냈고, 종전 이후에는 동독의 사회주의 국가건설에 열렬히 참여한다. 그러나 당시의 동독은 혁명을 통해 사회주의 정권이 수립된 것은 아니어서 나치 시대의 파쇼적 잔재와 바이마르 공화국 시대의 자본주의적 잔재, 그리고 더 거슬러 올라가 독일인의 심성에 깊이 박혀 있는 전제군주시대 프로이센의 잔재가 그대로 남아 있던 사회였다. 노동현장극의 집필과 함께 눈뜨기 시작한 뮐러의 역사 인식은 이러한 시대적 배경, 즉 사회주의가 채 뿌리내리지 못한 과도기적 사회주의와 자본주의의 상호 충돌이라는 시대적 배경을 갖고 있다. 동시대 동독 극작가 페터 학스(Peter Hacks)의 작품이 사회주의와 유물론이라는 빛나는 이상을 찬양하며 새로운 시대에서의 삶을 만끽하고, 자본주의에서 사회주의로의 이양을 역사의 필연적 발전이라고 보며, 새로운 사회주의가 역사를 발전시킬 것이라는 굳은 신뢰감을 표시하고 있다면, 뮐러의 작품은 역사의 진실하고 선하고 아름다운 측면이 아니라 추악하고 참혹하고 미해결된 측면을 집요하게 드러낸다. 뮐러는 변혁운동의 필요성을 긍정하는 즐거움과 변혁운동의 과정이 수반하는 고통을 아울러 다룬다. 현존 사회주의에 대한 실망과 고통에도 불구하고 뮐러는 유토피아로의 출구를 찾으려 하지 않고, 이 고통에 가득 찬 현실을 긍정한다.

> 현실의 진흙덩이를 털어 버린 해방된 사회의 이상을 보여 주지 않고, 사회주의라는 이상을 향한 과도기의 진흙을 움켜쥐고 외친다 : 여기 우리 이상이 있다. 있는 그대로를 보자. 우리가 더 나은 것을 갖고 있지는 않다. (Genia Schulz : Heiner Müller, Stuttgart 1980, S. 5)

현존 사회주의에 대한 실망과 고통의 시각을 가진 뮐러와는 달리, 동독의 공식적 입장은 역사의 수레바퀴가 앞으로 구른다는 낙관적인 것이었다. 또 동독은 사회주의 국가로 탄생하기 이전 독일 역사의 유산에 심한 부담을 지고 있다는 뮐러의 시각과는 달리, 동독의 공식적 입장은 사적 유물론이라는 역사를 보는 확실한 시각이 있으므로 과거의 유산을 잘 선택할 수 있으며, 의미부여를 할 수 있다는 것이었다.

뮐러의 역사 인식은 그의 『행복의 신 Glücksgott』이라는 작품에 응축되어 있다. 1958년 작곡가 파울 데싸우(Paul Dessau)는 브레히트가 구상만 하고 작품으로 완성하지 못했던 『행복의 신의 여행 Reisen des Glücksgotts』 자료를 가지고 뮐러에게 오페라 대본을 써 줄 것을 요구한 바 있는데, 뮐러 역시 작품을 완성하지는 못하였다. 그러나 이 작업 속에는 작가 자신이 역사를 어떻게 인식하고 있는지가 분명하게 드러나 있다. 먼저 브레히트의 구상을 살펴보자. 1941년 11월 브레히트는 미국 로스앤젤레스의 중국인 거리에서 행복의 신을 묘사한 조그만 목각인형을 구입했는데, 그해 12월 다음과 같은 메모와 함께 이것을 영화감독 프릿츠 랑(Fritz Lang)에게 선물한다.

> 나는 내 주변에 이단자들을 모으면서 이 험한 세상에서 행복을 생각하고 있는 행복의 신이다. 나는 선동가이며, 먼지나 일으키는 놈이고, 남을 사주하는 놈이며 - 문을 닫아라 - 내가 하는 짓은 불법이다. (Bertolt Brecht : Gesammelte Werke, Frankfurt 1967, Bd. 10, S. 894)

브레히트의 구상은 이 행복의 신이 구라파를 여행하면서 겪는 일을 묘사하는 것이었다. 그러나 사회주의를 건설해 나가던 당시 동독의 현실을 담아내고자 했던 뮐러의 시도는 브레히트의 작품형식인 우화(Parabel)라는 형식이 적합하지 않다는 측면에서 벽에 부딪치게 된다. 즉 완전히 청산되지 못한 파시즘의 잔재와 아래로부터의 혁명이 아니라 소련으로부터 유입된 혁명이 혼재되어 있었던 당시 동독의 현실에서는 의도적으로 부정적인 것을 관객에게 제시하고 관객으로 하여금 이를 다시 부정하게끔 요구함으로써 긍정적인 것을 추구했던 브레히트 특유의 '부정의 부정' 수법은 적절하지 않다는 것이 뮐러의 입장이었다. 변혁에의 의지, 선동, 기존의 역사와의 단절 요구 등은 이미 변혁이 진행되고 있던 당시 동독 사회에 너무나도 보편적인 색채를 씌우는 것이 되므로 호소력이 떨어질 수밖에 없었다. 따라서 이러한 과도기에는 '부정의 부정' 수법을 쓰는 우화의 형식보다는 긍정적인 면을 적극 옹호해 주고 보다 나은 미래를 지향했던 것들이 이미 현실로 나타나고 있다는 점을 부각시켜야 한다는 것이 뮐러의 입장이었다. 이와 같은 입장을 뮐러는 "문학이 갖는 과도기적 사회에 대한 기능의 전환"이라고 부르고 있다.

따라서 뮐러는 부정적 측면에 대한 묘사를 통한 변증법적 연극보다는 긍정적 측면을 부각시키는 연극, 보다 나은 미래를 선취하는 연극을 지향하는 것이 중요하다고 보았다. 이러한 문학의 선취적 측면을 뮐러는 외과수술을 보강하는 화장술에 비유하고 있다.

> 선취는 마치 화장술이 외과수술을 보강하듯, 예술을 보강하는 예술작품을 생산한다. (Heiner Müller : Theater Arbeit, Berlin 1975, S. 7)

위와 같은 입장에서 집필된 뮐러의 작품 『행복의 신』에서 인간의 세계로 하강한 행복의 신은 도처에서 당혹감에 빠지게 된다. 왜냐하면 이미 변혁이 시작되고 있는 사회에서 자신의 존재 의미가 퇴색했기 때문이다. 이는 행복하고 싶다는 인간의 욕망과 이를 가로막던 현실의 제 관계가 변화되었음을 의미한다. 그러나 이 변화된 현실에서 행복의 신은 편안함을 느끼기도 하는데, 그 이유는 그가 바라던 새로운 사회의 제 관계가 아직 창조되지 못했기 때문이다. 따라서 그는 기르하우젠(Girhausen)의 표현대로 설 자리를 잃고 있다.

> 행복의 신은 '더 이상'과 아직 사이의 그 어느 곳에도 서 있지 않다. (Theo Girhausen : Realismus und Utopie, Köln 1981, S. 205)

이 작품의 마지막 단락인 〈불행한 천사 Der glücklose Engel〉에서 의인화된 역사의 모습을 통해 뮐러는 자신의 역사 인식에 대해 많은 것을 함축적으로 시사해 주고 있다.

> 불행한 천사, 그의 뒤에는 과거가 충적되고 지하에서 들려오는 듯한 북소리를 내며 날개와 어깻죽지에 역사의 자갈돌들을 쏟아 붓고, 그의 앞에는 미래가 정체되어 밀려 있고, 그의 눈을 감기고, 눈동자를 별처럼 폭파시키며, 말소리를 신음소리로 바꿔 버리고, 숨 쉬기도 어렵게 목을 조른다. 한동안 그의 날개 치는 모습만 보이고, 사방에서 자갈이 비 오듯 그에게 쏟아지는 소리만 들린다. 소리가 커질수록 그의 절망적인 동작도 그만큼 격렬해지고, 소리가 잦아들면 날갯짓도 잦아든다. 그리고 나서 이 순간은 끝난다 : 급하게 쏟아져 내린 자갈더미 위에 서서 불행한 천사는 휴식을 취한다. 비상도, 시선도, 호흡도 모두 돌처럼 굳어 버린 채로 다가오는 역사를 기다린다. 새로운 날갯짓 소리가 전보다 더 힘 있게, 쏟아지는 자갈 사이로 파도처럼 뻗어 나가 그의 비상을 알려 줄 때까지. (Heiner Müller : Theater Arbeit, Berlin 1975, S. 18)

위에서 인용한 이 작품의 마지막 단락은 다분히 발터 벤야민(Walter Benjamin)의 『역사의 천사들 Engels der Geschichte』에 대한 뮐러의 입장표명으로 보인다. 역사를 천사에 비유하여 역사 진행과정을 묘사하는 방식을 벤야민에게서 그대로 가져오고 있기 때문이다. 그러나 뮐러가 묘사한 천사의 모습은 벤야민의 그것과 다르다. 벤야민은 그의 역사철학에 관한 9번째 테제에서 역사의 천사를 아래와 같이 묘사했다.

마치 곧 날아오르려는 듯이 그는 한곳을 응시하고 있다. 그는 눈을 크게 뜨고 입을 벌렸으며 그의 날개는 펼쳐져 있다. 역사의 천사의 모습은 이래야만 한다. 그는 얼굴을 과거 쪽으로 향하고 있다. 우리 앞에 벌어지는 일련의 사건들은 그에게는 오직 파국의 연속일 뿐이며, 부단히 폐허의 잿더미를 누적시키면서 그의 발아래 내동댕이쳐진다. 그는 잘 머무르고자 하며, 죽은 자들을 깨우고 파괴된 것들을 다시 짜 맞추려 한다. 그러나 천국으로부터 광풍이 그를 꼼짝없이 등을 돌리고 있는 미래 쪽으로 몰아간다. 그러는 사이 그의 앞에 폐허의 잿더미는 하늘까지 쌓이게 된다. 우리들이 발전이라고 부르는 것은 바로 이 광풍이다. (Walter Benjamin : Illuminationen Ausgewählte Schriften, Frankfurt 1980, S. 259f.)

벤야민의 천사는 과거의 폐허더미에 시선을 주고 있으며, 역사 발전에 아무런 기여함도 없이 미래로 떠밀려 가고 있다. 파괴된 것들을 다시 짜 맞추기 위해 역사가 정체하게 되면, 그것은 곧 역사의 종말을 의미하는 것이다. 따라서 역사의 흐름을 관찰하고자 하는 자는 역사의 흐름이라는 강물을 멈추지 않을 수 없는 것이다. 역사의 흐름을 파악하기 위해서도, 또 그것을 묘사하기 위해서도 강물을 멈추지 않을 수 없게 된다. 벤야민은 과거를 영원한 상으로 인식하지 않고, 현재로부터 조명된 시간으로 인식한다. 따라서 과거는 현재와 동질의 시간이 아니다. 그는 현재를 과거와 미래를 연결하는 과정으로 이해하지 않고 정지한 상태에서 파악한 시간으로 이해한다. 벤야민의 다음과 같은 주장이 이를 뒷받침해 주고 있다.

사적 유물론자는 현재의 개념을 포기할 수 없다. 현재는 과정이 아니다.

> 현재 속에서 시간은 복무하기도 하고 정지되기도 한다. 현재의 개념을 포기할 수 없는 이유는 이 개념이 그 시대를 살고 있는 자들을 위한 역사를 서술하는 현재를 규정해 주기 때문이다. (앞의 책 S. 259f.)

이러한 벤야민의 역사 인식은 정통 마르크시스트들의 역사 인식과는 차이가 있다. 정통 마르크시스트들은 역사를 경제원칙에 근거를 둔 인과관계로 이해하며, 현재를 과거로부터 설명하려고 한다. 그렇게 함으로써 미래에 대한 예측을 목적하기 때문이다. 그러나 역사에 대한 벤야민의 조망은 과거가 아닌 현재에서 이루어진다. 벤야민은 그 필연성을 19세기 부르주아적 역사 인식에서 찾는다. 부르주아 역사서술은 승리자의 역사였으며 민중은 역사의 주체로 등장하지 않기 때문이다. 과거가 아닌 현재에서 역사를 조망한다는 점에서 뮐러의 천사 역시 벤야민의 천사와 동일하다. 그러나 벤야민의 천사의 시선이 처참한 과거를 향하고 있고, 미래에 등을 돌리고 있는 반면, 뮐러의 천사의 시선은 미래를 향하고 있으며, 유토피아를 향한 강렬한 의지를 갖고 있다. 벤야민은 좌절된 혁명과 노예적 삶을 살았던 과거에 대한 증오감이 현재의 혁명을 위한 충동과 영감, 희생정신 등을 배태하는 것으로 파악했다. 즉 혁명이란 지난 과거를 구원하는 행위이며, 이제껏 좌절되었던 혁명을 완수할 수 있는 힘을 프롤레타리아 계급이 지니고 있다고 벤야민은 보았다.

한편 미래를 향하고 있는 뮐러의 천사의 시선은 과거의 좌절한 역사의 유령들을 불러들이지 말고, 해방된 후손들의 이상을 지향하며 미래를 향하자는 마르크스의 입장을 따르고 있다. 결국 뮐러의 경우 역사의 의인화는 벤야민을, 의인화된 천사의 시선은 마르크스의 그것을 좇고 있다.

그러나 뮐러의 천사는 현재와 미래 사이에서 바위처럼 굳어 버린 불행한 천사이다. 보다 나은 미래를 향한 현재의 상황을 뮐러는 돌이 비 오듯 쏟아지는 참담한 상황으로 비유하고 있으며, 과거 또한 사회주의가 실현되기 이전 시대의 역사인 전사(前史), 또는 진정한 인류 역사가 아직 시작되지 않았다는 의미에서 빙하기에 비유하고 있다. 그러나 투쟁과 혁명이 무의미할 것 같은 현재에도 뮐러의 불행한 천사는 새롭게 날갯짓을 하는 긍정적 측면도 가지고 있다. 현존하는 사회주의에 대한 뮐러의 실망이 컸으며, 마르크스주의자들의 역사 발전론을 뮐러가 회의적으로 보고 있다는 것은 아래의 발언에서 확인할 수 있다.

> 새로운 것의 첫 모습이 무서운 모습이고, 희망의 첫 번째 모습이 두려움이라는 사실이 어째서 마르크스에게도 적용되면 안 된단 말입니까? (Heiner Müller : Brecht gebrauchen, ohne ihn zu kritisieren, ist Verrat. in : Theater heute Jahrbuch, 1980, S. 135)

뮐러의 역사 인식은 비판적 토대 위에 있지만, 이처럼 긍정적인 모습도 함께 갖고 있다. 뮐러는 지난한 역사진행의 과정 속에서도 체념하지 않고 개인 삶의 행복에 대한 인간존재로서의 전망을 세우려는 노력을 게을리하지 않는다.

뮐러의 사극에는 이와 같은 작가의 비관적 역사 인식이 바탕에 흐르고 있다. 따라서 뮐러는 이 같은 비관적 현실에서 좌파 지식인으로서 지위와 기능에 대한 작가 자신의 의식을 작품 속에 끊임없이 표출하고 있는데, 이 점 또한 뮐러 작품을 이해하기 어렵게 만드는 한 원인이기도 하다.

2. 사극의 새로운 형식

드라마 형식에 대한 뮐러의 파격적인 시도는 괄목할 만하다. 1951년에 집필한 『살육』에서 뮐러는 고전적 의미의 구성(Fabel)이 없는 토막극 형식을 시도하면서, 나치 치하의 평범한 인간들의 행동양식과 태도 및 의식구조를 함께 연결한 바 있다. 이러한 실험은 1956년 발표한 『게르마니아 베를린에서 죽다』에서 더욱 큰 규모로 시도되었는데, 오늘의 현실을 과거와의 맥락 속에서 파악한다는 의도에서 현재와 과거를 매 장면마다 대비시켜 놓았을 뿐, 동독의 탄생으로부터 동백림 폭동까지 동독에서 일어나는 시간적·공간적 공통점으로 각각의 토막극들이 연결되어 있다는 점에서 『살육』과 동일한 것이었다. 이와 같은 토막극 형식은 작가의 입장에서 볼 때 항상 첨삭이 가능한 미완의 열린 구조를 가능케 한다. 이같이 작가와 관객 모두에 의해 완성된 작품으로 만들어져 나갈 수 있기에 뮐러는 이런 형식을 취한 것이다. 이런 자세는 고전적 의미의 구성(Fabel)이 현실을 더 잘 담아낼 수 있다고 믿지 않는다는 발언과 브레히트의 작품 중 미완으로 끝난 『팟쩌』를 가장 높이 평가하는 뮐러 자신의 입장에서도 잘 드러난다. 뮐러는 미완성 작품(斷片)이 갖는 실험의 자유, 당대와 후대의 지성인들을 위한 작품의 완성이라는 부담감으로부터의 해방감, 관객을 의식한 작품의 포장과 관객 앞에서의 공연이라는 부담감으로부터의 해방감을 구성 경시와 미완성 작품 선호 이유로 들고 있다.

뮐러는 『게르마니아 베를린에서 죽다』에 뒤이은 작품 『군들링의 생애 프로이센의 프리드리히 대왕 레씽의 잠 꿈 비명』에서 토막극 형식을 한 번 더 시도했고, 이듬해인 1977년에는 작품 『햄릿기계』에서 토막극 형식이 아니면서도 구성이 없는 희곡을 본격적으로 시도했으며, 1978년에는 브레히트의 미완성 작품인 『팟쩌』를 그 나름으로 재구성하여 연출하였다. 이밖에도 뮐러는 종래의 대화 중심의 희곡에서 탈피하여 산문·독백·인형극·빈번한 인용을 사용하는 등 다양한 형식적 실험을 계속했는데, 이는 브레히트식의 계몽적·변증법적 연극에서 아르또 식의 잔혹·충격연극으로의 전환을 의미하는 것이었다.

그러나 종래 희곡의 전통적 양식인 대화 중심의 연극에 익숙한 관객들은 구성이 거의 없는 토막극, 산문·독백·인용 등으로 시도되는 뮐러의 다양한 실험을 수용하기 어려웠다. 또한 고도의 지적 유희를 수반하는 뮐러의 사변적인 작품들은 연출가들이 선뜻 작업에 착수할 엄두를 내지 못하게 했다.

하지만 뮐러는 이러한 질문에 간단하고 명쾌하게 답변하고 있다.

> 그것은 제가 풀어야 할 문제가 아닙니다. 그것은 연출가가 풀어야 할 문제입니다. (in : Der Spiegel, 1983.5.9. S. 196)

뮐러의 작품을 이해하기 위해서는 우선 뮐러가 연극을 위해 집필하지 않고, 기성의 극장을 위해 집필하지도 않았으며, 연극에 반하여 집필하였다는 사실을 이해해야 한다. 문학과 연극의 관계에 대한 뮐러의 견해가 이를 뒷받침해 주고 있다.

> 문학은 연극에 저항하기 위해 존재한다. 연극으로 하기 힘든 문학일 때 그 문학은 연극의 생산적이고 흥미로운 대상이 된다. (in : Theater heute Sonderheft, 1975, S. 120)

텍스트의 비중을 극소화하고 역사의 변증법 및 작가 자신의 좌파 지식인으로서의 좌절 자체까지 소재로 사용하는 뮐러의 작품은 연극으로 만들기 참으로 힘든 대상임에는 틀림없지만, 이는 종래의 전통적 연극미학의 입장에 섰을 때의 문제이다. 따라서 뮐러 작품의 형식은 기존의 연극미학 카테고리로 묘사하기는 힘들 것이며, 새로운 연극미학의 차원에서 접근해야 할 것이라는 점이 분명해진다. 그는 또한 관객이 참여하도록 하고, 작가와 함께 사고하도록 함으로써 작가가 쓴 작품이라는 기계가 비로소 작동하게 만든다. 그러나 그는 관객들에게 해결책을 제시하지는 않는다.

> 답변과 해결에 대해 저는 관심이 없습니다. 저는 그런 것을 제공해 드릴 수 없습니다. (Heiner Müller : Rotwelsch, Berlin 1982, S. 65)

뮐러는 작가의 소명을 "갈등을 위한 의식을 강력하게 만들고 대결과 모순을 위한 의식을 강렬하게 만드는 것"(앞의 책 S. 65)이라고 주장하고 있다.

이런 측면이 그의 작품을 이해하기 어렵게 만드는 원인이기도 하다. 그러나 뮐러 자신은 이 점을 "예술의 전복"으로 이해한다. 나아가 그는 작가의 의도와 작품의 자료 사이에도 모순이 있고, 작가와 현실 사이에도 모순이 있는 드라마 텍스트가 생명력 있는 텍스트라고 주장한다.

결국 역사적 소재를 다루는 뮐러의 시각은 종래의 사극 작가들과는 판이하게 다르다. 뮐러는 과거사의 단순 재구성에 아무런 흥미를 갖고 있지 않다.

> 역사적 소재를 취하여 매끄럽게 묘사하는 것, 그런 작업을 나는 할 수 없습니다. 그런 작업은 가능하지도 않다고 나는 믿고 있습니다. (GI. S. 34)

역사를 보는 뮐러의 시각은 역사의 흐름 속에서 긍정적인 것, 즉 진실된 것, 착한 것, 아름다운 것들을 강조해서 이것들을 이어받으려는 낙관적 역사관이 아니다. 그의 작품은 악한 것, 처절한 것, 해결되지 않은 것들을 집요하게 강조하는 특징을 지닌다.

2장

열린 구조와 미완의 형식: 『살육』, 『게르마니아 베를린에서 죽다』

70년대 이후 뮐러의 작품의 가장 큰 변화로는 구성의 포기를 들 수 있다. 구성의 포기는 구성을 가장 중요시했던 브레히트 연극으로부터의 탈피를 의미한다. 브레히트는 그의 서사극이론을 밝힌 『연극소고 Kleines Organon für das Theater』에서 구성에 관해 다음과 같이 언급하고 있다.

> 문제는 구성이다. 구성은 연극의 핵심이다. [···] 연극의 가장 위대한 작업은 구성이다. (Bertolt Brecht : Gesammelte Werke, Bd.16, Frankfurt 1967, S. 693)

이에 반해 뮐러는 완성된 구성보다는 열린 미완의 구조를, 즉 단편(斷片, Fragment)의 가변성과 미완성으로 인한 관객들의 참여 가능성을 중시하는 입장을 취하고 있다.

어떤 이야기를 미완으로 끝내는 것은 그 과정성(Prozeßcharakter)을 강조하는 것이며, 작품의 생산과정을 드러내 주고, 작품의 상품화를 방지해 주며, 작품을 현실의 모사물이 아니라, 관객들이 개입할 수 있도록 실습장화(化)시켜 준다. 나는 손과 발이 있는 이야기, 즉 고전적 의미에서의 구성이 현실을 더 잘 담아낼 수 있다고 믿지 않는다. (in : Theater der Zeit, 1975. 8. S. 58)

따라서 뮐러는 브레히트의 미완성 작품인 『팟쩌』를 가장 높이 평가하고 있다.

『팟쩌』는 브레히트의 가장 위대한 업적입니다. 마치 괴테가 파우스트 소재를 그렇게 다뤘듯이, 실험의 자유를 마음껏 구가한 유일한 작품입니다. 당대와 후대 지성인들을 위한 작품의 완성이라는 부담감으로부터의 해방감, 관객을 의식한 작품의 포장과 관객 앞에서의 공연이라는 부담감으로부터의 해방감을 만끽하며, 스스로의 이해를 위해 쓴 빼어난 작품입니다. (in : Theater heute Jahrbuch, 1980, S. 135)

이런 경향을 잘 보여 주는 작품이 『살육』과 『게르마니아 베를린에서 죽다』이다.

뮐러는 위의 두 작품에서 전통적인 기승전결식의 형식을 버리고, 구성이 없는 소위 토막극 형식을 취하고 있다. 『살육』에서는 부제(독일의 장면들 Szenen aus Deutschland)가 명시하듯이 파시즘하의 일상을 간략하고 농축된 다섯 개의 장면[2]으로 다루었고, 『게르마니아 베를린에서 죽다』에서는 동독의 탄생으로부터(1949) 동백림 폭동(1953)까지의 독일 현대사를 8개의 장면[3]으로 다루고 있다. 각각의 장면들은 서로 연결되어 있지 않으며, 다만 하나의 공통된 주제를 갖고 있을 뿐이다. 『살육』의 경우에는 파시즘 하에서의 생존본능과 살육이, 『게르마니아 베를린에서 죽다』의 경우에는 좌절된 혁명의 순간들이 바로 그것이다. 특기할 만한 것은 장면마다 소제목과 극도로 농축된 언어의 사용, 그리고 은유를 통한 강렬한 상징으로 작가 자신의 말처럼 문제 제기와 원인 및 해답의 제시가 아니라 관객들이 스스로 참여할 수 있는 여백을 제공하고 있는 점이다. 이 중 1956년에 시작하여 1971년에 새롭게 각색·완성시킨 작품 『게르마니아 베를린에서 죽다』의 또 다른 형식적 특색은 각각의 토막극 속에서 과거 독일 역사를 다루는 앞 이야기와 오늘의 동독을 다루는 뒷이야기가 대비되고 있다는 것이다. 이 같은 대비의 목적은 오늘의 현실을 역사적 맥락에서 파악하려는 데 있다. 게르마니아는 독일을 상징하는 여신인데, 게르마니아가 베를린에서 죽었다는 것은 동백림 폭동과 그 강제진압으로 인해 독일 노동운동의 맥이 잠정적으로 끊겼다는 것을 암시하는 은유적 표현이다. 이제 이 두 작품을 비교·분석해 보자.

---

2) 〈긴 칼의 밤 Die Nacht der langen Messer〉, 〈내겐 전우가 있었네 Ich hatt einen Kameraden〉, 〈소시민의 결혼 Kleinbürgerhochzeit〉, 〈푸줏간 주인과 그의 아내 Fleischer und Frau〉, 〈침대 시트 혹은 성령 잉태 Das Laken oder Die unbeflickte Empfängnis〉.

3) 〈길거리 1, 2 Die STRASSE 1, 2〉, 〈브란덴부르크 협주곡 1, 2 BRANDBURGISCHES KONZERT 1, 2〉, 〈스탈린 헌사 1, 2 HOMMAGE A STALIN 1, 2〉, 〈성스러운 가족 DIE HEILIGE FAMILIE〉, 〈노동자 기념비 DAS ARBEITERDENKMAL〉, 〈형제 1, 2 DIE BRÜDER 1, 2〉, 〈밤 NACHTSTÜCK〉, 〈베를린에서 죽다 1, 2 TOD IN BERLIN 1, 2〉.

1. 소제목

각 장면들은 모두 소제목으로 명명되어 있는데, 이 제목은 사건의 종말을 미리 알려주는 서사적 기능과 더불어 제각각의 극적 기능을 갖고 있다.

〈길거리 1, 2〉 : 〈길거리〉라는 소제목은 시간과 공간을 극적으로 펼치는 과정을 생략하고, 역사적 사건을 역사적 인물과 역사적 장소가 아닌 일상의 차원에서 다룬다는 작가의 의도를 분명히 하는 동시에, 1918년과 1949년 베를린이라는 시공간을 표시해 주고 있다.

〈브란덴부르크 협주곡 1, 2〉 : 바하의 작품 제목을 소제목으로 사용함으로써 시점(프로이센 시대)을 밝히는 동시에, 프로이센 기질(Preußentum)을 상징한다. 이는 나아가 새롭게 탄생한 사회주의 국가 동독에 남아 있는 구시대의 부정적 유산을 암시하는 기능을 갖고 있다.

〈스탈린 헌사 1, 2〉 : 헌사라는 어휘를 통하여 스탈린의 죽음을 암시한다.

〈성스러운 가족〉, 〈노동자 기념비〉 : 이 장면에서 다루어지는 내용을 한마디로 농축한 은유적 상징의 기능을 한다.

〈형제 1, 2 Brüder 1, 2〉 : 동족상잔의 은유이다.

〈밤〉 : 유일하게 대비가 되지 않는 장면으로, 역사적 사건을 사용하지 않는다. 역사를 보는 작가의 회의적 시각을 관념적으로 드러내고, 부조리극 수법으로 펼친 내용의 어두운 분위기를 암시한다.

〈베를린에서 죽다〉 : 사건의 장소를 알리는 동시에 죽음이라는 비극적 종말을 미리 알려 주는 서사적 기능을 한다.

이처럼 소제목들은 시간과 장소를 알리고, 내용의 정곡을 극명하게 찌르는 짧은 비유의 기능을 갖고 있다.

2. 인물

〈성스러운 가족〉의 히틀러와 괴벨스, 그리고 늙은 벽공 힐제를 제외한 모든 인물은 개인이 아니라 전형적 인물로 등장한다. 이들은 모두 자신이 속한 계층(소시민, 나치 등)을 대변하는 인물들이며, 그 계층의 전형적인 행동양식을 취한다. 개인의 이름을 사용한 경우에도 마찬가지이다. 서독의 탄생을 비유하기 위한 수단으로 사용한 히틀러와 괴벨스도 그들의 개인적 삶이 아니라, 이미지만을 사용하고 있을 뿐이다. 하우프트만(Hauptmann)의 희곡 『직조공 Die Weber』에 나오는 늙은 직조공 힐제 역시 이 작품에서는 프롤레타리아 계층을 대변하는 전형적 노동자의 상징으로 사용되고 있다.

1951년 집필하기 시작하여 1974년에 마무리 한 작품 『살육』의 인물들 역시 구체적 개인이 아니라 전형적 인물들이다. 살육의 행위자와 피해자로 등장하는 인물들은 나치 저항단체에 가입한 두 공장 노동자 형제, 2차 대전 때 러시아 전선에서 추위와 배고픔에 떠는 병사들, 소시민적 가장(家長)과 그의 부인 및 딸, 푸줏간 주인과 그의 부인, 종전 직전의 방공호에 대피한 평범한 민간인들과 병사 등 모두 평범한 인물들이다. 이러한 인물들의 등장은 뮐러가 독일 파시즘의 역사를 이데올로기 차원이 아닌 일반대중들의 일상 차원에서, 그리고 인간성 상실과 인간 상호 간의 불신을 유발·조장하는 파시즘의 생활 주변에서 이끌어 내어 파시즘의 본체를 일상적 차원에서 파악하려 한다는 점을 분명히 보여 주고 있다.

나치 파시즘을 일상생활 속에서 파악하고자 하는 시도는 일찍이 브레히트에 의해서 행해진 바 있었다. 브레히트는 유태인 집단수용과 집단학살 등 나치 최후의 발악과 참상이 벌어지기 전인 1935년 나치 치하의 독일인의 일상생활을 다룬 『진실 집필의 다섯 가지 어려움 Fünf Schwierigkeiten beim Schreiben der Wahrheit』이란 희곡을 발표하였으며, 그 후 이를 27개의 장면으로 늘려 1938년 5월 21일 파리에서 『제3제국의 공포와 비애 Furcht und Elend des Dritten Reiches』란 제목으로 스스로 연출한 바 있었다. 망명 중이었던 브레히트는 목격자들의 체험과 신문기사를 자료로 사용할 수밖에 없었다. 그러나 1929년생으로 나치 파시즘을 몸소 경험한 뮐러에게 간접적 경험을 토대로 한 브레히트의 이러한 시도는 불만스럽게 받아들여졌다. 그러므로 파시즘 문제 자체에 대한 관심과 함께 이러한 작가적 불만이 이 작품을 쓰게 된 동기라고 할 수 있을 것이다. 실제로 뮐러는 브레히트의 이러한 시도가 파시즘의 독일적 양상을 얼마나 제대로 묘사하고 있는가에 대해 회의적인 입장을 표명한 바 있다.

> 브레히트는 자료와 보고서 같은 간접적 자료만을 접할 수 있었다. 따라서 그의 파시즘상(像)은 마르크시스트적인 분석 노선에 충실한 (당시 사정으로 불완전한 분석일 수밖에 없었지만) 일종의 이상적 구성을 갖고 있다. 훗날 새로운 테크닉으로 쓴 안티고네(Antigone) 서막에 와서야 비로소 파시즘의 독일적 양상을 구체적으로 파악하고 있다. 오늘날 평범한 파시즘이란 흥미 있는 문제이다. (in : Theater der Zeit, 1975. 8. S. 58)

뮐러가 지적한 브레히트의 「안티고네 서막 Antigone-Vorspiel」이란 브레히트가 1947년 스위스에서의 『안티고네』 공연을 위하여 쓴 서막으로서 종전 직전 독일의 일상을 두 자매의 심리와 행동으로 묘사한 작품이다. 이 서막에서는 작품 『안티고네』의 시대배경을 1945년 4월의 베를린으로 옮기고, SS 대원에게 살해된 남동생의 시체를 수습하려는 누이와 이를 만류하는 또 다른 누이라는 상황 설정을 통해 당시 독일의 현실을 다룬 토막극이다. 뒤에서 자세히 설명하겠지만 『살육』의 첫 장면은 내용상으로는 브레히트의 『제3제국의 공포와 비애』의 15번째 장면 〈석방된 자 Der Entlassene〉를, 형식상으로는 「안티고네 서막」을 모델로 하고 있다. 네 번째 장면 또한 형식면에서 브레히트의 수법을 그대로 사용하고 있으므로 뮐러는 브레히트를 비판하는 동시에, 브레히트가 제시한 서사적 희곡양식을 계승·발전시키고 있음은 부인할 수 없는 사실이라고 하겠다. 뮐러 자신은 스스로 "브레히트를 비판 없이 사용하는 것은 브레히트를 배반하는 것"이라고 주장한 바 있다.

3. 형제살육의 모티프 : 〈긴 칼의 밤〉, 〈형제 1, 2〉

브레히트가 『제3제국의 공포와 비애』의 15번째 장면에서 6개월간 비밀경찰에 시달리다 석방된 자와 그의 옛 동료 그리고 동료의 부인을 등장시키고 있는 반면, 뮐러는 석방된 자와 그를 대하는 자의 관계를 형제로 설정함으로써 그 갈등을 첨예화시키고 있다. 또한 뮐러는 석방된 자의 상황을 변절자로 설정하고 있는데, 이 작품에서 변절자 B는 같은 핏줄인 A에 의해 사살되고 만다. 그러나 B가 변절하게 되는 과정에서 A 또한 무죄일 수 없다는 것이 뮐러의 작가적 시각이다. 첫 번째 구금에서 고문을 힘들게 이겨내고 출감한 B는 동료들의 의혹의 눈초리를 접하게 된다. 두 번째 구금에서 혹독한 고문을 견디다 못한 B는 나치의 갈색 제복을 입고 마는 것이다.

그러나 이런 경위로 변절자가 된 B는 형제인 A에게 죽음을 청하며, 경위는 불문하고 변절한 사실 자체만을 중요시하는 A는 B를 사살하고 만다. 그렇지만 뮐러는 이야기 전체를 A의 현재 시점에서의 회상으로 처리함으로써, 회상하는 현재 시점에서 A는 B를 다시 형제로 받아들이고 있음을 보여준다.

그리고 우리 동료들이 지하실에서 비명을 질렀을 때,
대학살의 긴 칼날이 베를린을 절단했고,
나는 배신자를 살해했다. 내 형을. 그를.
(Heiner Müller : Die Umsiedlerin oder das Leben auf dem Lande, Berlin 1975, S. 8)

A는 회상을 통하여 B가 변절자요, 배반자였을 뿐만 아니라 또한 희생자이기도 했다는 새로운 인식에 도달하고 있는 것이다.

그들은 그를 그들의 지하실에서 고문했다.
그리고 그는 갈색제복을 입었고 그들이 주는 밥을 먹었다.
그의 손에 난 상처는 선명했었다. (앞의 책 S. 7)

뮐러가 이 장면을 통해 조명하고 있는 것은 나치 시대 저항운동가의 태도이다. 어느 특정 인물이 어느 특정한 상황 속에서 보이는 태도가 아니라, 파쇼적이고 전체주의적인 사회 속에서의 행동의 한 양식을 보여 주는 것이다. 이 점은 인물들에게 이름을 부여하지 않음으로써 더욱 두드러지게 된다.

1) 2개의 시제 : 〈긴 칼의 밤〉

그런데 서사적 수법으로 우리의 관심을 끄는 것은 뮐러가 이 장면에서 2개의 시제를 사용하고 있다는 점이다. 즉 처음과 끝 그리고 중간에서 A는 과거를 오늘날의 시점에서 회상하고 있으며(따라서 과거시제), 나머지는 A와 B의 직접화법인 대화로 현재시제를 사용하고 있다는 점이다. 현재시제를 사용함으로써 연극적인 감각은 살리면서도, 극 속으로의 몰입은 이미 끝나 버린 것에 대한 회상인 과거시제 부분에 의하여 적절히 차단된다. 동시에 A의 회상은 B의 과거 행적뿐만 아니라 A 자신의 태도에 대한 일종의 논평 성격을 띠게 됨으로써 그 서사적 면모를 두드러지게 해주고 있는 것이다.

A : Und als die Nacht war Tag vom Reichtagsbrand
Stand in der Tür mein Bruder und ich **gab** ihm nicht die Hand.
B : **Ich bin dein Bruder** (앞의 책 S. 7)
B : […]
Gib mir was ich dich bitte meinen Tod.
A : **Sagte** mein Bruder der es nicht mehr war
Sondern ein Schandfleck und eine Gefahr.
Sie hatten ihn gequält in ihren Kellern

Und ging im Braunhemd jetzt und aß von ihren Tellern.
Von seiner Hand die Wunden waren frisch
Jetzt sein Revolver **lag** auf meinen Tisch.
Machs selber.

B : Könnte ichs, Bruder, wärs getan.
Ich **bin** nicht der ich war. (앞의 책 S. 7)

B : [⋯]
Nimm den Revolver, **tu** was ich nicht kann
Daß ich kein Hund mehr **bin**, sondern ein toter Mann.

A : Und als die Unseren in den Kellern **schrien**
Die Langen Messer **schnitten** durch Berlin
Hab ich getötet den Verräter, meinen Bruder, ihn. (앞의 책 S. 8)

이제는 죽어 버린 B와의 대화는 시간적인 거리감을 두고 이루어진다. A를 그 당시의 상황과 분리시키는 시간적인 거리감으로 말미암아 A는 그 자신과 B의 관계에 대한 새로운 인식에 도달하게 된다. 즉 예전의 대화에서 형제 관계를 부정하고 B를 배반자 취급하던 A의 관점은("A : 넌 나를 아우라고 부르는데, 난 더 이상 네 아우가 아니야. 우리 둘 사이를 한 자루의 칼이 갈라놓고 있어. 배신이라는 칼이지. 그리고 그 칼을 만든 건 너라고.") 이제 시간이 흐른 후의 회상 속에서 다시 형으로 명명됨으로써 바뀐다. 이제 A는 B의 변절의 배후에 모진 고문을 이기고 나온 자에 대한 자신들의 차가운 의혹과 불신의 눈길이 큰 몫을 했다는 사실을 인식하게 되는 것이다.

B : 개가 있으면 개털이 있듯이 난 나치 갈색 제복을 입었고, 회전목마는 오른쪽으로 돌지 […]

시차를 통한 직접화법과 간접화법의 혼용으로 서사극의 극적 효과를 높이는 수법은 브레히트가 그의 1932년도 작품인 『어머니 Die Mutter』에서 처음으로 사용한 것인데, 위에서 뮐러가 언급한 브레히트의 「안티고네 서막」에서도 그 예를 찾아볼 수 있다. 브레히트는 시위를 묘사하는 대목에서 전체를 회상의 틀 속에 끼워 넣고, 즉 간접화법의 과거시칭으로 보고하면서 간간이 직접화법의 현재시칭을 사용했다. 특히 경찰의 발표에 의해 이미 죽어 버린 스밀긴(Smilgin)이 당시를 현재시칭으로 회상하며 재연할 때의 극적 흥분감은 곧바로 이어지는 과거시칭의 시간적·공간적 거리감으로 말미암아 적절히 조절되어, 연극이 필요로 하는 감각적 요소와 브레히트 연극의 핵심적 요소인 비판적 요소가 훌륭하게 조화되고 있음을 보여준다.

P. Wlassowa : Aber an diesem Tag **trug** sie (Fahne) der Arbeiter Smilgin.

Smilgin : Mein Name *ist* Smilgin. Ich habe zwanzig Jahre lang der Bewegung angehört. […] *Sollen wir* die Fahne weg geben?

Anton : *Gib* sie nicht weg, Smilgin! Es geht nicht durch Verhandeln, **sagten** wir, Und Pelagea Wlassowa **sagte** ihm:

P. Wlassowa : Du *mußt* sie nicht hergeben, es *Kann* dir nichts geschehen. Gegen eine friedliche Demonstration *kann* die Polizei nichts haben.

Mascha : Und in diesem Augenblick **schrie** ein Offizier uns zu : *Gebt* die Fahne heraus!

Iwan : Und Smilgin **sah** hinter sich and **sah** hinter seiner Fahne unsere Transparente und [⋯] (B.Brecht : GW. Bd.2 Frankfurt 1967, S. 849)

또 20년간 노동운동에 종사해 온 스밀긴이 죽는 장면은 서사적 틀에 끼워짐으로써 흥분과 절제의 조화를 이루게 된다.

Pawel : [⋯] Er (Smilgin) **sagte** :

Smilgin : Ich *gebe* sie (Fahne) nicht her! Es *wird* nicht verhandelt.

Andrej : Gut, Smilgin, **sagten** wir. So ist es recht. Jetzt ist alles in Ordnung.

Iwan : Ja, **sagte** er und **fiel** vornüber auf sein Gesicht, denn sie **hatten** ihn schon **abgeschlossen**.

Andrej : Und sie **liefen** hin, vier fünf Mann, um sich die Fahne zu holen. [⋯]

P. Wlassowa : *Gib* die Fahne her Smilgin, **Sagte** ich. *Gib* sie her! Ich *werde* sie tragen. Das *wird* alles noch anders werden! (앞의 책 S. 850)

이와 같이 화법과 시제의 혼용으로 배우와 관객의 극중 인물로의 몰입을 막아 소위 낯설게 만들기 효과(Verfremdungseffekt)를 유발시키는 수법은 브레히트가 즐겨 사용하던 것으로 「안티고네 서막」에서도 적용되고 있다.

특히 시작 부분에 회상의 틀을 설치하여 애초부터 관객들에게 사건을 보는 거리감을 제공하고 있는데, 그러한 브레히트의 첫 대사의 구문을 뮐러는 의도적으로 그대로 사용하고 있다.

Die erste : **Und als** wir kamen aus dem Luftschutzkeller
Und es **war** unversehrt das Haus und heller
Als von der Früh, vom Feuer gegenüber, da
War's meine Schwester, die zuerst es **sah**.
Die zweite : Schwester, warum steht unsre Tür offen?
(앞의 책 S. 2275)

A : **Und als** die Nacht **war** Tag vom Reichstags brand
Stand in der Tür mein Bruder und ich **gab** ihm nicht die Hand.
B : Ich bin dein Bruder. (Heiner Müller : Die Umsiedlerin oder das Leben auf dem Lande, a.a.O. S. 7)

『살육』의 첫 장면 〈긴 칼의 밤〉에서 뮐러는 내용적 측면에서 브레히트의 석방된 자 모티프를 사용하고 있으며, 형식적 측면에서는 「안티고네 서막」의 운문형식과 시제와 화법의 혼용을 통해 극적 효과를 노리고 있다. 뮐러의 경우 이 낯설게 만들기 효과가 감정의 몰입을 차단시키는 데 그치지 않고, 극중 인물이 새로운 인식의 차원에 도달하고 있음을 묘사하는 데까지 이르고 있다는 점이 지적되어야 할 것이다.

2) 〈형제 1, 2〉

'형제살육'의 모티프를 뮐러는 작품 『게르마니아 베를린에서 죽다』에서 다시 한번 다루고 있다. 〈긴 칼의 밤〉이 형식적으로 운문을 사용하고 시제와 화법의 혼용을 통한 극적 효과를 노리고 있는 반면, 〈형제 1, 2〉에서 작가는 모든 상황을 구체화시켜 놓고 있다. 은유적으로 표시된 제목 대신 '형제살육'의 당사자들을 직설적으로 나타내는 제목을 사용했고, 익명으로 표시된 인물 A와 B를 '공산주의자'와 '나치'로 구체화했다. 그리고 시기가 불분명했던 회상 장면을 1953년 6월 17일이라는 구체적 시간으로 나타내었으며, 고문을 이겨내지 못한 자의 고문 장면 회상뿐 아니라, 고문을 이겨낸 자의 참혹한 회상까지도 다루고 있다. 또한 장소 역시 동백림의 한 감방으로 구체화시켜 놓고 있다. 이 같은 상황의 구체화는 동독의 현대사와 독일의 지나온 역사를 대비시키는 작품의 전체 형식에서 연유한 것이기는 하나, 작가는 이 모티프를 다시 다루면서 형식적인 측면보다 내용적 측면에서 형제간의 살육 갈등을 첨예화시켜 독일 노동운동의 분열상을 상징적으로 묘사한다. 그리고 동시에 나치 치하의 쓰라린 상처를 들추어냄으로써, 동족상잔의 역사를 민족사적 차원에서 상징적으로 묘사하고 있다.

과거 역사의 모순성이 본질적으로 제거되지 못한 채, 오늘날 새로운 양상으로 나타나고 있음을 작가는 〈형제 1〉에서 동족상잔의 역사를 로마시대까지 거슬러 올라간 과거 속에서 들추어내고 있는데, 이는 독일인끼리의 동족상잔의 뿌리 깊음을 극대화시키는 효과를 노리고 있다. 자신의 이익만을 추구하여 로마의 용병으로 싸우는 플라부스(Flavus)와 조국의 명예를 최우선으로는 생각하며 로마와 싸우는 아르메니우스(Armenius)라는 형제의 이야기를 작가는 대화체가 아닌 서술체와 간접화법의 문체로 묘사하고 있다. 전체적으로는 역사가 타키투스(Tacitus)의 『사기 史記』를 그대로 인용함으로써 서사적 거리감을 얻어내고 있다. 이 같은 거리감은 다음 장면인 〈형제 2〉의 대화체와 대비됨으로써 서사적 묘사 본연의 냉정성과 비판성을 수반하게 되며, 대화체로 진행되는 장면에서는 생동성과 박진감을 촉발시켜 주고 있다. 〈긴 칼의 밤〉에서 직접화법과 회상의 서술체를 혼용하여 박진감과 서사적 비판성의 효과를 얻고 있다면, 〈형제 1, 2〉에서는 혼용이 아닌 대조의 수법을 쓰고 있으며, 대조 또한 장면과 장면의 단위로 이루어지고 있다.

언어적 측면에서 살펴보면 작가 특유의 강렬한 시적 은유와 극도로 농축된 언어를 사용한다는 점에서는 변함이 없으나, 작가는 이런 정제된 언어들을 같은 감방 속 죄수들인 다리폭파범(Brückensprenger)과 살인범 간디(Gandhi)의 평범한 일상 대화 사이사이에 끼워 넣음으로써 그 은유성을 더욱 부각시키고 있다.

> 다리폭파범 : 내가 저 빨갱이 놈에게 맛을 좀 보여 줄까?
> 간디 : 칼을 치워. 손으로 해도 되니까. 그 대신 숙달된 솜씨여야 하는데, 자네가 원하면 내가 가르쳐 주지. (Heiner Müller : Germania Tod in Berlin, Berlin 1977, S. 71f.)

특히 박해받는 공산주의자의 환각 대목의 은유적 표현은 나치 시대 이후의 동족상잔을 상징적으로 암시하고 있다.

그러나 뮐러는 〈형제 1, 2〉에서 형식적 기교를 통한 극적 효과보다는 작가 특유의 갈등의 극단적 첨예화와 간결하면서도 극도로 암시적인 언어 사용을 통해 동족상잔이라는 독일 역사의 한 과정을 '형제살육'이라는 내용의 극단적 상징으로 암시하는 데 주력하고 있다. 〈긴 칼의 밤〉에서 작가는 변절자가 변절하게 되는 과정에 초점을 맞추어 독자로 하여금 변절자에게도 동정의 시선을 보낼 수 있도록 유도하고 있다. 반면 〈형제 1, 2〉에서는 변절자들 중에는 본의 아니게 변절의 길로 들어선 선의의 피해자들이 있다는 측면을 보여 준다. 그러나 작가는 어떤 연유로 변절자가 되었건 파시즘의 하수인으로 전락한 이후 20년간의 반민족적 행적 또한 규탄하고 있다. 그리고 뮐러는 이들이 나치 시대를 청산하고 사회주의 국가로 탄생하는 과정 속에서 반동적 세력으로서 어떻게 민족화합을 방해하는가를 보여 주고, 동시에 나치에 의한 박해의 상처를 다시 들추어냄으로써 파시즘이 야기한 동족상잔의 역사를 생생하게 상기시켜 주고 있다. 공산주의자의 나치 시절 회상은 작가의 이런 의도를 분명하게 보여 주는 대목이라 하겠으며, 작가는 개인적 차원이 아닌 독일 민족의 차원에서 이 수난의 역사를 묘사하고 있다. SA에 의해 이 수용소에서 저 수용소로 이동 수감되는 과정에서 겪게 되는 수모를 묘사하면서 작가는 자연, 사물, 인물들에게 모두 민족적 차원을 부여하고 있다.

> 아름다운 독일의 고향, 독일의 새들, 독일의 숲, 독일의 어머니, 독일의 남자, 독일인이 내게 뱉은 침, 독일의 아이들, 독일의 좆들, 독일의 땅. (앞의 책 S. 73f.)

이처럼 뮐러는 〈형제 2〉에서 본의 아니게 변절자로 전락하게 된 자 모두를 파시즘의 희생자로 처리하며, 파시즘이 야기하는 동족상잔을 '형제살육'

이라는 모티프를 통해 부모와 자식, 아내와 남편 간의 인륜을 거스르는 것으로 상징화하고 있다. 파시즘이 사라진 이후에도 형제와 동족 간의 반목은 계속되었으며, 이 같은 반목의 분출로 작가는 1953년 6월 17일의 동백림 폭동을 다루고 있다. 동백림 폭동을 보는 작가의 시각은 이 작품 도처에서 엿볼 수 있다. 2차 대전 이후 극심한 동서 냉전의 분위기 속에서 일어난 동백림 폭동은 소련 탱크로 진압되었으며, 강제진압이 서방측에 의해 동서 냉전의 선전도구로 사용되었던 점은 주지하는 바이다. 뮐러는 폭동 가담자들 중에는 나치의 잔당이었으나 노동자로 전락한 자들과 기회주의적 소시민들이 있었음을 상기시킨다. 이들은 노동영웅들의 엄청난 노동 작업량이 노동자 모두에게 보편적 작업량으로 요구된 후 벌어지는 파업과정에서 그 선두에 서며 폭동을 선동한다.

비록 나치 잔당과 기회주의적 소시민들의 선동이라는 측면이 있기는 하지만, 노동자·농민의 국가를 자처하면서 탄생된 동독이 진정한 노동자인 젊은 벽공의 요구사항이기도 했던 작업 기준량의 재조정을 스스로 이룩하지 못하고, 외세의 탱크로 자국 노동자들의 목소리를 묵살해 버리는 비극적 상황을 작가는 간접적으로 묘사하고 있다. 폭동의 부정적 측면을 간파하고 있는 뮐러의 이상적인 극중 인물(공산주의자)은 반동세력을 진압할 것을 주장한다.

> 공산주의자 : 왜 총을 쏘지 않는 거야. 저럴 수는 없어. (문을 두드린다.)
> 동무들, 감옥을 지켜. 사격해. (앞의 책 S. 71)

그러나 문제는 이러한 주장을 하는 자가 감옥에 투옥되어 있다는 사실이다. 뮐러의 이상적 공산주의자는 당의 노선을 이탈하는 '이탈자'로 낙인찍혀, 파업을 일삼는 자나 살인범과 같이 취급되고 있으며, 노동자 계급의 적대세력과 손을 잡을 가능성이 있는 자로 분류되고 있는 것이다. 뮐러는 한 인터뷰에서 당시의 투옥이 "스탈린과 관계되는 문제"라고 언급하면서 이 투옥과 스탈린의 반대파 숙청작업과의 연관성을 시사하고 있다. 그러나 자신의 투옥에도 불구하고 뮐러의 공산주의자는 소련군의 탱크진압을 환영하는 분명한 태도를 보여 준다.

> 나치 : 인터내셔널 노래를 탱크 소리와 함께 듣는 걸 좋아하나 보군.
> 공산주의자 : 오늘처럼 듣기 좋은 적은 정말 없었어. 탱크 소리로 부르니 정말 좋은데. 스파이 자식. (앞의 책 S. 74)

똑같은 상황을 뮐러는 50년대의 짧은 산문에서 이미 다룬 바 있었다.

> 쇼터베크 : 그가 1953년 6월 어느 날 아침 베를린에서 감방 동료들에게 얻어터지면서 쓰러질 때, 시끄러운 탱크소리와 함께 프로이센 감옥의 두꺼운 벽을 통과하며 작아진, 그러나 결코 잊을 수 없는 인터내셔널 노랫소리를 그는 들었다. (앞의 책 S. 15)

비극적인 것은 자국 노동자들의 요구가 외국 탱크에 의해 묵살되고, 외세를 빌려야 할 정도로 미처 성숙지 못한 신생사회주의 국가인 당시 동독 상황과 더불어 이런 상황 속에서 진정한 사회주의자임을 자처하는 공산주의자가 투옥되는 정치풍토와 이런 와중에서 벌어지는 형제간의 살육인 것이다. 외형적으로 뮐러는 살육당하는 자를 바꿔 놓고 있다. 〈긴 칼의 밤〉에서는 나치로 변절한 자가 살육되는 데 반하여, 〈형제 2〉에서는 나치의 박해를 견뎌 낸 공산주의자가 살육된다. 그러나 '누가 누구에게 살육 당하느냐'보다 '동족상잔의 역사 그 자체의 묘사'가 중요하다는 작가의 의도는 살육되는 나치 B의 역사에 대한 자아상실의 외침을 공산주의자가 반복하고 있는 데에서 분명히 드러나고 있다.

B : 긴 칼의 밤은 '누가 누구를'이라고 묻는다.
내가 이 사람이고 저 사람이 나다.
(Heiner Müller : Die Umsiedlerin oder das Leben auf dem Lande, a.a.O. S. 8)

공산주의자 : 나는 누구인가. (세 명이 그에게 덤벼든다.)
(Heiner Müller : Germania Tod in Berlin, a.a.O. S. 74)

4. 신화적 허상의 파괴 : 〈내겐 전우가 있었네〉, 〈스탈린 헌사〉, 〈브란덴부르크 협주곡〉

1) 전우애의 회상 : 〈내겐 전우가 있었네〉

『살육』의 첫 장면에서 작가가 역사서술의 대상으로 삼은 것이 역사적 상황 속에서 평범한 인간들이 취한 행동양식과 태도라고 한다면, 둘째 장면에서 작가가 다루는 것은 어느 한 시대를 통해 그 시대를 살아간 인간들의 행동에 막대한 영향을 미치는 추상적인 의식이라 하겠다. 괴벨스의 주도하에

기만적으로 펼쳐진 의식전개운동은 정치적으로는 민족주의(Nationalismus), 사회주의(Sozialismus), 노동당(Arbeiterpartei)의 개념으로 나타났으며, 이는 파쇼정당의 명칭인 NSDAP(**N**ational **S**ozialistische **D**eutsche **A**rbeiter **P**artei)에서 확인할 수 있다. 문화적으로는 조국, 대지, 고향 등의 개념이 남발·오도된 바 있다. 전쟁의 도발과 함께 이들은 독일인의 전형적 심성으로 간주되는 성실과 신의(Treue)를 그들의 전쟁 수행 목적을 위하여 확대·고취시키는 한편, 전우애(Kameradschaft), 마지막 승리(Endsieg) 등의 의식을 주입시킨 바 있었다. 그러므로 『살육』의 첫 장면은 동부 전선(소련) 패전 시 추위와 굶주림에 허덕이는 네 병사의 의식 속에 주입된 개념들의 허구와 기만성을 작가 특유의 일상적 차원, 즉 상부구조의 측면이 아닌 하부구조의 측면에서 밝히는 것을 주요 골격으로 하고 있다.

뮐러는 굶주림에 허덕이는 4명의 낙오병들이 전우애는커녕 전우를 잡아먹는 식인종으로 전락하는 전체 이야기를 또다시 회상의 틀 속에 넣음으로써 관객들에게 거리감을 제공해 주고 있다. 노래의 제목이기도 한 이 장면의 제목에서 이미 과거시제가 사용됨으로써(Ich **hatt** einen Kameraden) 사건을 바라보는 관객들의 시각은 그 당시가 아님을 알 수 있으며, 전쟁 후 참전자들의 입에 자주 오르던 전우애에 대한 미련을 작가는 식인적(食人的)인 반전(反戰) 수법을 통하여 쐐기를 박고 있는 것이다.

2) 니벨룽겐 기사의 충절과 스탈린그라드 전투의 허상 : 〈스탈린 헌사〉

신화적 허상의 파괴 작업을 작가는 작품 『게르마니아 베를린에서 죽다』의 〈스탈린 헌사〉 대목에서 신화와 현대사라는 두 가지 측면에서 계속하고 있다. 작가는 신화의 측면에서 소위 "니벨룽겐 기사들의 충절(Nibelungentreue)"

이라고 긍정적으로 평가되는 통념, 즉 니벨룽겐 기사들이 부르군드(Burgund)의 군터(Gunther)왕을 위해 싸우다 전멸하는 충절을 비판적으로 바라보고 있으며, 현대사의 측면에서는 훈족에게 포위된 상황에서 전투를 치러야 했던 니벨룽겐 기사들과 마찬가지로 2차 대전 당시 포위된 상황에서 스탈린그라드 전투를 치러 낸 독일 군인들과 그들이 오늘날까지 자랑스럽게 간직하고 싶어 하는 독일군의 '전우애'를 부정적으로 조명함으로써 충절과 전우애로 포장된 폭력과 살육의 역사를 드러내고 있다.

과거와 현재의 공통성은 '포위된 상황'에서 발견된다. 훈족의 왕 아틸라(Attila)의 왕궁에 갇힌 니벨룽겐 기사들의 상황과 스탈린그라드에 포위된 2차 대전 당시의 독일군의 상황은 동일하다. 그러나 작가가 제시하는 진정한 공통성은 충절과 전우애라는 미명 아래 행해지는 살육의 역사인 것이며, 이 무의미한 살육의 역사를 조명함에 있어서 작가는 나폴레옹과 시저를 등장시켜 정복전쟁의 살육성을 세계사의 차원으로 높여 주고 있다. 이러한 살육의 절정은 니벨룽겐 기사들 간의 반목으로 인한 동족살육과 스탈린그라드 전선의 독일 병사들이 기아에 허덕인 나머지 야만적 식인을 자행하는 데 있다. 나폴레옹과 시저에 비해 양식배급에 인색하지 않은 것으로 표현된 '전우애'는 식인적 양식이라는 참혹한 비유에 의하여 산산이 조각나고 만다.

병사 3 : (뽑아낸 팔뚝을 권하며) 배고프지 않은가?
[…]
병사 1 : 저건 나폴레옹이야. […] 저 친구는 일일이 헤아린다구. 인색해.
전우애란 우리들이나 갖고 있는 거라구. 정말 안 먹을 테야? […]

(앞의 책 S. 48)

니벨룽겐 기사들의 충절은 무의미한 살육에 회의를 품는 동료기사를 살육하고, 반목으로 인해 자멸하는 장면에서 허상임이 여지없이 드러나고 만다.

3명의 기사들은 나머지 한 기사를 오랜 싸움 끝에 토막 내 버린다. (앞의 책 S. 50)

"니벨룽겐 기사들의 충절"이라는 독일적 심성을 살육적 심성으로 파악하는 작가의 시선은 사회주의의 역사 전개 과정을 보는 시각으로 연결되며, 이는 〈스탈린 헌사〉라는 제목에서도 발견된다. 사회주의 혁명 과정에서 혁명적 폭력의 화신과 개인 우상화(Personenkult)의 상징인 스탈린에게의 헌사란 명칭은 신하들이 군주에게 바치는 신하로서의 신의와 일맥상통함을 보여준다.

실제로 스탈린그라드의 살육이 있기까지는 허약한 신생국인 소련의 안정을 우선하여 히틀러 파시즘과 불가침조약을 맺은 스탈린의 정책이 있었으며, 이러한 정책을 따르는 독일 공산당의 태도를 슐쯔는 니벨룽겐 기사들의 충절로 비유하고 있다.

독일적(정치적) 미덕으로서의 니벨룽겐 충절심은 11월 혁명 이후의 노동운동에 참혹한 영향을 끼쳤다. 독일 공산당은 소련 공산당에 대한 의무감과 자립성의 결여로 말미암아 소련의 국가이익을 자국의 정세분석보다 우위에 설정하였다. 이러한 독일 공산당의 순명성은 독일의 양대 노동정당의 파시즘 저항운동을 외면하였다. 스탈린 자신도 파시즘의 승리를 지원하였다. 왜냐하면 그는 파시즘의 승리를 역사적으로 피할 수 없는 것이라고 선언했으며, 파시즘의 필연적 몰락 다음에 올 사회주의 혁명의 자동적 승리를 예측하고 있었기 때문이다. (Genia Schulz : Heiner Müller, a.a.O. S. 131)

스탈린의 죽음 이후에 작가가 경고하는 것은 니벨룽겐 기사들의 충절과 스탈린그라드 전투로 비유되는 무모하고 무의미한 살육의 역사에서 교훈을 얻기는커녕 아직도 '전우애'라는 허상에 대한 그리움이 남아 있다는 것이다. 히틀러 치하에서 좌익이었으며 프롤레타리아를 자처하는 극중 인물인 술 취한 자는 자본주의도 반대하지만 사회주의도 반대한다. 그는 오로지 포위된 스탈린그라드에서의 지옥 같은 전투를 치러 내고 살아남은 추억만이 소중할 따름이다. 따라서 당시의 전우를 만난 그가 열띤 추억에 잠기는 것은 당연하다.

술 취한 자 : […] 그러고 나서 우리들은 스탈린그라드 전투를 재구성했지. […] 자네 아직도 포복할 수 있어? 빌리, […] 그 친구는 아직도 포복을 할 줄 알더군. 내가 지휘한 부대는 이 정도로 완벽했었지. (Heiner Müller : Germania Tod in Berlin, a.a.O. S. 55)

30만 명의 포위된 독일군에게 승산 없는 전투명령을 내린 히틀러와 독일 제6군사령관 파울루스의 명령수행으로 인해 1943년 2월 2일 전투가 끝난

뒤의 생존자는 91,000명에 불과했다. 계속된 항복 건의에도 불구하고 무참한 살육 전쟁을 감행하여 수많은 인명이 살육되었지만, 살아남은 하사관의 취중 언사를 통해 작가는 현대에도 엄연히 계속되고 있는 니벨룽겐 기사들의 충절이라는 독일인의 심성을 확인하고 있다.

> 술 취한 자 : (맥주를 식탁 위에 쏟는다.) 여기가 볼가 강이고, 스탈린그라드는 여기야.
>
> 모범노동자 : 이건 내 맥주야.
>
> 술 취한 자 : 전쟁 얘기 따위는 관심 없다 이거지? 전쟁은 아직 안 끝났어. 이제 막 시작이야. 난 두렵지 않아. 난 지옥을 안팎으로 경험했거든. (퇴장) (앞의 책 S. 55)

살육의 역사에서 벗어나지 못하고, 치욕스런 반복을 계속하는 독일 역사에 대한 회의적 시각은 다음과 같은 작가 자신의 언급에서도 확인된다.

> 스탈린그라드의 포위는 에첼(훈족의 왕)의 궁전을 인용한 것입니다. [⋯] 독일 병사들은 스탈린그라드 전투에서 니벨룽겐의 교훈을 배우지 못한 것입니다. (Heiner Müller : Mauser, Berlin 1978, S. 72f.)

3) 프로이센 기질(Preußentum)과 동독 : 〈브란덴부르크 협주곡〉

"니벨룽겐 기사들의 충절"과 마찬가지로 작가는 독일 역사의 유물로 "프로이센 기질"을 다루고 있다. 프로이센 제국의 시민계층들이 지배층인 왕권과의 자립적 대립에서 연립으로, 다시 왕권의 하수인으로 군국주의의 선두에 서서 1차 세계대전으로 진군하는 역사적 전개 과정을 다룬 〈브란덴부르크 협주곡 1〉에서 작가는 서커스의 어릿광대들을 통한 극중극의 수법으로 왕권에 대한 자립적 대립의 전형으로 전해 내려오는 포츠담의 방앗간 주인 일화의 허실을 우화적 수법으로 드러내고 있다.

자립적 대립의 양상은 포츠담에 있는 프로이센의 왕궁, 쌍쑤씨 궁전 곁에 위치한 방앗간의 방앗소리에 신경이 날카로워진 왕이 자신의 통치와 자신이 즐기는 피리연주에 방해가 된다는 이유로 방앗간의 이전을 명령하나, 정당하게 건축허가와 영업허가를 받았던 뮐러(방앗간 주인의 이름)는 프로이센이 법치국가임을 내세우며 항의하는 것으로 나타난다.

왕권에 대한 시민층의 동조는 상징적·시각적 묘사를 통해 나타나고 있다. 서커스라는 틀을 이용하고 있으므로 서커스 동물로서의 사자의 등장은 무리가 없다. 사자에게 쫓겨 생명의 위협을 느끼며 공중 곡예를 위한 그네로 피신하는 두 어릿광대의 모습을 통해 사자는 두 어릿광대가 상징하는 왕권과 시민계층을 위협하는 세력의 상징, 즉 프롤레타리아의 상징성을 자연스럽게 획득하게 된다. 또한 사자에 대한 두 광대의 동일 보조는 시민계층의 왕권과의 동조를 극적으로 묘사해 주고 있는 것이다. 양자 간의 유착은 사자를 물리친 이후의 '우리'라는 명칭과 사건수습의 과정에서 분명해진다. 단장에게 공동대처하기로 공모하고, 실제로 단장 앞에서 단합된 행동을 보임으로써 양 계층의 유착을 극적으로 보여 주고 있다.

단장 : 너희들 사자를 어떻게 했어?

광대 2 : (광대 1의 뒤에 가서 선다.)

광대 1+2 : 사자라니? 사자가 어디 있어요? (단장의 턱이 떨어진다. 단장은

턱을 줍고 부끄러운 듯 주위를 돌아보며 퇴장한다.) (앞의 책 S. 43)

또 두 광대의 통치 놀이 과정에서 통치 권좌를 상징하는 의자를 두고 벌이는 수작들도 두 계층의 연합을 시각적으로 상징하고 있다. 왕이 왕좌에 앉을 수 있도록 방앗간 주인은 의자를 이리저리 옮겨 주고 있는 것이다.

왕권과 시민권의 유착은 시민의 권리를 주장하며 왕권에 저항하는 대목에서 극치를 이룬다. 포츠담의 방앗간 주인 뮐러는 왕의 피리 연주에 방해가 되는 방아소리를 멈추라는 왕의 명령을 거부한다. 프로이센이 법치국가이므로 시민의 정당한 권리를 주장한 것이다. 이는 "프로이센 기질"의 긍정적 측면을 보여 주는 일화로 알려져 있다. 그러나 뮐러는 이 모든 것이, 계몽군주임을 자처하고 이를 대외적으로 과시하려는 프로이센 왕의 대외홍보적 차원에서 전시효과용으로 추진된 것임을 밝혀 그 허실을 극명하게 드러낸다. 따라서 광대 1(왕권)에 의해서 연출된 저항을 광대 2(시민층)는 충실히 이행하며, 따라서 자신에게 저항하는 광대 2의 태도에 광대 1은 만족스런 박수를 보내는 것이다.

또한 왕권과 시민층의 유착을 드러내기 위해 사자를 등장시킨 작가는 작품의 뒷부분인 〈형제 1, 2〉, 〈베를린에서 죽다 1, 2〉에서 독일 노동운동의 분열상을 암시해 주고 있다. 왕권과 시민층에게 위협적 존재로 등장했던 노동혁명세력은 둘의 합작에 의해 의외로 쉽게 분쇄되며("광대 1, 2는 공중그네에서 사자에게로 떨어지고, 사자는 두 조각으로 부서져 각각 다른 방향으로 분산된다."), 게다가 이분(二分)됨으로써 추후 SPD(사민당)와 KPD(공산당)로 분열되는 독일 노동운동의 앞날을 예시해 주고 있다.

시민계층과 왕권이 일시적으로 위험을 느끼는 사자의 상징성은 서커스라는 틀 속에서 이루어짐으로써 독특한 측면을 내포하고 있다. 자연에서의 사자의 위력은 서커스의 창살에 갇힘으로써 인위적으로 거세당하고 길들여진 존재가 되며, 잠시 조련사의 손을 벗어남으로써 본래의 위력을 되찾는 듯하였으나, 야성을 회복하기에는 주위의 여건이 아직 성숙하지 못했음을 통해서 작가는 봉건전제하의 혁명세력을 서커스의 사자로 비유하고 있는 것이다.

두 계층의 유착에서 종속적 관계로의 변화는 점진적으로 묘사되어 있다. 광대 1의 정치놀이를 성희적(性戱的)으로 왜곡 해석하여 자신의 정치 역량을 과시하려는 광대 2(시민층)의 의도는 "(바지를 내리고) '내 나라가 네 나라보다 크다'"라는 대사에서 단적으로 드러난다. 서커스단 내의 질서유지를 담당하는 말의 조련은 대개 서커스 단장들이 맡으며, 단장은 평단원에 대한 절대적 존재로서 서커스단의 인사권을 갖고 있다. 작가는 광대 2의 언어유희(광대 1이 정치적 계몽의 뜻으로 사용한 "Aufklärung"을 광대 2는 이 단어의 또 다른 뜻인 어린이들에 대한 성(性)교육적 계몽으로 해석)에 발맞추어, 서커스단 내의 권력의 상징인 말(馬) 조련사란 명칭 앞에 말(言)을 첨가하여(Sprechstallmeister) 희극적 효과를 노리고 있다. 양자 간의 종속적 관계는 사자 퇴치 이후 광대 1의 수습 안을 광대 2가 받아들이고, 사자 사건의 책임을 묻는 단장 앞에서 광대 1의 뒤에 위치하는 광대 2의 자세에서도 암시되고 있으며, 의자가 사라진 이후 본격적으로 나타난다. 유착, 동조 이후의 시민층의 종속적 관계를 지양, 개혁하려는 의도는 왕권에 의해 무마된다. 의자가 없어진 이후 광대 1은 광대 2를 의자로 사용한다. 하지만 방아 노릇도 겸해야 하는 광대 2의 방아 찧는 동작에 의해 광대 1은 넘어지고 만다.

어릿광대 1 : 네가 내 의자다. 나 너한테 앉겠어.

(어릿광대 2 손을 짚고 무릎 꿇는다. 어릿광대 1이 그 위에 앉는다.)

어릿광대 1 : 이제 난 통치할 테니 넌 덜커덩 소리를 내라.

(어릿광대 2 일어난다. 어릿광대 1 넘어진다.)

어릿광대 1 : 내가 통치하는 동안에 일어나면 안 되지. (앞의 책 S. 44)

위의 장면들은 시민계층의 왕권에 대한 종속성(Stuhl)과 자신들의 권리(Mühle)가 양립할 수 없음을 상징한다. 동시에 권리를 주장하는 것은 왕권에 대한 도전(Aufstand)을 의미하는 것으로, 왕권에 의해 용납될 수 없다는 것을 희화적으로 보여 주고 있다. 이 같은 양립성의 어려움은 시민의 권리를 인정하는 대목(광대 2의 방아역할, 광대 1의 의자 상상 대목)이 광대 1의 역할 포기로 인해 성립되지 못하는 곳에서 다시 한번 확인된다.

어릿광대 2 : 이제 난 물레방아다. 넌 의자를 상상하도록 해.

(어릿광대 1 허공에 의자를 상상하고 앉는다.)

어릿광대 1 : 힘들어서 더 이상 의자를 상상하지 못하겠어.

어릿광대 2 : 넌 왜 서서 통치를 못 하니.

어릿광대 1 : 그건 안 돼 [⋯]. (앞의 책 S. 44)

시민층에 의한 통치권에의 도전 역시 용인될 수 없음은 물론이다. 연출된 각본에 따라 시민의 합법적 권리를 주장하는 광대 2에게 박수를 보내던 광대 1은 자신의 통치권에 관한 언급이 시작되자 즉각 개입한다.

어릿광대 2 : […] 난 독일 사람이야. 아무렴.

(어릿광대 1 박수친다)

왕이라니, 통치는 누구나 할 수 있는 거라고.

어릿광대 1 : 잠깐, 너 법의 테두리를 벗어나면 안 돼. (앞의 책 S. 45)

왕권의 시민층에 대한 결정적 승리와 시민층의 군국주의 하수인화는 양자의 대면에서 결정된다. 왕권의 상징인 단장의 위압적 내두름 앞에서 시민의 합법적 권리를 주장하도록 연출 받은 광대 2의 대결적 태도는 자취 없이 사라져 버린다. 이처럼 유약한 시민층에 대한 왕권의 태도는 폭력적으로 변화되며(광대 1은 광대 2를 때린다), 폭력에 대한 반응은 굴욕적으로 나타난다("어릿광대 2 단장을 핥는다. 그리고 단장을 먹기 시작한다. 단장을 먹으면서 어릿광대 2는 기운을 차리고 막대기처럼 빳빳하게 서 있다."). 작가는 왕권의 상징인 단장을 핥고 먹는다는 것을 통해 시민계층의 왕권에의 굴복과 더불어, 신민근성의 내면화(Verinnerlichung)를 비유적으로 묘사하고 있다. 그리고 1차 세계대전으로의 돌입을 군대행진곡에 맞춘 광대 2의 행진으로 묘사함으로써 소위 "독일의 참상(die deutsche Misere)"을 우화적으로 표현하고 있다. 이 같은 "프로이센 기질"의 현대적 양상을 작가는 〈브란덴부르크 협주곡 2〉에서 다루고 있다.

동독 건국 초기에 발견되는 프로이센의 유물, 신민근성(Untertanengeist)을 묘사함에 있어 작가는 감성적 수법을 쓰고 있다. 노동영웅으로 추대된 한 벽공을 위해 국가가 베푸는 화려한 식탁에서 상류층들에게나 익숙한 찬 뷔페 음식들(das kalte Buffet)을 정작 주인공인 벽공은 먹지 못한다. 봉건시대부터 상류층의 전유물인 철갑상어 알(Kaviar) 및 차가운 음식이 벽공의 입에 맞지 않음은 물론이다. 식사 장소 또한 프로이센의 왕궁이라는 사실, 그리고 벽공이 전쟁 복구를 위해 정부와 당이 요구하는 작업량 증대(Normerhöhung) 방침에 따라 적극 호응하여 동료 노동자들의 반대에도 불구하고 세계 신기록의 작업을 이루어 내는 사실 등은 "프로이센 기질"을 연상하기에 족하다. 맹종에 가까울 정도로 정부와 당의 요청에 따르는 것은 신민적 색채가 강하며, 최고급 식탁에서 벽공과 대통령의 만남은 프로이센의 프리드리히 대왕과 포츠담의 방앗간 주인 뮐러와의 대면을 연상시키고도 남음이 있다. 이처럼 노동자들의 국가를 표방한 나라의 노동자인 벽공이 그들과 같은 출신인 대통령과의(Der Präsident, Ein Arbeiter wie wir.) 만남에서 동질감을 느끼지 못하고 있음은 입맛의 차이에 그치는 것이 아니라, 당시 정부 당국과 국민들 사이에는 극복되어야 할 그 무엇이 존재했다는 것이 작가 뮐러의 입장이다. 그리고 극복되어야 할 대상이 프로이센적인 신민근성이라는 것은 벽공과 프리드리히 대왕 간의 싸움에서 은유적으로 드러난다. 프리드리히 2세가 사용했던 의자에 앉으려는 벽공에게 대왕은 호통을 친다("왕의 면전에서 일어나지 못할까? Will er nicht aufstehen, Kerl, vor seinem König"). 지난 시대의 유물인 봉건영주는 이제 사라지고, 노동자·농민의 국가인 사회주의 국가 동독이 신생되어 국가의 모든 것은 국민의 소유가 되었지만("발전소가 국민의 소유로 되었을 때 ALS DAS KRAFTWERK WURDE VOLES EIGEN") 구시대의 유물인 신민근성을 요구하는 프리드리히 2세는 흡혈귀의 모습으로 나타난다. 벽공과 대왕의 싸움은 벽공의 승리로 끝났지만, 이 같은 신구 질서의 충돌이 신생국 동독에서 벌어지고 있다는 사실은 아직도 구시대적 유물인 신민근성의 극복이 이루어지지 못했음을 보여 주고 있다. 건국 초기 동독의 상황을 작가는 다음과 같이 말하고 있다.

프로이센은 공무원 국가였으며, 프로이센은 국민들을 신민으로 교육시키는 국가였습니다. 그 여파는 1945년 이후까지 미쳤습니다. 그 당시는 마치 신민처럼 행동하는 사람을 좋아했으며, 새로운 국가노선을 따를 준비가 된 사람을 환영했습니다. 사람들에게 신민근성을 타파하도록 하는 기회가 거의 주어지지 못했던 것입니다. (Heiner Müller : Gesammelte Irrtümer S. 37f.)

벽공과 대왕의 싸움에서 나타나는 신구 질서의 충돌은 한편 작가 자신의 동독의 역사를 보는 입장, 즉 동독 공산당에 대한 작자 자신의 입장과 당의 공식노선과의 충돌이기도 하다. 당의 노선과 일치·화합한 경우는 앞에서 소개한 바대로 초기 작품인 『헐값 노동자 Lohndrücker』에서 유일했으며, 작가 자신도 50년대 말의 자신의 입장을 다음과 같이 회상하고 있다.

나의 세계는 싸우는 순간들로 구성되어 있었습니다. 이와 같은 순간들은 아마도 클린치(Clinch)라는 비유가 가장 적절한 표현일 것입니다. (Heiner Müller : Theaterarbeit Berlin 1975 S. 8)

1964년의 작품 『농부들 Die Bauern』에서도 작가는 옛 것과 새 것의 충돌을 싸움(Clinch)으로 표시한 바 있었다. 구시대의 유물과의 싸움은 첫 장면의 마지막에서, 주인공이자 농업집산화의 선동자인 플린트(Flint)가 깃발, 현수막, 괴테, 쉴러의 책들을 자전거에 실은 채, 지난 독일 역사의 주인공들(히틀러, 프리드리히 2세)과 싸우는 것으로 상징되어 있었다.

1961년에 작가연맹에서 축출되고, 1965년 전당대회에서 작품 『공사 현장 Bau』에 대한 혹독한 비판을 받고난 후 작가는 자신과 당의 충돌을 극단적으로 표현하고 있다.

> 동독 국민의 대다수는 다만 화합이란 말을 꿈꿀 수 있을 것입니다.
> (앞의 책 S. 125)

5. 파시즘과 소시민, 소시민성 : 〈소시민의 결혼〉, 〈푸줏간 남자와 그의 부인〉

1) 〈소시민의 결혼〉

작가는 파시즘이 일반 소시민의 의식 속에 얼마나 깊이 뿌리박혀 있었던가를 〈소시민의 결혼〉이라는 대목에서 과장적 수법을 통하여 보여 주며, 아울러 파시즘의 비인간적 측면을 돌출시켜 주고 있다. 파시즘에 물든 남편은 베를린 함락 직전 자살한 히틀러의 본을 따라("총통은 죽었다, 살아 있는 것은 국가반역이야. Der Führer ist tot, leben ist Hochverrat.") 죽기를 거부하는 딸과 부인을 일방적으로 사살하지만, 자기 자신은 본능에 밀려 살아남는다. 광신적 히틀러 신봉자의 도식적 사고로 인해 타인에게의 폭력을 가족의 차원에서 다룸으로써 과장의 수법을 쓰고 있으며, 파쇼적 행위를 이데올로기가 아닌 본능에 연결시킴으로써 소시민의 의식 속에 스며든 파시즘의 강도를 짐작할 수 있게 한다. 소제목 속의 "결혼"이란 서양 교회에서의 결혼의식에서 나오는 문구 "죽음이 너희를 갈라놓을 때까지(bis der Tod euch scheidet)"를 연상시킨다. 결과적으로 이 장면의 부부에게도 죽음은 '두 사람을 갈라놓을 때까지'라는 표현에 해당되는데, 문제는 이 죽음이 파쇼적 의식에 의한 강제성을 띠고 있다는 점일 것이다.

2) 〈푸줏간 남자와 그의 부인〉

『살육』의 다섯 장면 중에서 제일 긴 장면으로, 다시 다섯 개의 단락으로 나뉘어져 있다. 대화로 엮어지는 2개의 푸줏간 장면과 무언극의 꿈 장면, 그리고 부인의 의식의 흐름을 뒤쫓는 2개의 회상 장면의 순서대로 펼쳐 놓은 이 장면에서 작가는 나치 시대를 살아간 상인 또는 사업가들을 상징하는 푸줏간 주인을 등장시켜 파쇼 치하의 상행위와 정치의 연관관계를 일상적 차원에서 다루고 있다. 전선에 투입되지 않으려는 얄팍한 실리적 동기에서 SA 대원이 된 푸줏간 주인은 자신의 행위를 부인 앞에서 애써 합리화시킨다.

> 남편 : 내가 SA에 들어간 것은 고객들에게 근무하기 위함이야. 내가 안 그랬다면 푸줏간 갈고리에 고기가 한 덩어리도 걸려 있지 않았을 거라고. 그리고 당신의 침대 역시 옆이 비었을 거라고. 안 그래? 회색군복보다 갈색제복이 더 낫지 (Heiner Müller : Die Umsiedlerin S. 11)

작가는 앞의 장면 〈내겐 전우가 있었네〉에서의 식인 모티프를 이 장면에서도 푸줏간 주인이라는 직업과 연결시켜 변형·활용하고 있다. 부상당한 채 생포당한 미군비행사를 SA분대장은 푸줏간 주인에게 처리하도록 명령한다(“분대장 : 이건 자네 전공이구먼 사베스트, 고기 써는 게 자네 직업 아닌가?”). 이 행위는 다음 장면의 손님의 대화 속에서 식인 모티프와 연결되어 그로테스크하게 과장된다.

여자 고객 : [···] 사베스트 씨가 최전방에 계셨다면 러시아 놈들을 잡아서 비프스테이크 만들어 버렸을 텐데. 슈니첼 세 조각 주세요.

부인 : 제 남편은 병이 났어요. 병이 안 났으면 여기 있지 않았겠죠. 돼지고기 슈니첼로 드릴까요?

여자 고객 : (웃는다) 미국 사람 것으로 주세요. (앞의 책 S. 12)

러시아인과 미국인에서 비프스테이크와 돼지고기 살코기로의 식인적 비약은 독일 민족인 아리아인의 우수성을 강조한 나치의 인종정책이 평범한 일상인의 의식 속에 어떻게 스며들어 있는가를 그로테스크하게 보여 주고 있다. 또한 유태인들을 마치 동물처럼 집단학살한 것과 같이, 생포된 적군을 도살의 대상으로 삼음으로써 파시즘의 잔혹성을 감성적으로 전달하고 있다. 그러나 작가는 남편만을 타의적·피동적 살육자로 만드는 데 그치지 않고 부인까지도 소리 없는 도살자로 전락시키고 있다. 소련군 진주 직전 양심의 가책을 느낀 남편이 도살된 미군 비행사가 수장된 호수로 가는 것을 알고 뒤쫓아 간 부인은 수영을 할 줄 모르는 남편을 구할 것인가 아니면 소련군 진주 이후의 상황을 감안하여 남편의 익사를 방조할 것인가의 틈바구니에서 극심한 심리적 갈등을 겪게 된다. 무수한 자기 합리화의 구실을 찾는 가운데, 종국에는 남편의 익사를 방조함으로써 부인 역시 살육자로 변하고 만다. 파시즘에 동조한 SA 대원의 아내로서 새로이 다가오는 시대의 보복에 대한 두려움이 이 살육의 진정한 원흉인 것이다. 작가는 이 장면에서 사베스트(Sabest)라는 어느 한 푸줏간 주인과 그의 부인을 묘사하고 있는 것이 아니다.

이들은 경제적인 이유 때문에 좋건 싫건 간에 파쇼적 제도의 한 톱니바퀴가 되었고, 추후 인간적 양심의 가책으로 인해 파멸하는 정치의식 부재의 상인 계층을 대표하는 인물인 것이다.

6. 파시즘과 생존본능 : 〈침대 시트 혹은 성령잉태〉

나치 정권의 패망을 눈앞에 둔 1945년 베를린의 한 방공호 속에서 4명의 평범한 인간들이 벌이는 살아남기 위한 본능적 추태를 통하여 작가는 나치 치하 독일의 마지막 모습을 그려 내고 있다. 작가는 또다시 결정적 순간들을 포착하고 있다. 다가오는 소련군과 나치 SS 대원들의 틈바구니 속에서 방공호의 인간들은 살아남기 위한 선택을 하지 않을 수 없게 되는데, 유리할 것으로 판단된 소련군 쪽의 선택은 예상 밖의 SS 대원의 출현으로 생존이 아닌 죽음의 위험을 초래하고 만다. 죽음을 목전에 둔 이들은 한 사람에게 모든 책임을 미루는 비겁한 태도로 그들의 두 번째 결정의 순간을 보여 주고 있으며, SS 대원에 의해 살해된 군인의 시체를 소련군이 방공호 속으로 끌고 들어오며 아들이냐고 묻자 이제는 선택의 여지도 없이 고개를 끄덕이는 것으로 세 번째 결정을 대신한다. 이 같은 결정을 좌우하는 것은 이데올로기(파시즘, 레지스탕스, 사회주의 등)나 인간 존엄성 따위의 정치적·도덕적 가치의 기준이 아니라 오로지 살아남겠다는 본능적 충동이라는 것을, 작가는 마지막 장면에서 비겁과 거짓말 그리고 거의 살인에 해당하는 그들의 행위의 대가로 얻어지는 소련군의 빵을 놓고 싸우는 군상들을 통해 다시 한번 강조하고 있다.

주목할 만한 것은 작가가 소련군과 독일 민간인들의 첫 번째 만남에 〈성령

잉태〉라는 제목을 붙였다는 것이다. 혁명의 과정을 거치지 않고 사회주의 국가로 탄생되는 과정을 작가는 동정녀 마리아의 성령잉태로 비유한 것이다.

이처럼 혁명 없이 잉태된 사회주의 국가의 출생의 순간을 작가는 『게르마니아 베를린에서 죽다』의 첫째 장면 〈길거리 2〉에서 다루고 있다.

7. 분열과 분단 : 〈길거리 1, 2〉, 〈성스러운 가족〉, 〈노동자 기념비〉, 〈베를린에서 죽다 1, 2〉, 〈밤〉

1) 질시와 반목 : 〈길거리 1, 2〉

작가는 동독의 탄생을 환희와 기대감의 축제적 분위기와 거리가 먼, 폭력이 난무하고, 패전에도 불구하고 나치 파시즘의 전쟁의 본질을 인식하지 못한 채 새로운 전투에서의 승리를 다짐하는 상이군인("팔 하나뿐인 상이군인 : 스몰렌스크 전투, 전우여, 다음번에는 더 잘 싸우자고")과 반정부 유인물 살포자, 이들을 쫓는 국가안전기부 요원들, 그리고 배금주의적이며 기회주의적인 매춘부들이 어우러지는 분위기로 당시를 묘사함으로써 동독의 탄생이 결코 일치와 단결 속의 탄생이 아니라 태어날 때부터 "질시와 반목"의 싹을 갖고 있었음을 보여 주고 있다.

작가는 위의 두 작품에서 사회주의 국가 동독의 잉태와 탄생 과정에서 "질시와 반목"의 싹을 보여 줌과 동시에 이러한 싹이 움틀 수 있는 독일적 토양을 〈길거리 1〉에서 다루고 있다. 작가는 사회주의 국가 동독의 탄생을 달가워하지 않는 기회주의적·배금주의적·소시민적 계층들에게 한 시대 앞선 모습들을 보여 주며, 이들의 반동적 행적들이 당시의 11월 혁명(1918) 성취의 큰 장애물 중의 하나였음을 일깨워 주고 있다. 배고픈 아이들을 동전으로 유혹하고, 이들과의 약속을 지키지 않는 배금주의적·기회주의적 빵집 주인과 현수막 살포자는 혁명의 성공을 가로막았던 소시민계층의 상징이다. 또한 이들은 1949년 동독의 탄생 시에도 똑같은 성향을 갖고 화합과 단결의 장애물 구실을 하고 있는 것이다. 소시민의 상징으로 등장하는 빵집 주인(Bäcker)의 배금주의를 작가는 네 마디의 간략한 말로 농축시켜 놓고 있다. 1차 대전의 패전과 더불어 기아선상에서 일어난 총파업을 맞아 굶주린 나머지 빵을 요구하는 노동자들의 어린이를 빵집 주인은 매정하게 물리친다.

아이들 : 빵집 아저씨!

(가게 문에 실물보다 훨씬 큰 빵집 주인이 나타난다)

아이들 : 빵 좀 주세요.

빵집주인 : 내 빵은 하늘에서 떨어지는 줄 아니? 돈 가지고 왔어? 돈 없으면 배고픔도 없다. 너희들 배고픈 게 나하고 무슨 상관이냐?

(Heiner Müller : Germania Tod in Berlin, a.a.O. S. 37)

돈 없이는 배고픔조차 살 수 없다는 역설적 배금주의는 창녀에 대한 기둥서방의 말 속에서도 발견된다.

기둥서방 : 거리에 고객들이 넘쳐나는데, 너희들은 왜 일하지 않고 있지?

창녀 1 : 국경일이잖아, 여보.

기둥서방 : 어떤 정부가 들어서더라도 씹하는 건 변함이 없다고. (앞의 책 S. 39)

작가가 이 작품에서 다양한 상징 및 은유로 나타내고 있는 것은 다름 아닌 "매춘부"라고 볼 수 있다. 동독 탄생 시 기회주의적·배금주의적 태도로 사회주의 국가 건설의 장애 요소로 비유되는가 하면, 11월 혁명을 몸소 겪은 늙은 노동자의 회상 대목에서는 왕권에 의해 좌절된 혁명의 상징으로(Kaiserhure), 그리고 노동자의 신부(Proletenbraut)의 대칭개념으로 사회주의적 이상을 상징하고 있다. 작가는 이와 같은 상징적 맥락 속에서 이 작품의 마지막 장면인 〈베를린에서 죽다 2〉에서 참신하고 이상적인 (동독)공산당을 숫처녀로 상징화하고, 이와 같은 이상적 모습을 상실한 동독 공산당을 다시금 매춘부에 비유함으로써 동독 공산당을 보는 자신의 회의적 시각을 나타내고 있다.

2) 분단의 내·외적 심화 과정 : 〈성스러운 가족〉

혁명을 거치지 않은 채 사회주의 국가로 탄생한 동독 건국 전후의 장애 요소(기회주의적 적대세력 및 역사적 유물로서의 독일인의 심성 – 니벨룽겐 기사들의 충절, 신민근성 – 이 끼치는 부정적 영향)를 다룬 작가는 이 같은 요소들과 외부상황이 빚어낸 역사적 사건이었던 1953년 6월 17일의 동백림 폭동을 독일(Germania로 상징된)이 분단되는 내적 심화과정으로, 연합국에 의해 새롭게 건국되는 서독의 과정을 외적 심화과정으로 묘사하고 있다.

서독의 탄생은 아르또적 잔혹연극의 수법으로 그로테스크하게 묘사되어 있다. 외견상으로 괴벨스의 거대한 유방과 거대한 몸체를 가진 게르마니아는 아르또적 인형을 연상시키며, 휘발유를 마시고 군인을 잡아먹는 히틀러의 모습은 잔혹의 극치를 보여 준다. 나치 보초들이 산돼지 탈을 쓰고, 의장대의 병사들이 개의 탈을 쓰고 천사의 날개를 단 모습 등은 검은 제복과

피 묻은 장화, 히틀러의 잔혹한 대사("Hilter : […] 손가락을 잘라 버려. 손, 팔, 다리, 귀도 잘라 버리고. 코도 자르고.(킥킥거리면서 안절부절 못하며) 자지도 뽑아 버려.")와 더불어 잔혹연극의 인상을 짙게 띠고 있다.

공산권에 대한 방파제 역할을 바라는 세 연합국의 주시 속에 태어난 서독의 모습을 끔찍한 기형동물 늑대로 묘사함으로써 작가는 서독의 탄생이라는 독일의 역사를 일그러지고 비정상적인 것으로 바라보고 있다. 파시즘을 대변하는 히틀러(父)와 괴벨스(母)를 기형늑대에 비유해 서독을 탄생시키는 것은 서독 내의 파시즘의 잔재를 암시하고 있으며, 독일의 분단에 대해서 아랑곳하지 않고 냉전체제의 확립에 급급한 연합국들의 모습은 태어날 아기에게 줄 선물이 "고문 도구 한 세트, 대포, 유색인종 식민주의"라는 점에서 잘 드러난다. 서독의 탄생을 다루는 이 대목의 그로테스크한 묘사의 극치는 〈성스러운 가족〉이라는 제목에서 발견된다. 작가는 아기예수의 탄생과 이를 축하하는 동방박사의 성스러운 이야기를 하느님은 히틀러, 마리아는 괴벨스, 아기 예수는 서독 혹은 기형늑대, 동방박사는 연합 3국(미국, 영국, 프랑스)으로 대비시켜 독일 현대사의 일그러진 모습을 잔혹하게 비유하고 있다. 다만 독일 민중의 상징인 게르마니아는 더 이상 전투하는 여인이 아니고, 산파의 기능을 다한 후에 종족모(Stammutter)로서 자신이 키운 히틀러에 의해 고문당하고 처형당함으로써 파시즘에 의한 독일 역사의 수난을 암시하고 있다.

3) 영원한 벽공 힐제의 좌절과 분단의 내적 심화과정 : 〈노동자 기념비〉, 〈베를린에서 죽다〉

〈성스러운 가족〉은 패전에도 불구하고 서독에서 파시즘의 양상이 변형된 형태로 계속될 가능성을 보여 주었다면, 〈노동자 기념비〉는 반혁명적 요소들이 쌓여 터짐으로써 동백림 폭동이라는 불행한 역사적 과정을 통해 영원한 벽공으로 프롤레타리아를 상징하는 힐제가 노동자·농민의 국가인 동독에서 어떻게 소외되고 있는지를 다루고 있다. 영원한 벽공 힐제는 하우프트만의 희곡 『직조공』의 주인공 이름으로, 1844년의 좌절된 직조공 봉기를 상징하고 있다. 작가는 이 인물을 〈브란덴부르크 협주곡 2〉에 나오는 모범노동자(Aktivist), 그의 초기작품 『헐값 노동자』의 주인공인 발케(Balke)와 같이 성실하고 근면한 긍정적 노동자의 대변자로 묘사하고 있다. 따라서 이들을 나치의 잔당과 기회주의자들이 앞장서는 파업에 참가하지 않으며 동서냉전을 암시하는 청소년들의 돌팔매에 쓰러지는 비극적 노동자로 묘사하여, 근면과 성실에도 불구하고 혁명의 좌절과 노동운동의 분열, 그리고 조국분단이라는 독일 역사에서의 비극적 주인공으로 나타내고 있다. 동백림 폭동을 보는 작가의 시각은 분명하다. 우선 동독 건국 이후 나치를 비롯해 공사장으로 내몰린 자들의 출신성분을 명시해 줌으로써(장군, 장관) 파업의 선봉세력이 진정한 노동자들은 아니었음을 밝힌다. 또한 힐제에게 가해지는 "러시아의 하인"이라는 비방과 미국의 소리 방송(RIAS), 그리고 힐제에게 돌을 던지는 청소년들의 록 음악의 리듬 등을 통해 당시 치열했던 냉전의 분위기를 암시함으로써 동백림 폭동의 배경을 조명하는 한편, 젊은 벽공으로 상징되는 세력, 즉 사회주의 체제와 사회주의 국가 동독을 반대하는 것이 아니라, 독일 노동운동의 전통을 이어받아 헌법에 보장된 파업권을 발휘하여 부당하게 결정된 높은 작업량의 철회를 요구했던 노동자들도 아울러 묘사하고 있다. 비극적인 것은 영원한 벽공 힐제가 파업의 이러한 측면을 인식하지 못했던 점이다. 그러나 보다 더 비극적인 것은 힐제의 죽음의 원인은 돌팔매로 인한 부상이 아니라, 암이라는 점이다. 작가는 당과 당의 결정에 대한 신뢰를 힐제 죽음의 원인인 암으로 상징하고, 젊은 벽돌공이 새로운 삶의 반려자로 알고 구애 끝에 신부로 맞이했던 여인(공산당)이 처녀가 아니라 매춘부라는 비유를 통해서 사회주의와 동독이 걸어온 역사가 전진의 역사라는 낙관적 시각에 회의적 입장을 취하고 있다. 혁명의 과정 없이 태어난 동독은("성령잉태") 태어날 때부터 반목과 분열, 선조로부터 물려받은 프로이센 기질, 폭력과 개인 우상화의 스탈린주의, 노동운동의 분열 등에 시달리며, 동백림 폭동 때에는 스스로의 힘으로 이를 해결치 못하고, 소련 탱크에 의한 강제진압에 이른다는 것이 동독의 현대사를 보는 작가의 시각이다. 이처럼 독일 노동운동을 단결된 힘으로 풀어 나가지 못하는 동독 공산당의 시행착오에도 불구하고, 매춘부로 상징된 당시의 동독 공산당의 모습에서 1차 대전 직후 우익 청년들에게 살해된 로자 룩셈부르크의 환영을 보며 죽는 힐제의 죽음을 작가는 히틀러에 의한 서독에서의 게르마니아(독일 민중)의 죽음에 뒤이은 동독에서의 게르마니아의 죽음으로 상징함으로써, 독일 노동운동의 잠정적인 종식과 더불어 분단의 심화가 이루어지는 새로운 역사의 장을 열어 주고 있다.

4) 혁명의 역사를 대하는 회의적 시각 : 〈밤〉

유일하게 산문으로 일관된 장면이 〈밤〉이다. 초현실주의적인 산문과 팬터마임을 위한 지문으로 구성된 이 장면의 제목과 내용은 많은 것을 연상시킨다. 우선 이 대목은 그 전 장면의 마지막 질문("공산주의자 : 나는 누구인가")에 대한 작가의 비관적 대답의 성격을 띤다. 또한 이 제목은 음악에서는 야상곡, 미술에서는 밤의 어두움이 달빛과 불빛에 약간 밝아진 그림을 연상시키는 어두운 분위기를 암시해 주고 있다. 그리고 팬터마임의 내용은 두 명의 광대가 자신의 몸을 차례로 해체하도록 하는 브레히트의 『동의에 관한 바덴의 학습극 Badener Lehrstück vom Einverständnis』과 흡사하다. 또한 "베케트 철망"이란 표현에서 알 수 있듯이 베케트의 부조리극을 연상시키기도 한다. 그러나 분명한 것은 사지가 해체되는 사람(또는 인형)이 게르마니아 자신인지, 아니면 작가와 같은 번민하는 공산주의자인지, 혹은 이 모든 것인지가 분명치 않다는 점이다. 다만 스스로 자기 파괴를 하고 있는 이 작품의 인물들과 그들의 절망적 슬픔을 다시 한번 팬터마임으로 묶어 주는 점을 지적할 수 있다. 고통의 순간을 외쳐 댈 입조차 봉쇄되어("그의 얼굴에는 입이 없다") 사지를 스스로 찢어 버리고, 눈알이 빠질 때까지 참아 온 고통의 소리를 작가는 게오르그 하임(Georg Heym)의 시 「Berlin Ⅷ」(1910)로 대신하고 있다. 하임의 시는 프랑스 혁명을 주도했던 자코뱅(Jakobiner) 세력의 축출과 거세된 모습을 통하여 1918년의 독일 11월 혁명의 좌절을 예견한다. 이 시를 통해 프랑스 혁명 이후 모든 민중 혁명(파리 꼬뮌, 직조공 봉기, 11월 혁명 등)의 좌절을 예시함으로써 다음 장면인 힐제의 죽음으로 상징되는 독일 노동운동사의 비극적 국면을 예고하고 있다. 프랑스 혁명가가 흘러간 옛 노래가 된 상황을 묘사한 하임의 비관적 시각과 사회주의 이상을 실현할 당에 대한 기대, 그리고 성(聖)처녀에 대한 동경이 매춘부에 대한 실망으로 일그러지게 묘사하는 뮐러의 시각에서 우리는 다 같이 혁명의 역사를 보는 그들의 어둡고 회의적인 눈빛을 감지할 수 있다.

한 초라한 교회묘지가 보이네. 검은 색이네. 비석들.
죽은 자들은 붉은 혁명의 종말을 쳐다보네.

그들의 무덤 구멍 속에서, 혁명의 종말은 도수 높은 포도주 맛이 나지.
죽은 자들은 묘지 울타리를 따라 앉아서 뜨개질을 하고 있네.
관자놀이가 드러나게 검게 그을린 혁명의 모자를 쓰고
오래된 혁명의 노래, 마르세예즈를 들으며 (앞의 책 S. 75)

젊은 벽공 : 난 어쩌면 좋지. 저 여자는 창녀야. 난 저 여자가 성처녀라고
생각했었거든. (앞의 책 S. 76)

뮐러는 『살육』, 『게르마니아 베를린에서 죽다』에서 종래의 전통적 희곡 양식을 탈피하고 있을 뿐 아니라, 역사적 소재를 희곡화하는 새로운 가능성을 제시하고 있다. 형식적 측면에서 가장 두드러지는 것은 고전적 의미의 구성이 없는 토막극의 형식이다. 각각의 장면들은 상호 연결되지 않는다. 『살육』의 경우 나치 치하의 평범한 인간들의 행동양식과 태도 및 의식구조만이 공통점을 갖고 있을 뿐이며, 『게르마니아 베를린에서 죽다』의 경우 동독의 탄생으로부터 동백림 폭동까지의 동독에서 일어나는 시간적·공간적 공통점만을 가질 뿐이다. 또한 『게르마니아 베를린에서 죽다』의 경우 오늘의 현실을 과거의 맥락 속에서 파악한다는 의도에서 현재와 과거를 매 장면마다 대비시켜 놓았을 뿐, 토막극 형식이란 측면에서 『살육』과 동일한 형식을 취하고 있다.

이 같은 토막극 형식은 작가의 입장에서 볼 때 완성된 작품이라기보다는 항상 첨삭이 가능한 미완의 열린 구조를 갖는 작품을 가능케 한다. 이같이 작가와 관객, 양자 모두에 의해 완성된 작품으로 만들어질 수 있다는 가능성이 뮐러가 이런 형식을 취하고 있는 이유이다. 문체 면에서 뮐러는 산문,

시, 대화체를 혼용하고, 시제와 화법의 혼용으로 극적 박진감과 서사적 비판성을 획득하고 있으며, 간결하고 극도로 농축된 은유와 인용의 언어를 사용한다. 인물들은 개인이 아닌 유형적 인물들이며 사회적 계층을 대변하는 인물들이다.

내용적 측면에서 두드러지는 것은 역사적 사건의 서술이 아니고, 역사 흐름을 좌우한 행동양식과 태도 및 한 시대를 지배한 의식구조를 묘사의 대상으로 한다는 점이다. 위의 두 작품의 경우 뮐러는 평범한 일상을 통한 역사의 조명을 시도하고 있다. 나치 시대와 독일 분단이 고정화되기 전까지의 과도기를 다루면서 '형제살육'의 상징을 통해 동족상잔의 역사를 주시하고, 파시즘이 주입한 독일 민족의 허상적 심성을 파괴하며, 역사적 교훈을 망각하는 오류를 지적하고, 독일 노동운동의 역사를 좌절된 민중혁명의 역사로 파악하는 것이 뮐러의 입장이다. 철저한 공산주의자이면서도, 혁명과 사회주의의 역사가 인류 역사를 변증법적으로 발전시켜 왔다는 통념적 주장을 거부하고, 사회주의란 역사의 수레바퀴가 항상 앞으로 굴러 온 것은 아니며, 새로운 질서, 새로운 역사를 얻기 위하여 치른 엄청난 개인의 희생 및 피의 대가를 중시하는 것이 작가 뮐러의 회의적 사관의 주축이다. 뮐러는 〈스탈린 헌사 2〉에서 "두개골 상인"이라는 암울하고 섬뜩한 비유의 수법으로 혁명의 좌절을 겪은 이로 하여금 당에게 희망을 거는 젊은 벽공에게 신혼(사회주의 국가로서의 희망찬 출발) 선물로 두개골을 줌으로써 사회주의 역사를 보는 자신의 비관적 시각을 상징적으로 암시하였다.

작가 뮐러는 『살육』, 『게르마니아 베를린에서 죽다』 두 작품을 통해 새로운 형식과 내용으로 꾸며진 새로운 사극(史劇)의 한 모델을 제시하고 있다.

3장
빙하기로서의 프로이센 역사

이 장에서는 사회주의 혁명 이전 시대, 특히 프로이센 시대를 바라보는 비관적 공산주의자 뮐러의 시각을 그의 작품 속에서 구체적으로 분석해 봄으로써 프로이센의 잔재가 동독에 어떻게 남아 있는지와, 이를 청산하지 못한 동독의 현대사를 보는 뮐러의 입장을 살펴보기로 하자.

보다 나은 미래를 건설하기 위해서는 과거 역사가 주는 교훈을 잊지 말고 부단한 자기 계몽 과정이 필요함은 자명한 일이며, 이와 같은 연유에서 사극 작가는 과거 역사와 씨름하게 된다. 철저한 마르크스주의자인 뮐러는 사회주의 출범과 더불어 인간적인 행동양식과 사회적으로 생산적인 행동양식이 비로소 가능해졌다는 인식 아래 사회주의 출범 이전의 역사를 비인간적인 행동양식과 사회적으로 비생산적인 행동양식이 활개 쳤던 역사로 구분하여 상징적으로 "전사(Vorgeschichte/Geschichte)"로 표현하고 있으며, "전사"를 종종 "빙하기(Eiszeit)" 또는 "도살장으로서의 세계(Welt als Schlachthaus)"로 표현하기도 한다. 살육의 역사로 비유되는 자본주의와 파시즘 그리고 빙하기에 해당하는 봉건시대의 질곡을 역사의 악몽에 비유하는 뮐러는 과거 역사의 허상이 아닌 실상 분석을 통해 보다 정확한 과거 인식을 요구한다.

> 역사의 악몽을 떨쳐 버리려면 우선 우리는 역사의 존재를 인식하여야만 한다. [⋯] 우리는 역사를 먼저 분석해야만 한다. 그러고 나면 그 역사를 떨쳐 버릴 수 있다. (Heiner Müller : Rotwelsch, Berlin 1982, S. 58)

과거 역사를 분석·인식함에 있어 뮐러가 중요하게 생각했던 것은 사건의 흐름보다는 역사의 길목에서 역사를 빚어 온 사람들의 자세였다. 사건, 시류, 결과를 대하는 자세에 뮐러는 주목하는 것이다.

> 의미가 아니라 자세를 보여 주어야 한다. 모든 경위는 다른 경위, 똑같은 경위, 유사한 경위를 인용한다. 스탈린그라드는 에첼의 궁전을 인용한다. (Heiner Müller : Mauser, Berlin 1983, S. 72)

역사적 사건을 대하는 자세에 있어서 2차 대전 당시의 스탈린그라드 전투와 니벨룽겐 신화에 나오는 독일 기사들의 훈족 왕궁에서의 전투를 동일시하고 있는 뮐러에게 역사적 사건은 자세에 변화가 없는 한 근본적으로 아무런 질적 차이가 없다. 사건은 모델의 성격을 띠게 되고 얼마든지 다른 사건으로 대체될 수 있다. 따라서 뮐러는 시간적 연속선상을 따라 연대적으로 사극을 진행하지 않고, 시대를 넘나들며 종횡무진하게 사건을 조명한다. 시저, 나폴레옹, 프리드리히 대왕, 히틀러, 스탈린 등 "빙하기"와 "살육의 역사현장"을 자유롭게 넘나들 수 있는 것이다.

1. 역사적 허상과 프로이센 잔재

사회주의 국가로 탄생한 동독과 프로이센 잔재 청산 문제를 뮐러가 처음으로 다룬 것은 『게르마니아 베를린에서 죽다』의 토막극 〈브란덴부르크 협주곡 1, 2〉에서였다. 이 대목에서 뮐러는 프로이센 시대에 관한 허상의 정체를 드러내 보였다. 여기서 뮐러는 계몽군주로 간주되고 있는 프리드리히 2세의 압제자적 면모와 프로이센 소시민 계층의 하인근성을 날카롭게 비판하면서 전사로서의 과거 역사를 명확하게 인식할 것을 관객들에게 요구한 바 있다. 또한 사회주의 체제로 출범한 동독 사회에 아직도 남아 있는 이러한 프로이센의 잔재를 정부의 공식만찬에 초대된 노동영웅과 동독의 고급관료들의 모습 속에서 추적한 바 있다.

〈브란덴부르크 협주곡 1〉에서 뮐러는 프로이센 제국의 시민계층들이 지배층인 왕권과의 자립적 대립에서 연립으로, 그리고 다시 왕권의 하수인으로 군국주의의 선두에 서서 2차 대전으로 진군하는 역사적 전개 과정을 다룬 바 있다. 뮐러는 서커스의 어릿광대들을 통한 극중극의 수법을 통해 왕권에 대한 자립적 대립의 전형으로 포츠담의 방앗간 주인 일화의 허실을 우화적 수법으로 드러내 주었다. 또한 시민계층의 왕권에 대한 종속성과 자신들의 권리가 양립할 수 없음을 상징적으로 표현하면서 권리의 주장은 왕권에 대한 도전을 의미하는 것으로 용납될 수 없다는 것을 희화적으로 보여 주었다.

시민계층의 왕권에의 굴복과 신민근성의 내면화인 "프로이센 기질"의 현대적 양상을 뮐러는 〈브란덴부르크 협주곡 2〉에서 다루었다. 거기에서 그는 구시대적 유물인 신민근성이 동독사회에서 완전히 극복되지 못하였음을 보여 주었다.

프로이센 시대에 대한 역사적 허상을 허물고 정확한 역사 인식을 추구했던 뮐러의 시도는 1976년 발표된 『군들링의 생애 프로이센의 프리드리히 대왕 레씽의 잠 꿈 절규』에서 계속된다. 『게르마니아 베를린에서 죽다』에서 신민근성의 추적이 프로이센의 소시민 계층과 동독 건국 초기의 벽공을 통해 이루어졌다면, 이 작품에서는 지식인의 신민근성을 실존인물이었던 군들링을 통해서 추적하고 있다. 그리고 독일 계몽주의의 선구자로 간주되며 개혁 지향적 인물로 평가되던 레씽의 좌절하는 모습에 당시 동독 사회를 바라보는 작가 자신의 모습을 투영시켜 지식인과 권력의 관계를 회의적으로 바라보고 있다. 지식인의 또 다른 전형으로 추적된 프리드리히 2세의 모습을 통해서는 권력으로 도피하려는 지식인의 문제를 다루고 있다.

2. 지식인과 권력 : 『군들링의 생애 프로이센의 프리드리히 대왕 레씽의 잠 꿈 절규』

1) 권력에의 복무

지식인들의 지성에 대하여 적대적이었던 프리드리히 2세의 전제군주정치하에서 지식인들이 자기 주체를 보존하기 위한 방법을 뮐러는 다음의 두 가지로 제시하고 있다. 권력의 모순을 망각한 채 권력에 복무하는 것과 권력으로 도피하는 것이 바로 그것이다. 군들링은 자기 학대적으로 권력에 복무하면서 "프로이센 기질"의 신민근성을 드러내는 지식인의 전형으로 다루어지고 있다.

토막극 『군들링의 생애 프로이센의 프리드리히 대왕 레씽의 잠 꿈 절규』

에서 뮐러는 역사적으로 실존했던 프로이센의 지식인 군들링이라는 전형적 인물이 권력에 빌붙음으로써 자신의 인간적 주체성을 상실하는 참담한 몰골을 희화적으로 보여 주고, 또 프리드리히 1세를 통하여 지식인을 대하는 권력의 잔인함을 보여 주고 있다. 신민근성과 더불어 "프로이센 기질"로 거론되는 철저한 상명하달식의 군대 기질은 실제로 프리드리히 1세의 기질이었다는 역사적 사실에 근거하고 있다. 베르너 헤게만(Werner Hegemann)은 프리드리히 1세에 관한 언급에서 다음과 같이 주장하고 있다.

> 프리드리히 1세 치하에서 베를린은 북구라파의 아테네였다 : 프리드리히 빌헬름 1세는 그 아테네를 스파르타로 만들어 버렸다. 정부의 모든 부서는 군대식으로 바뀌었고, 학술원, 대학교, 자유로운 예술, 그리고 무역 등은 깊은 침체기를 맞이했다. (Werner Hegemann : Das steierne Berlin Heiner Müller : Herzstück, Berlin 1983, S. 117에서 재인용)

프리드리히 1세가 지식인을 얼마나 멸시했고, 지식인들이 그의 통치하에서 얼마나 고통을 당했는가는 다음과 같은 언급에서도 확인할 수 있다.

> 자신의 손님들에게 그보다 더 거칠게 대했던 권력자는 결코 없었다. 그가 가장 즐겨 업신여겼던 자들은 지식인들이었다. 그는 프로이센의 귀족들에게 지식인들을 경멸하도록 가르쳤다. 그는 지식인들에게 자신의 술판에 참석할 것을 명령하고서, 세련되지 못하기로 유명한 그의 유머를 듣게 하는 방법으로 지식인들을 괴롭혔다. 그 술판에서 도망치는 데 실패한 많은 지식인들이 정신착란증에 걸려 생을 마감하였다. (앞의 책 S. 117)

실제로 학술원장까지 출세가도를 달렸던 군들링은 정신착란 증세에 시달렸었으며, 프리드리히 1세는 군들링의 시체를 포도주통에 넣고 그 위에 "여기 반은 도야지, 반은 인간인 희한한 물건이 묻혀 있다"라고 썼다는 사실은 지식인에 대한 그의 경멸과 적대감이 어느 정도였는지 충분히 상상하고도 남는다.

뮐러는 장교들에게 모멸당하는 지식인의 모습을 희화적으로 묘사하고 있다. 온갖 모멸을 당하면서도 비굴한 자세를 취하는 군들링에게 장교들은 오줌을 눔으로써 모멸의 극치를 보여 준다. 지식인의 이러한 자세는 포츠담의 방앗간 주인으로 대변되는 프로이센의 시민계층과 더불어 당시 지식인들의 신민근성을 여실히 보여 주고 있다. 지식인의 사명이 휴머니즘에 입각한 사고를 촉진하고 교육에 힘쓰며 문화 발전에 이바지하는 것으로 본다면, 뮐러는 이 토막극을 통하여 이러한 일들이 당연히 일어났어야 할 독일 계몽주의 시대인 프로이센에서 전혀 일어나지 않았음을 보여 주고 있다. 상대적으로 독일보다 진보적이던 프랑스를 동경하는 어린왕자에게 프리드리히 1세는 호통만 칠 뿐, 계몽과 문화 발전과는 거리가 먼 군사 문화가 판을 치는 모습을 통하여 독일인의 심성에 "프로이센 기질"이 어떻게 뿌리박고 있는지 보여 주고 있다.

2) 권력으로의 도피

프로이센의 군사 문화 아래에서 지식인들이 자신들에게 부여된 역사적 사명을 방기하고 신민근성으로 일관하는 독일적 양상을 군들링이라는 전형적 인물을 통해서 추적했다면, 프리드리히 2세를 다루는 대목들은 권력으로 도피하는 인간유형들을 프리드리히의 어린 시절부터 그의 죽음까지를 단계적으로 더듬어 봄으로써 묘사하고 있다.

〈프로이센 놀이 1, 2, 3〉은 프리드리히 2세의 어린 시절을 다루면서 프로이센의 군사 문화가 어떻게 문화적·정신적·유희적·반항적 충동을 억압하는가를 보여 준다. 감성적인 소년 프리드리히 왕자가 프랑스 비극 『페드라 Phädra』를 가지고 연극놀이하는 것을 본 부친 프리드리히 1세는 호통을 치며, 놀이에 참석한 카테(Katte) 중위를 총살시켜 버린다. 남자다움만을 예찬하며 ("나는 내 아들을 한 남자로, 한 왕으로 만들겠어") 군사 문화를 신봉하는 "프로이센 기질"이 소년 프리드리히의 감성을 여지없이 짓밟아 버리는 것을 뮐러는 연극적으로 묘사하고 있다. 소년은 극중극의 형식으로 여동생 빌헬미네와 옷을 바꿔 입고 남성다움만을 강조하는 아버지(프리드리히 1세)에 저항하는 모습을 보여 주며, 연극놀이에서 스스로 여자 역할인 '페드라' 역을 맡는다. 작가의 이러한 의도는 작품 서두의 지문에서도 확인되는데, 뮐러는 프리드리히 2세 역할은 여자배우가 맡을 수도 있다고 적고 있다.

카테의 총살은 소년 프리드리히의 인간적이고 감성적인 충동을 말살하는 비유라고 볼 수 있다. 총살당한 자의 이름을 되뇌는 아버지에게 소년은 죽은 사람은 카테가 아니라, 자기라고 대꾸하고 있기 때문이다.

이 대목의 3번째 장면은 프리드리히가 황제가 된 이후의 모습을 본격적으로 보여 주기 전의 암시 장면으로 피비린내 나는 전쟁을 일으키며 병사들의 목숨을 파리 목숨으로 생각하는 변모된 프리드리히 2세의 모습을 보여 준다. 어린 시절의 억눌린 충동이 이제는 억압자가 없어진 만큼 발산할 수 있게 되어 한 인간으로서의 자기 주체성을 갖게 된다. 하지만 이제 그는 소년 시절의 슬픈 사랑의 드라마인 라씬느의 『페드라』가 아니라, 폭군 네로에 관해 다룬 같은 작가의 영웅적인 비극 『브리타니쿠스 Britannicus』를 선호하는 자로 바뀐 것이다. 군들링과는 달리, 프리드리히 2세는 어른이 된 후 인간으로서의 자기 주체성을 회복한다. 그러나 어린 시절 억눌렸던 그의 인간적 충동은, 비극 놀이가 아닌 끔찍하고도 피비린내 나는, 진짜 전쟁놀이라는 양상으로 나타난다. 뮐러는 이 대목의 소제목을 〈프로이센 놀이〉라고 의도적으로 명명함으로써 훗날 프리드리히 2세가 벌이는 전쟁을 전쟁놀이의 차원으로 파악하고 있다. 작가의 이러한 의도는 다음 대목인 〈아, 내가 난쟁이 룸펠슈틸첸이라는 걸 아무도 모른다는 것은 얼마나 좋은 일인가, 혹은 민족국가의 학교〉에서 더욱 분명해진다. 전쟁놀이를 하는 프리드리히의 모습을 묘사하는 이 대목을 뮐러는 인형극으로 설정하고 있기 때문이다. '애국적인 인형극 Ein patriotisches Puppenspiel'이라는 부제가 이를 극명하게 드러내 주고 있다. 잔혹한 살육의 역사를 인형극의 수법으로 펼치는 이 대목은 이유 없는 정복전쟁과 식민지 쟁탈의 제국주의 역사를 은유하면서 인류의 역사가 "시대에 관계없이 방향 감각도 없이 권력을 가진 자들의 끔찍한 전쟁놀이"에 불과했다는 뮐러의 소위 "전사(Vorgeschichte)"를 보는 관점을 드러내 주고 있다. 이처럼 사회주의 이전의 시대에 대한 시대구분은 별 의미가 없으며, 지배자들의 끝없는 전쟁놀이의 반복이었다는 점을 뮐러는 이 대목 전체를 영상으로 처리하여 필름을 뒤로 앞으로, 다시 뒤로 돌림으로써 상징적으로 묘사하고 있다.

이 장면의 마지막에서 뮐러는 전쟁놀이에 골몰하는 지배자들의 광증에 바하의 작품(음악적인 희생 Musikalische Opfer)을 배경음악으로 사용함으로써 예술인과 권력의 관계를 암시해 주고 있다. 이 작품은 피리연주를 즐기는 등 예술을 사랑했다는 프리드리히 2세를 위해 작곡한 것이었다. 전쟁놀이를 일삼는 전제군주에게 계몽주의 시대의 예술가로서 작품을 헌납할 수밖에 없는 행위는 군들링의 신민근성과 일맥상통하는 바가 없지 않다. 프로이센 시대의 지식인이 택할 수 있는 길 중에서 군들링과 바하는 모순에 가득 찬 권력에 대한 회의를 모두 망각하고 지식인을 적대시하는 전제군주의 권력에 복무하는 길을 택하며, 이로써 인간의 자기 주체성 상실의 대가를 지불한 것으로 뮐러는 보고 있다.

주체성을 상실한 지식인에게 나타나는 증상은 우울증이다. 전제군주와 군인들에게 수모를 당하는 군들링의 우울증 증상은 햄릿의 대사를 인용하는 것으로 나타난다. "오 이 얼마나 고상한 마음씨란 말인가 O what a noble mind is here O'erthrown." 소년 시절부터 인간적 충동을 억압당한 프리드리히 2세에게도 우울증 증상은 나타난다. 통치자가 된 프리드리히 2세는 제국주의 국가권력의 구조 속에서 전쟁놀이를 벌이지만, 자신의 통치행위에 대한 허무주의적 심정은 〈마음이 착한 왕, 검은 미망인 Herzkönig schwarze Witwe〉 장면 곳곳에서 나타난다. 작센 출신 병사의 아내가 탈영 죄로 사형 선고를 받은 남편을 구해 줄 것을 간청할 때, 프리드리히 2세는 자신의 괴로운 심정을 호소한다. "상처투성이입니다, 부인, 왕의 마음은", "저의 이 가슴이 얼마나 위로를 받고 싶은지 모릅니다! -군주들! 썩어 빠진 구라파! 너희들에게 왕은 어떻게 죽는지 본보기를 보여 주지!", "내가 나의 희생자들에게서 그들의 죽음을 얼마나 부러워하는지 아십니까? 그들은 죽어도 되지만, 난 죽여야만 한답니다."

사형이 집행되는 장면 역시 프리드리히는 쳐다보지 못한다. 프리드리히는 자신의 통치행위에 역겨움을 느끼지만, 작센 출신 병사에 대한 사형 집행은 소년 시절의 친구 카테 중위 사형 집행과 조금도 다를 바 없다. 이러한 자기모순 속에서 우울증에 빠진 그는 차라리 장님을 동경하기까지 한다.

"제가 눈을 감아도 되겠습니까? 내 말이 폭력이 된다면 어쩌지? 아, 내가 장님이었으면 좋겠네."

그러나 이러한 우울증 증상의 극복은 권력으로의 도피로 이루어진다. 사형을 집행하는 총성이 울리자 그는 피가 튀는 모습에 환성을 지르며, 군국주의가 요구하는 제국주의의 통치자가 되고 만다. 뮐러는 또한 이 같은 양상을 상징적으로 암시하는 수법에서 인형과 탈을 사용하고 있다. 이 장면의 시작에서 아버지의 인형을 짓밟아 버렸던 프리드리히 2세는 마지막에서는 독일 전제군주의 상징인 독수리 탈을 쓰고 나와 제국주의 전쟁을 독려하는 모습을 보여 준다.

프리드리히(독수리 탈을 쓰고) : 내 대포들은 탄환이 필요해, 이 여편네야.
(Heiner Müller : Herzstück, Berlin 1983, S. 22).

권력으로의 도피는 군들링과 같은 자기 주체성의 상실은 방지해 주지만 결코 온전한 인간으로서의 삶을 보장해 주지는 않는다. 권력으로 도피함으로써 자기 주체성을 보전하는 대가로 프리드리히 2세는 내면의 갈등으로 인한 '발육부전증'에 시달리게 되며, 인간으로서의 자기 주체를 상실하거나 발육부전 증상에 시달리는 프로이센 사회는 계몽주의와 정신질환이 혼재된 사회인 것이다. 뮐러는 다음 단락에서 프로이센의 정신병원을 비유적으로 다루면서 내면의 인간적 충동을 제어하려는 전제군주하의 계몽사조를 변증법에 비유하고, 그 참담한 결과를 정신병원에서 환자용 강제조끼로 환자의 충동을 제어하는 모습으로 나타내고 있다. 앞의 단락에서 프리드리히 2세의 인간적 본성이 그의 부친에 의해 억눌리게 되고, 그 결과가 프리드리히 2세의 광기어린 전쟁놀이로 나타난 반면, 정신병원 단락에서는 실존했던 인물 다니엘 파울 슈레버(Daniel Paul Schreber)와 그의 부친과의 관계를 통해 부친의 폭력에 대한 두려움과 이 두려움으로 인한 폭력적인 결과를 비유적으로 다룸으로써 인간본성의 억압이 어떻게 정신착란으로 이어지는가를 보여 주면서 프로이센 사회의 정신착란적 양상을 암시해 주고 있다. 자위행위 방지용으로 고안된 의학용 붕대에 감겨 있는 소년 환자의 모습과 아들을 죽인 아버지 쩨발(Zebahl)의 모습은 프로이센 시대를 살았던 군들링과 프리드리히 2세의 또 다른 모습에 해당된다. "프로이센 기질"로 널리 알려진 엄격한 규율은 프로이센을 강력한 국가로 성장시켰지만, 뮐러에게는 정신병원의 강제조끼에 다름 아니었으며, 이성적으로 고안된 수음방지용 붕대는 엄격한 규율의 또 다른 은유라고 볼 수 있다. 뮐러는 이 단락의 제목을 〈친애하는 신이여 저를 경건한 사람으로 만들어 주소서, 저는 지옥에서 왔기 때문입니다. Lieber Gott mach mich fromm weil ich aus der Hölle komm〉라고 붙임으로써 인간의 본성이 억압당하는 사회의 고통을 지옥의 고통에 비유하고 있다.

〈나도 행복의 땅에 다녀왔네 : 시찰 ET IN ARCADIA EGO : Die Inspektion〉이란 제목으로 이어지는 다음 단락에서 뮐러는 권력과 예술가의 관계를 다루고 있다. 예술가를 대하는 전제군주의 자세는 역사적 사실에 근거하고 있다. 헤게만(Hegemann)의 보고에 의하면, 프리드리히 2세는 독일 국내의 지성인들을 홀대하고 프랑스, 이태리 등의 지성인들을 선호하여 자주 독일로 초청하였으며, 도서관 사서로 추천된 레씽과 빈켈만 등을 제쳐 두고 엉뚱한 프랑스인을 임명하기도 하였다. 에른스트 모리츠 아른트(Ernst Moritz Arndt)의 프리드리히 2세에 대한 언급은 당시 독일 지식인들의 통치자에 대한 의식을 단적으로 보여 주고 있다. "이 왕보다 우리들을 더 손상시켰던

왕은 없었다. 분명할 뿐만 아니라, 진실로 그러했다." 막강한 전제군주 통치하에서 예술가들이 택할 수 있는 길을 뮐러는 두 가지로 제시하고 있다. 권력에 순응하여 무사안일을 추구하며 갖은 수모를 인내하든지, 아니면 비판적 자세를 견지함으로써 탄압의 대상으로 전락하는 것이다. 또한 스스로 예술을 이해하는 군주로 자처하는 통치자 밑에서 피지배계층인 농민들의 고통도 뮐러는 끔찍한 은유의 수법으로 묘사해 주고 있다. 당대의 지성인으로 일컬어지는 프랑스의 볼테르(Voltaire)와 함께 프로이센의 농촌을 시찰한다는 틀 속에서 화가, 조각가, 음악인들은 권력 순응자들의 모습으로 등장하고 있고(소년 합창단은 아름다운 조국강산을 찬양하는 노래를 부른다 : 이 시대에 여기 우리 사방천지 조국강산보다 더 아름다운 나라는 없다네), 프리드리히 2세에게 자신의 그림을 바치는 화가는 예술의 방향을 자의적으로 규정하는 통치자의 독선("예술은 아름다움이야, 서투른 화가 양반에게 곤장 10대")에 의해 폭행을 당하는 수모를 겪는다. 비판적 예술인의 전형으로 등장하는 쉴러의 모습은 이미 기침하는 병약자의 모습이며, 곧 침묵을 강요당한다(관리들은 쉴러에게 무 포대를 뒤집어씌운다). 통치자가 아름다운 시골풍경으로 간주하는 농촌의 실상을 뮐러는 잔인한 비유의 수법으로 드러내고 있다. 무 밭에서 일하는 농부의 아내가 허리를 펴고 난 후 뻣뻣해진 허리를 다시 구부리지 못할 때, 그녀의 남편이 주먹으로 때려 허리가 구부러지도록 만들어 준다거나, 무 밭을 오렌지 밭이라 우기는 왕에게 무 밭이라는 사실을 말한 농부는 이가 부러지는 곤욕을 치르게 되고, 손님 접대를 위해 왕이 피리를 불 때, 농민들은 닭의 탈을 쓰고 꼭두각시처럼 민속춤을 추지 않으면 안 된다. 국가와 국민이 하나가 된 이상적인 프로이센이라고 말하는 프리드리히 2세는 민속춤의 반주로 저항적인 곡을 피리로 연주함으로써 극심한 부조화를 보여 준다. 뮐러는 프리드리히 2세가 저항적인 곡을 연주함으로써 예술애호가라는 측면을 보여 줌과 동시에 그의 예술애호가 갖는 현실과의 괴리감, 즉 민중탄압적인 측면을 절묘하게 드러내면서 예술을 사랑하는 피리 부는 왕이라는 통념의 허실을 극명하게 보여 주고 있다. 계몽적 군주라는 통념 또한 프로이센을 국민들과 동물들의 고향으로 부르는 프리드리히 2세의 말을 통하여 국민들을 동물로 취급하는 이중적 의미로 신랄하게 풍자하고 있다. 국민들을 동물 정도로 생각하고 예술을 제멋대로 규정하는 전제군주 밑에서 진정한 계몽주의자들의 모습은 구토하는 볼테르나 포대가 씌워진 채 계속 기침을 하고 있는 쉴러의 참담한 모습일 수밖에 없다. 이 같은 프로이센의 권력과 지성인의 관계는 동독의 지식인과 예술가들이 동독의 권력에 대해서 갖는 관계와 유사하다는 관점이 밑바닥에 깔려 있다. 그러나 뮐러는 프로이센의 잔재를 지식인과 예술가 그리고 전제군주의 차원에서만이 아니라 농민들의 의식에서도 추구하고 있다. 폭력을 휘두르며 군림하는 농부의 모습은 가부장적 권위와 폭력의 상징이며, 이는 전제군주의 폭력과 그 본질에 있어서 다를 바 없다. 이러한 "프로이센 기질"은 나치 독일과 동독의 소시민 계층에서도 그대로 이어져 왔던 것이다.

전제군주 시대였던 프로이센의 역사는 프리드리히 2세의 죽음으로 마감된다. 전제군주 시대의 종말과 더불어 권력에 기생했던 군상들은 바람에 흩날리는 종이 조각에 불과했던 존재들로 뮐러는 파악하고 있다. 한 시대의 종말은 연극적으로 막을 내림으로써 상징적으로 처리되고 있으며, 독일의 상징인 독수리는 죽음의 상징인 검은 독수리의 모습으로 막 위에 나타나 있다.

3) 권력과 개혁 : 클라이스트, 레씽

이 단락에서 당시의 대표적 계몽주의자 레씽과 권력의 관계를 다루기 전에 뮐러는 다시 한번 전제군주하의 지식인의 모습을 작가 클라이스트의 모습을 통해서 그려내고 있다. 뮐러가 묘사한 클라이스트는 절대 권력에 감연히 홀로 맞섰던 인물을 다룬 작품『미하엘 콜하스 Michael Kohlhaas』를 집필한 고독한 저항가로서의 클라이스트이다. 절대 권력에 홀로 맞서다 파멸한 '미하엘 콜하스'의 모습과 실제로 자살로 생을 마감한 클라이스트의 모습은 당시를 살았던 지식인 군들링의 삶과 대조적이며, 굴욕적인 삶을 거부한 지식인의 비참한 대가를 여실히 보여 주고 있다. 또한 인형을 사용하여 팬터마임으로 이 장면이 진행되도록 함으로써, 말의 머리를 자르고, 여인의 심장을 꺼내고, 자신의 인형을 난도질하여 내장을 드러내는 묘사들이 가능토록 하여 극적 효과를 상승시키고 있다.

3부로 구성되어 이 작품의 마지막 단락을 이루면서 프로이센 시대의 지식인의 한 유형으로 묘사된 레씽의 이야기는 변혁을 추구한 당시 계몽주의자의 좌절한 모습을 보여 주며, 동독이란 사회 속에서의 뮐러 자신의 모습도 아울러 담아내고 있다. 레씽의 실제 생애는 군들링과는 대조적이다. 레씽은 권력에 기생하지 않았던 지식인이었다. 수많은 영주국으로 분열되어 있었던 당시의 독일 상황에서 레씽은 문화적으로 통일된 독일 민족극(deutsches Nationaltheater)을 꿈꾸었으며, 독일 계몽주의의 선봉장으로서 어두웠던 독일 근대사의 한 점 등불로 간주되는 인물로 흔히 평가되고 있다. 슐쯔(Schulz)는 레씽을 다음과 같이 평가하고 있다.

독일 민족극을 위해 투쟁했고, 현혹되지 않고 인간성의 이상을 옹호했던

> 레씽은 독일의 참상에서 벗어날 수 있을 출구가 될 수 있었을 것이다. (Genia Schulz : Heiner Müller, a.a.O. S. 146)

그러나 뮐러가 보여 주는 레씽은 47세라는 나이에도 불구하고 삶의 의욕을 상실하고 죽음을 기다리며 미래의 역사를 비관적으로 바라보는 좌절한 지식인이다.

> 어제 나는 내 피부에 죽은 반점을 하나 보았소, 한 점 사막 : 죽음이 시작되었소. [···] 역사는 죽은 말 등에 실려 종점으로 가고 있소. (Heiner Müller : Herzstück, a.a.O. S. 34)

당시의 진보적 계층이었던 시민계층을 대변하여 일련의 시민비극을 집필하는 등 자신의 진보적 이상을 실현하려 했으며, 극장을 도덕, 윤리, 교육의 장으로 만들려던 그의 꿈은 당시의 현실로서는 실현 불가능한 것이었다. 좌절된 꿈을 맑은 정신으로 인식해야만 하는 고통을 레씽은 망각과 수면의 세계로 도피함으로써 잊으려 한다.

뮐러는 이 장면의 시작에서 레씽에 관한 라이제비쯔(Leisewitz)의 보고를 인용함으로써 레씽의 수면으로의 도피가 사실이었고, 꿈도 꾸지 않았다는 것 역시 사실임을 밝히고 있다. 이처럼 레씽의 실제 삶에 근거하여 흉측한 현실로부터 잠의 세계로 도피하는 좌절한 지식인 레씽의 모습은 역사와 진보를 믿고 어둠 속에 등불이 되려 하는 계몽주의자 레씽이라는 통념과는 거리가 먼 것이다.

레씽 3부작의 1부에서 뮐러는 레씽의 독백을 통해서 현실개혁의 뜻을 이루지 못한 지식인의 좌절을 보여 주면서, 진보를 지향하는 지식인인 자기 자신의 좌절하는 모습, 즉 사회주의 동독 내에서의 좌절하는 좌파 지식인의 상황을 프로이센의 계몽주의자 레씽의 상황에 투영시키고 있다. 뮐러가 레씽을 통해 자신의 모습을 투영하는 것은 레씽의 대사에서도 유추해 볼 만하다. 두 사람 모두 작센 출신의 극작가이며, 뮐러가 이 작품을 쓸 때의 나이가 47살이었는데, 이는 레씽의 대사와 일치한다. 또한 30년간 극작가로서 변혁을 위해 집필해 왔다는 사실과 현실에 대한 좌절감 등은 공통적인 사실이며, 여성에 관한 언급은 뮐러가 자신의 부인이 자살한 것을 체험한 것과 일치하기도 한다.

2부에서 레씽이 창조한 극중 인물들을 현대의 배경에 집어넣음으로써 레씽이 극중 인물을 통해 추구했던 지향점에 대한 뮐러 자신의 견해를 보여 주고 있다. 현대의 배경은 기계문명의 총아인 자동차와 현대 산업사회의 선두주자인 미국으로 설정되어 있다. 그러나 레씽의 극중 인물인 에밀리아 갈로티(Emilia Galotti)와 나탄(Nathan)이 위치하는 현대는 쓸모가 없어진 것들을 처치하는 자동차 폐차장이다. 진보를 지향했던 작가의 고전극에 나오는 극중 인물들은 현대에는 더 이상 쓸모가 없는 것들로 전락하고 말았다. 그동안 관용의 대명사로 불렸던 레씽의 극중 인물 나탄의 자세를 바라보는 뮐러의 입장은 회의적이다. 칼을 요구하는 에밀리아가 상징하는 봉기를 관용으로 잠재우는 나탄의 자세는, 가정의 질서와 국가의 질서라는 "기계"가 돌아가는 것을 의미한다. 그러나 나탄의 관용은 사건의 해결이 아닌 파국으로 끝을 맺는다(나탄과 에밀리아는 서로를 살해한다). 뮐러는 지문에서 핑크 플로이드(Pink Floyd)의 노래 「당신이 여기 있었으면 Wish you were here」의 가사를 인용하여 ("어서 오라 나의 아들 어서 오라 기계 속으로 Welcome my son welcome to the machine") 기계라는 비유를 사용하고 있다. 기계의 개념은 반혁명분자를 처단하기 위한 기계로 전락한 자를 다룬 작품 『마우저』에서도 사회주의 국가질서를 비유하는 개념으로 사용되고 있다. 그러나 뮐러는 지문에서 다시, 얼굴 부분이 없는 로보트인 이 기계가 전기의자에서 죽는 것으로 장면을 마무리하면서, 목소리와 영상으로 뮐러 자신이 택한 저항의 모습을 암시해 주고 있다. 전통적 희곡양식인 대화를 포기하고, 문장의 형태까지 파기하며, 뮐러가 지향하는 생각의 편린들을 나열하고 있는 목소리와 영상을 통한 전달방식은 그 형식적 측면만으로는 독자와 관객들을 혼란케 하지만, 이는 작가 뮐러가 변증법과 계몽주의라는 길을 버리고, 즉 과학적이고 철학적인 자세를 버리고 인간존재에 대한 극단적 체험과 광기, 악몽, 고문과 같은 감성적 길을 택했음을 보여 주는 것이다. "계곡의 죽은 들소들 tote Büffel auf den Canyons"은 미국의 인디언 운동의 상징이지만, 제3세계의 무력해방운동과 지하운동, 억압받는 소수민족에 대한 비유로서 활용되고 있다. 그리고 "불과 물의 결혼"은 프랑스의 전위시인 랭보(Rimbaud)의 인용이며, "로트레아몽 말도로르"는 전위시인이며 반(反)부르주아 시인이었던 로트레아몽과 그의 작품 「말도로르의 노래」의 주인공을 인용하고 있다. 이는 브레히트적인 과학적 계몽과의 작별을 뜻하며 극단적인 감성의 연극을 주장했던 아르또의 연극세계로의 선회를 의미하기도 한다. 뮐러의 전위작가에 대한 관심과 영향은 작가 자신의 발언에서도 확인된다. 뮐러는 자신에게 영향을 준 작가들을 "랭보, 로트레아몽, 카프카, 죠이스, 마야꼬쁘스끼, 아르또, 브레히트, 베케트" 등으로 밝히고 있다 (Theater heute 1979년 3월호 참조). 그러나 이는 억압받는 자들을 위한 참여작가의 길을 포기하고 현실에 대한 구토증 때문에 개인주의적인 입장표명의 차원으로 물러나 앉는 것을 의미하지는 않는다. 비록 뮐러는 동독에서 진정한 사회주의로의 발전가능성을 회의적인 시각으로 바라보지만, 산업선진국의 착취에 맞서 제3세계의 해방운동 속에서 사회주의의 잠재적 가능성을 찾으려 하며, 동구라파의 사회주의를 이들 해방운동들의 교량 구실이라는 의미에서 긍정적으로 바라보고 있다. 호르스트 라우베(Horst Laube)와의 대담에서 뮐러는 다음과 같이 동구라파 사회주의를 보는 자신의 관점을 밝히고 있다.

> 동구라파에서 이러한 중도적 입장을 유지하는 것을 저는 지구상의 딴 나라들에서 벌어지는 무정부적이거나 부조리한 해방운동들이 효과를 거두기 위한 전제조건이라는 측면에서 아직도 중요하다고 생각합니다. (GI. S. 57)
> (중도적 입장이란 브레히트의 시에서 공산주의를 의미하는 비유로 쓰여진 것을 뮐러가 다시 인용한 것이다.)

레씽 3부작의 제목을 뮐러는 〈레씽의 잠 꿈 절규〉라고 적으면서 1부에서는 수면으로 도피하는 지식인 레씽의 좌절하는 모습을 보여 준다. 2부에서는 레씽 자신의 극중 인물들을 미국의 마지막 대통령으로 비유하면서 레씽이 추구한 관용의 자세가 현대에 얼마나 무용지물인가를 자동차 폐차장이란 은유를 통해 악몽의 모습으로 보여 준다. 하지만 3부에서는 아직도 저항하는 지식인 레씽의 모습을 절규(Schrei)라는 비유로 보여 주고 있다. 레씽의 절규는 『게르마니아 베를린에서 죽다』의 〈밤〉 장면에 나오는 절규를 연상시키며, 이는 아르또의 잔혹한 충격적 수법의 영향으로 볼 수 있다. 뮐러는 저항하는 지식인의 모습을 3부의 시작에서 레씽의 미완성 작품 『스파르타쿠스

Spartakus』를 투영하는 것으로 분명하게 드러낸다. 그러나 이 작품이 미완성으로 끝났다는 사실 또한 분명히 함으로써 긍정적인 시각을 나타내지는 않는다. 로마의 노예 해방을 위하여 봉기했던 민중의 지도자인 스파르타쿠스에 관한 작품을 시도한 레씽의 모습은, 절망한 나머지 시름과 좌절 속에서 생을 마감하려는 나약한 인간은 아니다. 그러나 뮐러는 이러한 레씽의 꿈에서 깨어나 다시 저항을 시도하는 모습에 모래를 끼얹어 버리는 극장 관객들을 통하여 레씽의 시도가 다시금 좌절되게 만든다. 그러나 그의 저항의 목소리가 분명하게 들린다는 지문을 통하여 한줄기 희망은 남겨 두고 있다.

레씽의 절규는 고전작가로 분류되어 편안하게 관객들에게 소비됨으로써 교양에 이바지하는 것에 대한 분노의 저항이며, 동시에 뮐러의 저항이다. 뮐러는 교양을 얻으려는 것을 결단코 거부한다. 시인들과 철학자들은 서가의 장식물에 불과하며 이들이 추구했던 이상과 삶의 궤적을 담고 있는 작품들이 독자와 관객들에게 밑거름으로 쓰이지 못하는 풍토를 뮐러는 신랄하게 비판하고 있는 것이다. 레씽의 진면목을 보지 못하고 통념에 젖어 그 껍데기만을 소비하려는 자세를 뮐러는 석고화(vergibst)라고 부르고 있다. 비이그하우스(Wieghaus)의 인터뷰에서 뮐러는 다음과 같이 말하고 있다.

> 아마도 그것은 문화 또는 전통에 대한 종래의 관계를 방해할지도 모릅니다. 그런 것들은 서가에 모셔진 채 손때를 타서는 안 될 것이며, 사용되지도 않고, 석고화될 뿐, 사용되지 않습니다. (Georg Wieghaus : Heiner Müller, München 1981, S. 105)

관용에 대한 관객들의 존경심이 흉상의 형태로 나타나지만, 바로 이 흉상이 레씽의 절규를 틀어막아 버리며, 이를 벗어나려는 레씽의 시도는 끝내 성공하지 못하고 둔탁한 목소리로만 남는다. 뮐러는 레씽이 레씽 흉상에 의해 질식당해 죽는 모습을 보여 줌으로써 레씽을 관용이라는 간판을 달고 고전작가로 분류하는 통념의 오류를 지적하고 있으며, 고민하는 지식인의 모습, 좌절하는 모습 그러나 다시 저항을 시도했던 지식인의 모습을 보여 주고 있다. 그러나 뮐러는 권력에 대응하는 지식인의 전형을 보여 줌에 있어 어떻게 대응했어야 한다는 방향은 전혀 제시하지 않고 있다. 뮐러가 보여 주는 레씽의 모습은 비록 저항의 목소리만를을 갖고 있지만, 뮐러가 『게르마니아 베를린에서 죽다』에서 제시했던 영원한 벽공 힐제처럼 긍정적인 저항의 인물은 아니다. 레씽은 독일 현대사에서 질곡의 뿌리에 해당하는 프로이센 시대를 참담하게 겪는 좌절한 지식인의 모습만을 보여 줄 뿐이다. 그러나 뮐러는 1979년 이 작품이 프랑크푸르트에서 공연될 당시, 서막에서 로트레아몽의 "말도로르의 노래"를 자세하게 인용함으로써 관용이 아닌 저주의 언어를 강조한 바 있다. 이는 작가가 극단적인 현실 부정의 자세를 취하는 것으로 여겨진다. 극단적으로 주관적이며, 과학적 분석보다는 지나칠 정도로 감성적인 수법을 사용하여 좌파 지식인의 현실사회주의와의 갈등과 좌절을 정면으로 다룬 『햄릿기계』에 앞서 이 작품은 그 뿌리를 더듬어 본 작업이라고 사료된다.

동독 현대사를 줄기차게 다룬 철저한 공산주의자이면서도 현존하는 사회주의에 대한 비관적 역사 인식을 보여 준 뮐러는 1970년대부터 본격적인 독일 근대사를 다루면서 내용과 형식면에서 새로운 사극의 전형을 창조한 작가이다. 뮐러는 독일 근대사, 즉 프로이센의 역사를 재조명하면서 좁은 의미에서 정치적 사건의 분석이 아닌, 넓은 의미에서 독일인의 심성을 파헤침으로써 독일 분단의 뿌리를 민족 정서적 차원에서 찾아보려는 시도를 하게 된다. 현존하는 동독의 사회주의에 대한 회의적 시각은 작가로 하여금 그 뿌리를 프로이센 시대까지 거슬러 올라가게 만들고, 작가의 이러한 시도는 『게르마니아 베를린에서 죽다』와 『군들링의 생애 프로이센의 프리드리히 대왕 레씽의 잠 꿈 절규』 두 작품을 통해 집중적으로 이루어진다. 역사적 소재를 다룸에 있어서 뮐러는 독특한 역사 인식을 통한 새로운 사극의 가능성을 제시하고 있다. 종래의 사극이 역사적 소재, 즉 사료적·고증적 소재를 다룬 연극이거나, 사료와 고증에 의존하지 않고 역사를 해석하고 역사를 바라보는 작가의 입장을 대변하는 연극이었다면, 뮐러의 사극은 작가의 의도를 선명하게 부각시키기보다는 작가의 의도와 자료 사이의 모순을 의도적으로 드러내고 관객과의 충돌을 지향하고 있다. 또한 뮐러는 역사적 사건의 전개보다는 역사적 순간에 이루어졌던 인간들의 자세 및 태도, 그리고 사극을 집필하고 있는 작가 자신의 역할을 묘사 대상으로 삼는 등 역사서술이 아닌 역사에 대한 사고(思考)에 치중한다. 따라서 뮐러의 사극은 과거 역사에 대한 재구성이나 역사적 사건의 서술이 아니라 역사에 대한 생각, 역사에 대한 심사숙고라는 표현이 알맞다. 마르크시스트인 뮐러의 역사 인식은 현대사를 위하여 과거 역사를 꿰뚫어 볼 수 있게 만드는 것이며, 세계를 해석하는 것보다 세계를 변혁시키는 것이 중요하다고 주장하는 사적 유물론자들의 역사 인식과 그 기본방향에 있어서는 동일하다. 계급투쟁이라는 역사의 법칙성과 민중을 역사의 주체로 보는 좌파 지식인의 전형적 측면은 시공을 넘나드는 뮐러의 작품 속에서 사건의 지속성이 아니라 역사의 지속성으로 여실히 드러나고 있다. 그러나 사회주의의 역사를 바라보는 뮐러의 시각은 당과 국가가 요구하는 낙관적 전망을 갖고 있지 않다. 뮐러는 변혁운동의 필요성을 긍정하는 즐거움과 변혁운동 과정이 수반하는 고통을 아울러 다루면서 사회주의에 대한 실망과 고통에도 불구하고 그 고통스런 현실을 긍정한다.

사회주의 이전의 역사를 전사(Vorgeschichte)로 파악하는 뮐러에게 프로이센의 역사는 빙하기에 비유된다. 빙하기로서의 프로이센 역사를 조명하는 작업은 사회주의 국가로 출범한 동독에 잔존하는 프로이센의 역사적 유산이 청산되지 못했다는 작가의 시각 때문이다. 프로이센의 악몽의 역사로부터 벗어나기 위하여 프로이센 시대에 대한 역사적 허상을 분석해야 한다는 입장에서 뮐러는 『게르마니아 베를린에서 죽다』의 〈브란덴부르크 협주곡 1, 2〉를 통해 흔히 계몽 군주라 불리는 프리드리히 2세의 파쇼적 면모를 드러낸다. 그리고 작가는 투철한 준법정신을 소유했었다는 프로이센의 소시민계층의 신민근성을 보여 줌으로써 역사의 실상을 드러내고 있다. 신민근성의 추적은 당시의 지식인에게서도 행해진다. 뮐러는 당시의 지식인을 세 부류로 나누어 『군들링의 생애 프로이센의 프리드리히 대왕 레씽의 잠 꿈 절규』에서 집중적으로 다룬다. 실존인물이었던 학술원장 군들링을 통하여 권력에 빌붙음으로써 자신의 인간적 주체성을 상실하는 지식인의 참담한 몰골을 희화적으로 보여 주면서, 지식인의 신민근성과 더불어 전형적인 상명하달식 지식인 유형으로 제시한다. 또한 프리드리히 2세는 인간으로서의 주체성 상실을 방지하기 위해 권력으로 도피하는 유형의 지식인으로 묘사된다. 소년 시절에 군사문화에 의하여 주체성을 상실한 프리드리히 2세는 우울증과 허무주의에 시달리다가 권력으로 도피하여 참혹한 전쟁놀이에 광분함으로써 자기 주체성을 보전하게 되지만, 내면의 갈등은 그를 발육부전증 환자로 만들어 버린다. 가부장적인 군사문화 풍토와 신민근성에 의한 자기 주체성 상실이라는 프로이센의 현실을 정신병원과 지옥으로 비유하고 있다. 예술애호가였다는 전제군주의 허상은 예술의 방향을 자의적으로 규정하는 독선을 통해 폭로되며, 전제군주 밑에서 수난당한 예술가들의 모습은 침묵을 강요당하는 당대의 지식인 실러와 구토하는 볼테르의 참상으로 나타난다. 권력에 저항하는 지식인의 전형은 아나키스트적인 저항을 하고 파멸하는 작가 클라이스트의 모습과 독일 민족극을 꿈꾸며 진정한 계몽주의자의 길을 걸으려 했던 레씽의 모습으로 대변된다.

그러나 뮐러는 계몽주의자로 숭상되는 레씽이 아니라, 꿈이 좌절된 이후의 무기력한 레씽의 모습을 통하여 동독의 사회주의 현실을 비판하는 작가 자신의 모습을 투영시키는 반면, 교양시민들에 의해 소비의 대상으로 전락되는 레씽의 모습을 통해 레씽의 참모습이 왜곡되고 있는 현실을 보여 준다. 좌절을 딛고 일어서려는 레씽의 시도, 즉 『스파르타쿠스』를 집필하는 레씽의 모습은 비관적인 역사의 인식하에서도 희망을 포기하지 않으려는 뮐러 자신의 자세를 반영하고 있다.

프로이센의 잔재를 청산하지 못한 동독의 사회주의 현실을 비관적으로 보고 있는 뮐러의 시각은 프로이센 지식인들이 권력에 대응했던 세 가지 유형으로 이 작품에서 집중적으로 조명되고 있으며, 현존하는 사회주의에서의 지식인의 모습은 『햄릿기계』에서 본격적으로 조명된다. 프로이센 시대를 바라보는 뮐러의 총체적 시각은 그가 이 작품의 부제를 "끔찍한 동화(Ein Greuelmärchen)"라고 명명한 데에서 극명하게 드러나고 있다.

4장
분단상황에 대한 뮐러의 시각

1. 분단과정

주지하는 바와 같이 독일의 분단은 향후 독일의 전쟁도발 가능성 불식이라는 측면과 냉전이라는 정치상황이 맞물려 만들어진 것이며, 연합국의 분할 점령에 뒤이은 의도적인 조치의 산물이었다. 그러나 독일 분단을 바라보는 뮐러의 시각은 다분히 마르크스주의자적인 편향성을 지닌다. 우선 분단과정을 비유적으로 묘사한 『게르마니아 베를린에서 죽다』의 한 장면인 〈성스러운 가족〉을 통해 서독 탄생에 대한 뮐러의 시각을 살펴보자.

이 작품에서 공산권에 대한 방파제 역할을 바라는 세 연합국의 주시 속에서 태어난 서독은 끔찍한 기형동물 늑대로 묘사된다. 서독이란 국가의 탄생은 일그러지고 비정상적이다. 독일의 분단은 아랑곳하지 않은 채, 냉전체제의 확립에 급급한 연합국들의 모습은 태어날 아기에게 '고문도구 한 세트, 대포, 유색인종 식민주의'라는 선물을 주는 데에서 잘 드러난다. 서독의 탄생을 다루는 이 대목의 그로테스크한 묘사의 극치는 〈성스러운 가족〉이라는 제목에서 발견된다. 뮐러는 아기예수의 탄생과 이를 축하하는 동방박사의 성스러운 이야기를 하느님은 히틀러, 마리아는 굅벨스, 아기예수는 서독(기형늑대), 동방박사는 미국, 영국, 프랑스 등으로 바꾸어 놓음으로써 독일의 분단과정을 잔혹하게 비유하고 있다. 독일 민중의 상징인 게르마니아는 더 이상 전투하는 여인이 아니고, 산파의 기능을 다한 후에 종족모로서 자신이 키운 히틀러에 의해 고문당하고 처형당한다.

한편 동독이라는 국가의 탄생을 바라보는 뮐러의 시각 역시 어둡고 우울하기만 하다. 『살육』의 마지막 대목인 〈침대 시트 혹은 성령잉태〉에서 뮐러는 동독의 탄생을 "성령잉태"에 비유함으로써 서독의 탄생을 "아기예수의 탄생"에 빗대어 처리한 것과 같은 맥락에서 다루고 있다. 즉 혁명의 과정을 거치지 않고 사회주의 국가로 탄생되는 과정을 동정녀 마리아의 "성령잉태"에 비유한 것이다. 이처럼 혁명 없이 잉태된 사회주의 국가의 출생 순간을 뮐러는 『게르마니아 베를린에서 죽다』의 첫째 장면 〈길거리 2〉에서 다루고 있다. 뮐러는 동독의 탄생을 환희와 기대감의 축제적 분위기와는 거리가 먼 "질시와 반목"으로 인해 나치 파시즘 전쟁의 본질을 인식하지 못한 채, 새로운 전투에서의 승리를 다짐하는 상이군인과 반정부 유인물 살포자, 이들을 쫓는 국가안기부 직원들, 배금주의적이며 기회주의적인 사람들, 그리고 매춘부들이 어우러지는 분위기로 당시를 묘사하고 있다. 이로써 동독은 결코 일치와 단결 속에 탄생한 것이 아니라, 태어날 때부터 "질시와 반목"의 싹을 갖고 있었음을 보여 주고 있다.

이처럼 마르크스주의자 뮐러가 독일 분단과정을 바라보는 시각에는 마르크스주의자적 편향성이 다소 엿보이기는 하지만, 흑백논리의 차원은 완전히 벗어나 있으며 "독일의 참상"의 현대적 양상을 거침없이 드러내 보이고 있는 것이다.

분단 상황을 바라보는 뮐러의 시각은 분단과정에 머물지 않고 분열과 분단의 싹이 움틀 수 있었던 독일적 토양을 토대로 분단 이전의 시대를 거슬러 프로이센, 로마, 그리고 니벨룽겐의 신화에까지 이어진다.

2. 분단 이전

동족 간의 반목과 질시라는 분단 비극의 뿌리를 캐려는 뮐러의 작업은 "형제간의 살인"이라는 모티프를 다룬 장면들 속에서 선명하게 드러나고 있다.

『게르마니아 베를린에서 죽다』의 한 장면 〈형제 1〉에서 뮐러는 동족상잔의 역사를 로마시대까지 거슬러 올라간 과거 속에서 들추어냄으로써, 독일인끼리의 동족상잔이 뿌리 깊음을 극대화시키는 효과를 노리고 있다. 자신의 이익만을 추구하여 싸우는 용병 플라브스와 조국의 명예를 최우선으로 생각하며 로마와 싸우는 아르미니우스의 형제간 반목은 나치에 저항하는 좌익 지하조직의 조직원들인 형제 A와 B의 반목으로 이어진다. 『살육』의 첫 대목 〈긴 칼의 밤〉에서 A는 변절한 형 B를 사살한다. 그러나 B가 변절하게 되는 과정에서 A 또한 무죄일 수 없다는 것이 뮐러의 시각이다. B를 형이라 부르기조차 거부했던 A는 마지막에 자신이 형을 사살했었다고 회상함으로써 마음속에 간직해 왔던 분단의 벽을 허물고 있다.

뮐러는 형제살인의 모티프를 『게르마니아 베를린에서 죽다』의 〈형제 2〉에서 다시 한번 다루었는데, 전작과는 여러 측면에서 대조적이다. 〈긴 칼의 밤〉에서는 익명이었던 A와 B가 〈형제 2〉에서는 '공산주의자'와 '나치'로 구체화되었다. 또 장면 전체가 하나의 회상으로 그 시기가 불분명했던 〈긴 칼의 밤〉과는 달리 〈형제 2〉에서는 그 시기를 동백림 폭동이 일어난 1953년 6월 17일로 명시했을 뿐 아니라, 나치 치하에서 겪은 공산주의자의 수난도 그 장소를 동백림의 한 감방으로 구체화시켜 놓고 있다. 상황의 구체화는 내용적 측면에서 형제간의 갈등을 첨예화시켜 독일 노동운동의 분열상을 상징적으로 묘사하고, 나치 치하의 쓰라린 상처를 들추어냄으로써 나치 시대 이후인 분단시대의 동족상잔의 역사를 상징적으로 암시해 주고 있다.

SA 대원에 의해 이 수용소에서 저 수용소로 이동·수감되는 과정에서 동생인 공산주의자는 자신이 겪은 수모를 회상하면서 잠시 환각의 상태에 빠지게 된다.

> 공산주의자 : […] 독일 어린이들이 독일 어머니들의 배에서 기어 나와 이빨로 독일 아버지들의 남근을 물어 뜯었고, 피 흐르는 상처에 콧노래 부르며 오줌을 내갈겼다. 그리고 나서 독일 어린이들은 어머니들의 젖가슴에 목을 매달고 마지막 한 방울까지 피를 빨아 마셨다. 그리고 나서 그들은 서로 물어뜯어 생살을 찢어발겼으며 결국에는 자신들이 흘린 피에 빠져 죽었다. 독일 땅이 그 많은 피를 미처 감당해 내지 못했기 때문에.[4]

서로 물어뜯어 모두 자멸하는 이 잔혹한 환각을 통해 뮐러는 나치 시대

---

4) Heiner Müller : Germania Tod in Berlin Berlin, a.a.O. S. 73f.

이후에 다가올 동족상잔의 분단시대를 예견하고 있는 셈이다. 이와 같은 동족상잔의 자기파멸 행위는 『게르마니아 베를린에서 죽다』의 인형극으로 처리된 〈밤〉에서도 상징적으로 나타난다. 인형은 왼손으로 오른팔을, 오른손으로 왼팔을 동시에 뽑아 버리는 것이다.

뮐러의 분단을 바라보는 시각은 분단 이전에 잉태된 형제간의 마음의 분단과 동족 간의 마음의 분단 상황으로 이어진다.

동족 간의 마음의 분단의 원인 제공자는 나치 시절에는 나치의 파시즘이었으며, 동독시절에는 진정한 사회주의에 도달하지 못한 프롤레타리아 독재정권으로 뮐러는 파악하고 있다. 『살육』의 마지막 장면인 〈침대 시트 혹은 성령잉태〉는 나치 패망을 눈앞에 둔 1945년 베를린의 한 방공호 속에서 네 명의 평범한 인간들이 살아남기 위해 벌이는 본능적 행태를 보여 주고 있다. 다가오는 소련군과 나치 SS 대원의 출현은 생존이 아닌 죽음의 위험을 초래하고 만다. 죽음을 목전에 둔 이들은 한 사람에게 모든 책임을 미루는 비겁한 태도를 보이고, SS 대원에 의해 살해된 군인의 시체를 소련군이 방공호 속으로 옮겨와 아들이냐고 묻자 선택의 여지없이 고개를 끄덕인다. 이데올로기의 틈바구니에서 생존을 위해 발버둥치는 군상들의 모습은 국토의 분단 이전에 동족 간 마음의 분단을 강요당한 모습을 보여 주고 있다.

분단의 뿌리를 캐는 뮐러의 시각은 다시 프로이센 시대로 거슬러 올라간다. 뮐러는 프로이센 시대의 절대적인 국가 권력과 그 권력에 기회주의적으로 순응했던 시민계층의 예속성, 이 두 가지 요소를 역사 발전의 혁명적 힘을 가로막고 독일의 민족분열을 가져온 원인으로 파악한다. 뮐러는 프로이센 제국의 시민계층들이 지배층인 왕권과의 자립적 대립에서 연립으로, 다시 왕권의 하수인으로 군국주의의 선두에 서서 1차 세계대전으로 진군하는 역사적 전개 과정을 〈브란덴부르크 협주곡 1〉에서 서커스의 어릿광대들을 통한 극중극 수법으로, 왕권과 시민계층의 유착과 예속관계를 우화적 수법으로 드러내고 있다.

3. 분단 이후의 독일(동독) 현실

파시즘이 사라진 후에도 형제간, 동족 간 반목의 역사는 반복되었으며 사회주의 국가 동독에서도 진정한 역사로서의 사회주의 역사는 펼쳐지지 못했고, 동독의 사회주의 건설과정의 역사는 뮐러의 개념에 따른 전사(Vorgeschichte)에 머물렀으며, 이러한 반목과 질시가 집중적으로 분출된 사건으로 뮐러는 1953년 6월 17일의 동백림 폭동을 다루고 있다.

혁명의 과정 없이 태어난 동독은 태어날 때부터 반목과 분열, 선조로부터 물려받은 '프로이센 기질'인 상명하달의 신민근성, 폭력과 개인우상화의 스탈린주의, 노동운동의 분열 등에 시달리면서 동백림 폭동에 이르러, 스스로의 힘으로 해결치 못하고 소련 탱크에 의해 강제진압 된다는 것이 동독 현대사를 보는 작가의 시각이다. 이처럼 독일 노동운동을 단결된 힘으로 풀어 나가지 못하는 동독 공산당의 시행착오에도 불구하고, 매춘부로 상징된 당시의 동독 공산당의 모습에서 로자 룩셈부르크의 환영을 보며 죽는 힐제의 죽음을 작가는 히틀러에 의한 서독의 게르마니아(독일 민중) 죽음에 뒤이은 동독의 게르마니아 죽음으로 상징함으로써, 독일 노동운동의 잠정적인 종식과 더불어 분단의 심화가 이루어지는 새로운 역사의 장을 열어 주고 있다. 실제로 분단의 심화는 동·서 베를린의 장벽으로 나타났다.

동백림 폭동에 내재되어 있는 독일 노동운동의 분열상을 뮐러는 그의 작품 『볼로콜람스크 국도』 3부 〈결투 Duell〉에서 다시 다루고 있다. 뮐러는 소련 탱크에 의존해 정권붕괴의 위험을 벗어난 치욕스런 아픔의 역사인 이 상처를 다루면서 이번에는 육체노동자들의 세계가 아닌 동독 사회의 지도자급인 공장장과 공장장의 직무대리인, 그리고 교수들, 이른바 정신노동자들의 세계라는 부위를 건드리고 있다. 공장장인 나는 동백림 폭동이 일어나던 날을 회상한다. 시위 군중들의 구호는 민족분열상을 여실히 일깨워 주고 있다. "자유!, 로스케는 물러가라!, 염소수염 물러가라!(염소수염은 당시 동독 수상 울브리히트의 별명), 독일 만세!(서독국가의 마지막 대목)" 장면의 제목인 〈결투〉가 암시하듯 주인공인 공장장 나는 두 번의 결투를 치른다. 1934년 나치시절 대학생이었던 나는 유태인과 빨갱이들을 강의실에서 추방하자는 서명을 거부한 대가로 10년간의 옥고를 치르게 되지만 나의 동료 대학생은 양심보다는 학업을 택해 훗날 동독의 수학교수가 된다. 2차 대전이 끝난 후 나는 공부하기 싫어하는 젊은 노동자를 끈질기게 설득하여 대학공부를 시켜 엔지니어로 키워 내고자 하지만, 수학공부에 취미도 재능도 없는 젊은이라는 담당교수의 말에 주눅이 든다. 대학공부는 아무나 하는 것이 아니니 공장에서 노동이나 하라는 수학교수의 모욕적인 발언은 사회주의자인 나를 분노케 하고 나는 대학으로 수학교수를 찾아가 따진다. 나는 13년 전의 대학동료를 목소리로 알아보지만 교수는 나를 기억하지 못한다. 젊은이가 졸업시험에 합격하고 엔지니어가 되어 공장의 관리직책을 맡음으로써 나는 교수와의 결투에서 승리하게 된다.

문제는 내가 공들여 공부시켜 공장장 대리로까지 성장한 사회주의 동독의 자랑스러운 청년이 동백림 폭동이 일어난 날, 파업 노동자들의 대표로 나의 공장장 퇴임을 요구한 당사자라는 점이다. 폭동에 대한 뮐러의 입장은 앞에서 언급한 바와 같이, 파업의 선봉세력은 진정한 노동자가 아니었고, 당시의 치열했던 냉전 분위기가 사건을 흑백논리로 부추겼으며, 독일 노동운동의 맥을 잇는 진정한 노동자들도 시위에 참가하였음을 당국이 간과하였다는 것이었다. 그러나 뮐러가 다시 건드리는 상처 부위는 파업의 옳고 그름이 아니고 사회주의 정권 동독이 출범한 지 4년 만에 소련 탱크에 의존하지 않을 수 없는 지경에 이르렀다는 사실이다.

그리고 소련 탱크를 기다리는 나의 심정은 양면적이다. 동독을 탄생시킨 산파도 소련 탱크였고 지금 다시 위기의 동독을 구출하는 것도 소련 탱크이지만, 지금 탱크를 타고 오는 소련(스탈린)은 나에게 귀신이기도 하며 그 탱크 밑에서는 로자 룩셈부르크가 신음하고 있는 것이다. 탱크의 출현으로 나는 결투에서 이기게 되고 공장장 대리는 자아 비판서를 쓴 후 다시 일상으로 돌아간다. 교수와의 첫 번째 결투에서 사회주의의 승리감을 맛본 '나'는 두 번째 결투에서도 승리하지만, 그 승리는 외세를 등에 업고 동족상잔의 결과로 얻어진 것이며 분단시대 동독의 민족분열상이라는 커다란 상처를 남기게 된다.

소련 탱크로 구출된 동독의 40년 역사를 비교적 길게 감싸 안으며 분단시대의 동독을 다루는 장면이 뮐러의 마지막 작품이 된『볼로콜람스크 국도』의 5부 〈주워 온 아이 Der Findling〉이다. 아버지와 아들 간의 갈등을 빌려 동독 사회에 엄존했던 국민들과 정부 간의 갈등, 결국은 동독을 붕괴로 몰아간 동독 사회의 모순과 갈등을 뮐러는 또다시 젊은 아들의 회상으로 처리하고 있다.

나치의 수용소에서 고문으로 생식기능을 잃은 아버지는 패전 이후 동독 공산당의 간부가 되고, 한 소년을 입양하여 소년의 미래에 동독 사회주의의 미래를 걸고 정성을 쏟는다. 신생 동독과 함께 성장하는 소년은 소년대의 붉은 스카프를 목에 두르고 스탈린의 죽음을 눈물로 애도하는 소년이지만, 점차 동독 사회주의의 경직된 모습에 실망하면서 아버지의 기대와는 달리 사회주의 동독의 모범청소년과는 어긋난 행동으로 아버지를 실망시킨다. 뮐러는 동독에 대한 좌파 지식인으로서의 실망감을 소년을 통해 투영시킨다. 자본주의의 퇴폐 문화라고 경원시하는 장발, 청바지, 재즈에 관한 갈등은 체제를 초월한 세대 간의 갈등에 속한다 하더라도, 신문 사설에 대한 기성세대(아버지)의 무비판적 태도, 당의 프로그램에 대한 무비판적 동조, 옳고 그름에 대한 아들의 질문, 즉 정부를 비꼬는 유언비어가 왜 떠도는가, 새로운 독일(동독 정부의 기관지 이름이기도 하다)을 왜 그림 성경책처럼 되뇌는가에 대하여 줄곧 대답을 회피하기만 하는 아버지에게 아들은 반발한다. 이러한 아버지의 경직된 사고와 행동은 나치의 독재가 공산당의 독재로 바뀌었을 뿐으로 인식되며, 이러한 인식은 '아들'로 하여금 학교 칠판에 나치 표시인 갈고리십자 표식을 그리게 만들고 소련의 체코 침공 때는 "로스케 물러가라!"라는 현수막을 걸게 만든다. 아버지가 천국이라고 믿는 동독을 아들은 지옥으로 느끼고, 아버지가 내뱉는 마르크스와 엥겔스의 말은 아들에게는 타령에 불과할 뿐이다. 아버지는 아들과 자신 사이에 존재하는 심연을 메워 보려 한다. 소련의 부다페스트 침입 때는 전축 턴테이블을 선물하는 것으로, 아들의 가장 친한 친구가 장벽을 넘어 서베를린으로 탈출하려다 사살되었을 때는 오토바이를 선물하는 것으로 메워 보려 하지만 이는 아들의 불신을 더욱 증가시킬 뿐이다. 다시 프라하의 봄을 소련 탱크가 짓밟는 것을 보면서 아들은 탱크 없는 사회주의가 어린아이의 꿈으로 머물 수밖에 없는 동독의 현실에 좌절을 맛보는 것이다. 아들의 좌절은 사회주의 동독의 질서를 고의로 파괴하는 행동으로 나타나 형무소에 수감되지만, 면회 온 아버지에게 아들은 침묵으로 일관할 뿐이다. 아들의 동독 사회주의에 대한 실망은 작가 뮐러의 동독 사회주의에 대한 실망이다. 뮐러는 당시의 자신의 심정을 "클린치(권투용어로 상대의 공격을 피하기 위하여 상대방을 껴안는 것을 의미한다)"라고 표현한 바 있다. 아들의 어머니가 암에 걸려 죽어 가는 상황은 〈노동자 기념비〉에서 프롤레타리아의 상징인 영원한 벽공 힐제가 암으로 사망하는 상황과 일치한다. 사회주의 동독이 훌륭하게 키워 내야 할 아들의 어머니가 생모가 아닌 상황은 동독의 사회주의가 스스로의 혁명이 아닌 소련이란 의붓어머니의 태생이란 상황과 일맥상통하며, 그 의붓어머니는 스탈린의 경직된 사회주의(뮐러의 표현에 의하면 자국민의 식민지화 Kolonialiserung des eigenen Volkes)라는 암에 걸려 사망하는 셈이다. 근면하고 성실한 벽공 힐제가 신생 국가 동독을 처녀라고 믿고 있고, 아들의 아버지가 동독을 천국으로 믿고 있지만, 뮐러는 힐제와 아버지의 환상을 처녀가 아닌 창녀, 천국이 아닌 지옥으로 처참하게 깨뜨려 버린다. 그러나 생모도 아닌 어머니의 죽음을 대하는 아들의 태도는 양면적이다. 생모도 아닌 한 여인의 죽음에 무관심한가 하면, 눈물, 콧물을 흘리며 어머니의 가슴에 얼굴을 묻기도 한다. 이는 독일 노동운동의 분열로 말미암아 분단의 고착화로 치닫는 동독 역사에 대한 뮐러 자신의 모습이기도 하다.

분단시대의 민족분열의 아픔을 형제간의 반목과 살육으로 나타냈던 뮐러는 〈주워 온 아이〉의 마지막을 부자간의 첨예한 갈등으로 유사하게 처리하고 있다.

7년 전 아들의 친구가 장벽을 넘다가 사살된 후 아버지는 당의 혹독한 비판을 받고 집에 돌아와 방문을 잠그고 권총 자살을 하려 했으나, 아들이

전화로 당국에 신고하여 아버지를 구했다. 이제 상황은 뒤바뀌고 아들이 아버지에게 전화를 걸라고 요구한다. 당신의 아들을 당국에 신고하여 처벌받도록 요구한다. 망설임 끝에 아버지는 울면서 수화기를 들고 7년 전 아들이 돌렸던 번호를 돌리면서 절규한다.

> 너 같은 놈은 총살당해도 싸다. 빌어먹을 놈의 나치 똘마니! 총살당해도 싸다니까, 개 같은 놈의 자식![5]

〈긴 칼의 밤〉에서 변절자가 되어 버린 형이 동생에게 죽여 줄 것을 요구하듯이, 사회주의의 질서를 문란케 하는 자가 되어 버린 아들은 아버지에게 죽여 줄 것을 요구하고 있다. 뮐러가 빚어내는 분단시대 "독일의 참상"은 처참한 살육으로 얼룩져 있지만 뮐러는 한 줄기 희망만은 결코 버리지 않는다. 변절자로 내몰리고 끝내는 변절자가 되어 버렸지만, 변절자의 삶보다는 인간다운 죽음을 택하는 형, 형을 죽일 당시 같은 핏줄의 연을 끊었던 동생이지만 회상 속에서 변절자를 다시 형으로 인정하는 동생, 그리고 아들에게 죽음을 의미하는 전화를 걸면서도 눈물을 흘리고 있는 아버지, 이들이 모두 야만의 삶이 아닌 진정으로 인간다운 삶을 펼칠 수 있는 세상, 즉 진정한 사회주의에 대한 희망을 뮐러는 결코 포기하지 않는다.

자본주의 서독에 의해 흡수 통일된 새로운 독일이 이런 세상이 아님은 자명한 일이다. 통일 이후 뮐러가 새로운 작품을 쓰지 않고 연출에만 전념했던 것도 이런 맥락에서 이해될 수 있다.

---

5) Heiner Müller : Die Schlacht. Wolokolamsker Chaussee, Frankfurt 1988, S. 75.

서독의 탄생을 서방 측의 추한 냉전의 산물로, 동독의 탄생을 자국민의 의지에 의하지 않은 병든 모습으로 봄으로써 외세에 의한 독일의 분단과정으로 보는 작가의 시각을 드러내고 있으며, 국토 분단 이전의 독일 역사 속에서 분단의 뿌리를 들춰냄으로써 분단의 외형적 차원에만 머무르지 않고 독일인의 심성과 민족정서의 차원인 내면적 차원으로까지 뮐러는 분단의 지평을 확대・심화시키고 있다.

이데올로기의 틈바구니에서 벌어지는 형제간의 살육, 생존을 위해 마음의 분단을 강요당하는 군상들, 민족분열의 근원으로 작용한 프로이센 왕권과 부르주아 계급의 유착과 예속, 분단시대 지식인의 고뇌와 갈등이 "프로이센 기질" 속에 면면히 이어지고 청산되지 못한 채 현재까지 지속된 점 등은 이미 국토 분단 이전부터 생성되어 분단의 뿌리를 형성했다고 뮐러는 보고 있다.

뮐러는 국토 분단 이후 동독 민중과 동독 정권의 괴리가 심화되었고 동백림 폭동에 이르러 분단이 고착화의 길을 걷게 되는 것으로 독일의 현대사를 바라보고 있으며, 이를 다양한 시각, 즉 노동자의 시각과 지도층의 시각에서 조명함으로써 분단시대의 동독 모습을 통해 "독일의 참상"을 민족분열이 빚어내는 암에 걸려 죽어 가는 조국 독일의 모습으로 보여 주고 있다.

그러나 이 모든 참상에도 불구하고 뮐러의 결론은 미래에 대한 날갯짓을 포기하지 말자는 것이다.

4. 통독 과정과 통일을 바라보는 뮐러의 시각

통독 과정과 통일을 바라보는 뮐러의 시각은 전혀 흥분된 시각이 아니다.

뮐러에게 서독에 의한 흡수 통일은 진정한 의미의 독일 민중의 하나됨이 아니라 서독에 의한 "동독 복종시키기(Unterwerfung)"일 뿐이며, 서독에 대한 경제적 예속일 뿐이다. 뮐러는 통일이 동독을 서독의 식민지로 전락시킬 것으로 예상하였으며, 콜(Kohl) 수상은 CDU의 재집권 전략 차원에서 통일을 서두른 동독 민중의 새로운 식민 종주국의 수상일 뿐이지 결코 분단시대를 극복해 낸 독일 민중의 영웅이 아니라고 본다. 따라서 분단의 상징이었던 장벽의 붕괴는 뮐러에게 분단의 벽이 허물어지는 극적인 사건이 아니라, 단지 하나의 결과일 뿐이다. 지금까지 지하에서 진행되어 온 동독이란 지반의 침식, 변화, 전복의 결과일 뿐이다. 뮐러는 통독 과정에 수반되는 지상에서의 외형적 변화보다는 지하에서 진행된 이러한 움직임이 훨씬 더 강렬했다고 토로하고 있다. 국경개방 이후 동독에서 일어난 일들을 뮐러는 새로운 것으로 보지 않으며, 단지 다양한 변형의 형태로 복잡하게 반복되고 있는 과거 동독의 모습으로 파악하고 있으므로 이를 드라마의 소재로 삼을 관심은 없다. 이제까지 뮐러 작품의 중심테마가 동독이었음을 상기하면 이와 같은 태도는 의외로 보일 수도 있으나, 모순과 갈등을 드러내고 이를 껴안으면서 발전을 추구했던 작가 뮐러에게 모순과 갈등이 필요로 하는 '적으로 삼을 대상(Feindbild)'이 없는 통독 과정 속의 동독의 모습은 더 이상 흥미로운 대상이 아니다. 뮐러는 동독에 대한 자신의 관심은 동독의 정치적 붕괴 이전에 이미 끝났었다고 밝힌 바 있다. 그러나 동독의 마지막 모습에 대한 무관심이 그대로 사회주의에 대한 무관심으로 이어지는 것은 아니다.

뮐러의 견해에 의하면 붕괴된 것은 실존했던 사회주의가 아니라 상품생산을 제한했던, 혹은 제동을 걸었던 제도에 불과했던 사회구조인 것이다. 뮐러는 진정한 사회주의는 존재한 적이 없으며, 현존했던 사회주의는 스탈린의 구상에 따른 자국민의 식민화에 다름 아니었다고 믿고 있다.[6] 뮐러의 "불행한 천사"가 미래로 시선을 보내고 있듯이 뮐러는 사회주의에 아직 희망을 걸고 있다. 그 이유는 자본주의가 문제의 해결책을 갖고 있지 못하기 때문이다.

20세기의 마지막 종교였던 '공산주의 유토피아'는 차치하고 '공산주의'라는 말조차 지구상의 어떤 지명도 연상시켜 주지 못하고 있지만, 빈부 갈등은 분명하고도 구체적으로 존재하며, 이 갈등을 모든 문제의 근원으로 파악하는 뮐러에게 이러한 갈등의 존재는 장벽이 붕괴된 이후 더욱 분명해지는 혁명적 요소이다. 장벽이 무너진 지금 역설적으로 뮐러는 장벽의 필요성을 감지하고 있다. 가난의 홍수로부터 부유함을 보호하기 위한 장벽 말이다.

미래를 향한 "불행한 천사"의 시선이 마르크스의 것이었듯, 사회주의의 붕괴를 보는 뮐러의 시각 역시 마르크스에 동조하고 있다. 경제토대가 부실한 곳에 사회주의를 구축하는 것은 실패한다는 마르크스의 입장을 지지하면서 뮐러는 사회주의를 포기하지 않는다. 끝장난 것은 마르크스를 반박하려던 현존 사회주의라는 것이 뮐러의 결론이었다.

통일은 서로가 나머지 반쪽을 찾은 것이 아니라 동독과 서독이 모두 사라진 것이다. 통일된 독일은 결코 민족국가가 아니고 마르크스에 의존하는, 뭐라 이름 지을 수 없는 진공상태에 비유된다. 통일된 독일은 통화연합의 수준에 불과할 뿐이다. 돈은 애국을 모른다. 돈은 어디든 수익성이 있는 곳으로 흘러간다. 민족적 돈이란 없다. 삶의 진정한 가치 개념, 가치 추구가 상실된 자본주의는 뮐러에게는 대안이 될 수 없다.

---

6) Heiner Müller : Gesammelte Irrtümer 3, Frankfurt 1994, S. 73 참조.

5장

독일의 참상 : 『게르마니아 3 죽은 자와 유령들』

극장을 역사를 기록하는 장소라고 주장하는 것은 매우 중요하다.[7]

철저한 공산주의자로 자처하는 구동독의 극작가 하이너 뮐러는 왕성한 작품 활동에도 불구하고, 구동독에서 박해받았던 대표적인 작가 중 한 명이다. 동독의 문화정책 담당자에게 뮐러는 오랫동안 의심스런 작가, 선동적인 마르크시스트로 분류되어 있었다. 뮐러의 작품들은 사회주의의 밝은 전망을 제시하는 대신 패배주의를 담고 있다는 평가를 받아 왔다. 그의 초기 작품 중 하나인 『이주민』은 당시 동독 정권에 커다란 물의를 일으켰고, 이로 말미암아 뮐러는 1961년 말 작가동맹에서 축출되고 말았다. 따라서 뮐러는 1960년대 동독에서는 거의 알려지지 않은 작가였다. 1988년 2월에 와서야 작가 동맹이 그동안 국제적인 작가의 명성을 획득한 뮐러를 다시 받아들였

---

7) Alexander Kluge/Heiner Müller : Ich schulde der Welt einen Toten, Hamburg 1966.

고, 뮐러는 동독작가 최고의 명예인 '국가상'까지도 수상하게 된다. 하지만 그가 첫 드라마인 『헐값 노동자』를 집필한 지 17년이 지난 44세에 이르러서야 비로소 봉급을 받으며 생계가 보장된 작가 생활을 할 수 있었다는 사실은 그동안 뮐러가 받은 박해를 충분히 짐작할 수 있게 한다. 이제까지 서방의 좌파 지식인들에게만 인기를 얻어 왔던 뮐러가 자신의 조국인 동독에서 각광을 받기 시작한 것은 동독 정권의 붕괴 조짐이 드러나기 시작한 1984년 이후부터였다. 체제 비판적인 인사들에 대한 박해의 사슬이 느슨해지면서 뮐러의 작품 활동과 참여작가로서의 활동도 활발하게 전개되었고, 집필된 작품들도 공연을 통해 관객들과 만날 수 있게 되었다. 이 시절에 집필된 작품이 브레히트의 교육극 형식을 다시 시도한 5부 연작 『볼로콜람스크 국도』였다. 그리고 통일 이후 오랫동안 구상해 왔으나 정치적·사회적 여건이 허락하지 않아 집필할 수 없었던 스탈린과 히틀러, 그리고 2차 세계대전과 "독일의 참상"에 관한 작품 『게르마니아 3 죽은 자와 유령들』을 발표했고, 그 초연을 앞둔 1995년 12월 영욕으로 점철된 극작가의 삶을 마감하였다.

파격적인 산문 형식과 수많은 인용, 난해한 내용, 그리고 비유의 폭포수라고 불릴 정도로 비유적 표현을 선호한 뮐러의 작품들은 종래의 전통적인 연출기법으로는 풀어내기 힘들었던 까닭에 연출가들이 선뜻 무대화하지 못했었다. 1980년대 중반 이후 뮐러는 많은 인터뷰를 통해 이제껏 문학 평론가의 자의적 해석에만 내맡겨졌던 자신의 작품 세계와 작가의 의식에 대한 자신의 입장을 폭넓게 언급하기 시작했으며, 그 결과 독자와 관객들의 뮐러 작품 이해는 상당 부분 난해의 울타리를 벗어날 수 있게 되었다.

1. 분단의 모습과 독일의 참상

작품 분석에 앞서 제기되어야 할 사항은 뮐러 작품을 바라보는 종래의 시각이 갖고 있는 문제점이다. 이제까지 뮐러 작품의 수용은 집필시기와 작품의 주제에 따라 50년대와 60년대 동독 건설 시기의 생산 현장극, 동독 공산당의 박해 시기의 고전 각색극, 브레히트 식의 교육극, 혁명을 다루는 일련의 혁명극, 역사적 소재를 다루는 일련의 역사극 등으로 분류되어 이루어졌다.[8] 그러나 뮐러는 말년에 집필한 『볼로콜람스크 국도』와 『게르마니아 3 죽은 자와 유령들』에서 이 같은 수용 자세가 바르지 못했음을 보여 주었을 뿐만 아니라, 동독 당국의 눈치를 볼 필요가 없어진 동독 붕괴 직전에 응한 인터뷰에서 이 같은 시각의 수정을 강력히 요구한 바 있다.

> 내 작품들을 연대기적으로 분류하려는 생각은 쓸데없는 짓에 불과합니다.
> (GI. S. 95f.)

뮐러는 자신의 작품들을 연대기적으로 구분하는 것은 문학평론가들의 자의적인 해석에 불과하며, 시대적 여건에 따라 작품의 변신이 이루어진 것이 아니라, 자신의 주 관심사를 수단과 기술의 변형을 통해 일관되게 간직해 왔었음을 고백하고 있다.

---

8) 필자 역시 졸고 「역사적 소재의 희곡적 수용」(한봉흠 박사 회갑기념 논총 1988에 수록)과 「분단시대의 작가 하이너 뮐러의 역사극에 나타난 독일 분단의 모습」(독일어문학 제4-1집, 1996에 수록)에서 이와 같은 입장을 견지하였다.

제가 언제 어디서나 항상 반복해서 이야기하는 것은 저에게 핵심적인 사항일 뿐입니다. (GI2. S. 86)

작품 평가를 연대기식으로 할 수 있는 것인지 모르겠다. 왜냐하면 대부분의 내 작품들은 매우 오래된 작품 구상과 계획에 바탕을 둔 것들이기 때문이다. 내가 앞으로 쓰고자 하는 8개 작품들의 주제 중에는 내가 이미 20년 전부터 써 오고 있는 것들도 있다. 주제의 지속성이라기보다는 수단과 기술의 발전이라고 해야 한다. 처음부터 작품의 방향과 작품 구상이 되어 있는 것은 시간이 허락하는 한 실천에 옮겨지게 된다. 내용적인 발전은 별로 없다. (GI2. S. 22f.)

이처럼 뮐러는 자신의 작품을 시기별로, 주제별로 구별하는 시각에 동의하지 않는다. 작가는 항상 하나의 작품에 매달리기 마련이며, 그 속에서 펼치지 못했던 것들이 어느 순간 폭발적으로 튀어나오게 되어 첫 작품이 뒤에 쓰는 모든 작품들을 포함하기 마련이지만, 그 형식이 아직 무르익지 않은 형태를 취할 뿐이라는 것이 뮐러의 입장이다. 뮐러는 이러한 사례로 셰익스피어를 들고 있다. (GI2. S. 134 참조)[9]

작가 스스로의 말처럼 뮐러는 말년의 마지막 두 작품(『볼로콜람스크 국

---

9) 뮐러가 인터뷰를 통해 밝힌 이러한 입장과 자서전을 통해 자신의 작품 집필 동기와 공연에 얽힌 사연들을 밝힌 바에 의하면, 특히 동독건설 과정에서 집필한 초기의 생산 현장극에 대한 서독 평론가들의 시각, 즉 열렬한 공산주의자인 뮐러가 사회주의 국가로 출범하는 동독 정권에 적극 동참하는 차원에서 『Lohndrücker』를 집필하였다는 종래의 입장은 재조명되어야 마땅할 것이다. 뮐러는 새 시대에 걸맞은 드라마투르기로 영웅 없는 드라마를 집필했으나, 주인공 Balke는 긍정적인 노동영웅으로 오해된 채 수용되었다.

도』, 『게르마니아 3』)에서도 이미 이전에 다루었던 해묵은 소재들을 분단과 "독일의 참상"이라는 주제하에 새롭게 변형된 방식으로 다루고 있다. 지금까지 살펴본 바와 같이 뮐러의 작품을 바라보는 종래의 시각에는 수정되어야 할 부분들이 있음을 인정하지 않을 수 없다. 이제 흡수 통일 과정을 지켜보고, 자신이 극구 반대했던 흡수 통일이 이루어진 후 외형적으로 통일이 된 독일의 모습 속에서 뮐러가 읽어 낸 분단과 "독일의 참상"을 그의 마지막 작품 『게르마니아 3 죽은 자와 유령들』에서 살펴보자.

2. 분단의 상징 : 장벽 〈한밤의 남자들〉

뮐러는 1988년 한 인터뷰에서 자신의 다음 작품은 2차 대전과 히틀러, 그리고 스탈린에 관한 작품이라고 밝힌 바 있었다.[10] 스탈린주의에 대한 비판은 이전의 작품에서도 있었지만[11] 소련의 붕괴 이전까지 소련의 강력한 영향력 아래에 있었으며, 모스크바의 노선을 충실히 따르던 동독 공산당이 존재하는 상황에서 스탈린과 스탈린주의를 본격적으로 다룰 수 없었던 뮐러는 이제 이러한 주변 여건이 변화된 상황에서 스탈린과 히틀러의 본질을 가차 없이 드러내면서 독일의 분단과 참상을 보여 주고 있다.

첫 장면 〈한밤의 남자들 Nächtliche Herrschau〉의 극중 장소는 흔히 분단의 상징으로 일컬어지는 '베를린 장벽'의 동베를린 측 초소이다. 그리고 극중 인물은 동독의 초대수상 발터 울브리히트(1893~1973)와 동독 공산당의 전신인 독일 공산당 KPD의 의장이었고 바이마르 공화국 시절 KPD의 대통령

10) GI2. S. 136.

11) 『게르마니아 베를린에서 죽다』의 〈스탈린 헌사 1, 2〉.

후보이자 1933년 나치의 집권과 더불어 체포되어 수용소를 전전하다 1944년 부켄발트(Buchenwald) 수용소에서 처형되었던 에른스트 텔만(1886~1944)이다.

베를린 장벽은 1961년 8월 13일에 설치되었으니 텔만의 장벽초소 근무는 뮐러의 가상현실이다. 1989년 11월 9일 붕괴된 베를린 장벽은 28년간 독일 분단의 상징으로 존재하였지만, 장벽에 관한 뮐러의 시각은 양면적이다. 냉전의 산물인 장벽설치는 철저한 공산주의자인 뮐러에게는 "자본주의 서방 측의 경제 공격에 대한 정당방위였고, 시간을 멈추려는 시도"였다.[12] 자본주의에서 시간은 경제적인 카테고리이며, 자본주의의 목표는 더 적은 시간에 더 많이 생산하는 것, 즉 끝없는 성장인 것이다. 그러나 자본주의의 대안으로 제시된 사회주의는 인간적인 측면을 중시하며, 자본의 자기 증식 논리에 따르는 성장 위주의 속도가 아니라, 인간의 생태적인 속도를 지향한다. 이와 같은 입장에서 볼 때, 장벽은 뮐러에게 정당방위의 산물이다. 그러나 시간의 보호막 구실을 하기 위한 장벽은 점차 독일 사회주의의 무덤으로 변모해 갔다. 장벽을 보는 시각이 이처럼 긍정적 시각에서 부정적 시각으로 바뀌게 된 것은 사회주의 동독 정권 40년간을 체험한 결과였다.

고도로 농축된 첫 장면의 대사들을 이해하기 위해서는 그 대화의 공간인 장벽에 대한 이해가 선행되어야 하며, 이를 위해서 소련의 대동독 정책과 동·서독 간의 냉전시기의 상황을 바라보는 뮐러의 시각을 살펴보아야 할 것이다. 뮐러는 『게르마니아 베를린에서 죽다』의 한 대목인 〈성스러운 가족〉에서 서독의 탄생을 이미 묘사한 바 있다. 공산권에 대한 방파제 기능을

---

12) KoS. S. 365 참조.

바라는 세 연합국의 주시 속에서 태어나는 서독을 끔찍한 기형동물인 늑대로 묘사함으로써 뮐러는 서독이란 국가의 탄생을 일그러지고 비정상적인 독일 현대사의 모습으로 바라보고 있었다. 혁명 과정을 거치지 않고 탄생한 동독 또한 동정녀 마리아의 성령잉태에 비유함으로써 동독의 탄생이 결코 일치와 단결 속의 탄생이 아니라, 태어날 때부터 "질시와 반목"의 싹을 갖고 있었음을 보여 준 바 있었다.[13] 이러한 동·서 냉전의 산물로 태어난 동독은 소련이 파생시킨 한시적인 국가였다는 것이 뮐러의 입장이다. 동독은 서방 속의 군사적 비엄호지대(Glacis)로서 더 부유한 서독의 경제적 영향권을 견뎌 내기 어려웠고, 동·서 냉전의 중간지대에 위치한 폴란드의 점진적 불안 때문에 소련도 또한 포기하기 어려운 그런 나라였다. 따라서 스탈린의 정책은 정복이 아니라 현상의 고착이었다.[14] 스탈린의 목표는 독일의 중립화였으며 소련에서처럼 계급투쟁이 아닌 인민전선의 형성을 원했기 때문에 이러한 소련식 노선을 충실히 따르려는 울브리히트가 자연히 정권을 잡게 된 것이었다. 모든 계층을 감싸 안는 스탈린식 문화 정책인 인민전선, 즉 부르주아 문화를 감싸 안는 일종의 인민공동체를 형성하려는 정책을 울브리히트는 따라간 것이었다. 그 결과 동독에서도 전통적이고 보수적이며 부르주아적이었던 대학교수들과 연합하는 인민전선을 형성할 수 있었다. 개혁을 추구했던 마르크스주의자들, 특히 문화·예술계의 마르크스주의자들이 전통적인 문화·예술인들과의 투쟁에서 패배하고 만 것이다. 그리고 마르크시즘은 국가와 당에 의해 점차 해체되어 갔다. 혁명적인 논의들은

---

13) 졸고 『분단시대의 작가 하이너 뮐러의 역사극에 나타난 독일 분단의 모습』〈독일어문학〉 제4-1집, 1996, S. 91f. 참조.

14) KoS. S. 362 참조.

국가에 의해 질식되었다. 스탈린이 원했던 대로 독일의 인민전선, 민족전선, 일종의 인민공동체가 형성되었고, 울브리히트가 선두에 나서서 '사회주의적 인간 공동체(Sozialistische Menschengemeinschaft)'를 주창했으며, 계급투쟁은 더 이상 주창하지 않았다. 계급이란 더 이상 존재하지 않게 되었다. 이와 같은 노선은 문화정책의 세밀한 부분까지 관철되었으며, 결국 좌파 예술가들의 저항을 불러 일으켰지만 오직 전통적인 것, 부르주아적인 윤리, 부르주아적인 예술개념만이 허용되었다. 국민총화를 이루어야 한다는 생각, 모든 계층의 국가건설 참여를 이루어야만 한다는 생각 때문에 민족적 관점이 강조되었고, 이 노선의 추구자들은 그런 조치를 통해 부르주아 계층을 얻을 수 있으리라는 환상을 갖고 있었다. 심지어 전직 나치들까지도 합류시킬 수 있으리라고 믿고 있을 정도였다. 그러나 이런 노선은 애초부터 전망이 없었다는 것이 뮐러의 견해이다. 우선 경제부문에서 실패할 수밖에 없었는데, 그 원인은 이들 부르주아들의 반공의식이 뚜렷했기 때문이라고 뮐러는 강조하고 있다.[15)]

따라서 이러한 울브리히트의 문화혁명적 조치 이후, 동독 변혁세력들의 전략은 지식인들이 노동자들과의 접촉을 기피하는 것이었으며, 이로 인해 계층 혹은 계급들은 서로 분리되고 말았다. 이러한 사회주의체제 내의 변혁세력들은 추후 조직적으로 제거되었고, 뮐러는 1956년 헝가리 사태가 이미 사회주의의 끝이었다고 보고 있다.[16)]

스탈린의 노선을 충실히 따르는 울브리히트 정권의 경직된 문화정책은 장벽에 관한 볼프 비어만(Wolf Biermann)의 드라마에 내려진 상연금지 조치에서도 확인된다. 비어만은 1960년대에 '베를린 노동자 극단(Berliner Arbeiter

15) KoS. S. 127 참조.

16) KoS. S. 130f. 참조.

Theater)'을 만들고 1961년에 『한 베를린 신부의 길 Berliner Brautgang』이란 작품을 썼다. 이 작품은 자본주의적인 수렁에 빠진 한 여인이 장벽 때문에 수렁에서 빠져나올 수 있게 된다는 내용으로, 장벽설치에 대한 긍정적 입장을 보여 준다. 그러나 이 작품은 상연금지 조치를 당했다. 장벽설치에 대한 찬성조차도 터부시할 정도로 당시 동독 정권이 경직되어 있었음을 보여주는 좋은 사례이다. 당시 정권은 이런 작품이 교묘하게 집필되어 겉으로는 찬성 입장을 취하면서 그 속에 정권비판을 담고 있을지도 모른다고 여겨 그 가능성을 원천봉쇄하려 했다.[17] 장벽설치를 찬성하는 작품조차도 금지시킬 정도로 경직된 동독 정권은 결국 본래의 인간 생태적 속도를 지향하던 자세를 점차 망각한 채, 자본주의 경제를 추월하려고 시도했지만, 서독 경제를 따라잡을 수 있다는 예측이 결코 실현되지 않음을 인식한 동독 국민들에게 버림을 받음으로써, 이미 오래전부터 보호막이 아니라 격리와 차단의 막으로 변질되어 버린 장벽의 빗장을 스스로 열 수밖에 없게 된 것이다.

이제까지 살펴본 바와 같이 장벽은 인간 중심의 인간 생태적 속도를 유지하기 위한 보호막으로서 긍정적 측면을 가지고 있었지만, 그 장벽 안에서의 삶이 개혁과 변혁을 소화시키지 못하는 경직된 모습으로 나타날 때는 감옥의 장벽에 불과할 뿐이다. 뮐러가 베를린 장벽 혹은 철의 장막을 "시간의 장벽"[18]이라고 명명한 것은 위의 문맥을 통해 쉽게 이해될 수 있다.

이제 울브리히트의 상대역으로 텔만을 설정한 측면을 살펴보자. 뮐러의 표현을 빌리자면 울브리히트는 집권 과정과 집권 이후를 통해 동독을 "소련의 식민지"로[19] 전락시킨 책임을 담당해야 할 인물이다.

---

17) KoS. S. 131 참조.

18) Heiner Müller : Jenseits der Nation, Berlin 1991, S. 39.

반면 텔만은 1944년 부켄발트 수용소에서 살해당할 때까지 독일 노동운동의 선봉에서 활동하다가 사회주의 동독의 탄생을 목전에 두고 유명을 달리한 노동운동가이자 독일 공산당의 수상 후보였다. 두 사람 모두 수용소 체험을 공유하고 있으며, 울브리히트가 사회주의를 몸소 실천하고 있는 사람이라면, 텔만은 사회주의를 이상으로 간직하여 왔을 뿐, 실제의 사회주의를 체험하지는 못한 사람이다. 따라서 두 사람의 대면은 이상과 현실의 만남에 비유될 수 있다. 텔만의 시각을 통해 뮐러는 동독 정권과 장벽에 대한 자신의 총체적 시각을 응축시켜 드러내고 있다. 또한 이미 죽어 버린 자를 등장시키는 것은 뮐러가 자주 언급하는 소위 "죽은 자들에 대한 맹세"와 관련이 있으며, 문학적으로는 뮐러 스스로 독일문학의 전통이라고 지적한 "독일 분단 드라마"의 전통을 잇고 있다.

뮐러는 독일적 전통이라는 관점에서 "독일 분단의 드라마"란 표현을 사용하고 있으며, 『니벨룽겐』부터 『떼도적 Die Räuber』, 『파우스트 Faust』, 『당통의 죽음 Dantons Tod』, 『고트란트 Gotland』, 『팟쩌 Fatzer』까지를 독일의 전통이라고 보고 있다. 즉 쉴러의 프란쯔 모어(Franz Moor)와 카를 모어(Karl Moor), 괴테의 파우스트(Faust)와 메피스토(Mephisto), 뷔히너의 당통(Danton)과 로베스피에르(Robespierre), 그라베의 고트란트(Gotland)와 흑인 베르도아(der Neger Berdoa), 브레히트의 테러리스트 코호(Koch)와 아나키스트 팟쩌(Fatzer)처럼, 뮐러의 울브리히트(Ulbricht)와 텔만(Thälmannn) 역시 분단의 양상을 띠는 지극히 독일적인 전통을 이어받고 있다.[20]

"죽은 자들에 대한 맹세"에 관해서는 뒤에서 상론하기로 하고 여기에서

19) Heiner Müller : Zu Lage der Nation, Berlin 1990, S. 32.
20) KoS. S. 314 참조.

는 우선 두 사람의 대화 내용을 살펴보기로 하자.

울브리히트와 텔만을 장벽 초소의 보초병으로 등장시킨 것은 상식을 벗어난 설정이다. 동독의 최고 통치자가 말단 병사의 직무를 수행한다는 설정은 소위 사회주의 리얼리즘의 창작노선을 완전히 벗어나 있다. 이는 현실을 있는 그대로 보여 주지 않고 왜곡시킴으로써 관객들이 현실을 올바르게 인식할 수 있도록 거리감과 생소함을 불러일으키려는 브레히트 식의 소외효과를 노리는 뮐러의 변형된 수법으로 풀이된다. 만일 죽지 않았으면 동독 정권의 최고 권력의 지위에 오를 수 있었을 텔만으로 하여금 독일 민족 분단과 "독일의 참상"의 상징인 장벽이라는 비뚤어진 현실과 맞부딪치도록 하여 동독 정권의 모순을 직시하도록 하고, 이 참상의 원인 제공자인 울브리히트에게 단도직입적으로 질문을 던질 수 있도록 하기 위한 것이다. 텔만의 첫 대사는 그가 이미 동독의 참상을 알고 있음을 알려 준다. 그가 꿈꾸어 왔고 쟁취하기 위해 목숨까지 던졌던 사회주의 독일은 이미 사망하여 장벽이라는 무덤 속에 묻혀 있다. 애도의 화환은 철조망이 대신하고 있고 조포는 살아남은 자들에게 발사된다. 개를 앞장세워 자국민들을 진압하는 모습은 나치와 스페인의 군사파쇼 정권의 빨갱이 사냥과 같다. 나치 시절 수용소 체험을 공유한 울브리히트에게 텔만은 과거 나치 정권이 사회주의자들에게 휘둘렀던 폭력과 억압을 왜 똑같이 반복하고 있는지 묻지만, 대답 대신 대안을 제시해 보라는 울브리히트의 요구에 텔만 역시 할 말이 없다. 울브리히트는 자조적인 말투로 자신들이 이룩한 사회주의의 빈약한 삶의 모습을 원거리 지역난방, 텔레비전, 소형 승용차를 갖춘 모습으로 묘사하지만, 스스로도 가족들의 인간적인 모습을 갖춘 가정이라는 표현보다는 "생식을 위한 공간"이라는 표현을 사용함으로써, 자신들이 이룩한 사회주의의 참상을 애써 외면하려 하지는 않는다. 서베를린으로 탈주하려다 체포된 자가 자신의 구역에서 잡히지 않았기를 바라는 울브리히트의 자세에서 노동자와 농민이 주인인 사회주의 국가를 향한 열정 같은 것은 찾아볼 수 없다.

체포된 젊은이와 울브리히트 사이에 오간 짧은 대화는 동독의 젊은 세대와 통치권자 간에 의사소통이 완전히 단절되어 있음을 암시해 주고 있다.

> 울브리히트 : [⋯] 우리가 너희들에게 무엇을 더 해 주어야 한단 말이냐?
>
> 도망자 : 다음번에는 이런 실수를 하지 않을 것이다.
>
> (Germania 3. S. 8)[21]

스페인 내전 당시 테루엘 전투에 관한 텔만의 대사는 살육을 위한 살육을 반복하는 독일인의 야만적 행위에 대한 언급이며, 이는 『살육』의 〈내겐 한 전우가 있었네〉, 그리고 『게르마니아 베를린에서 죽다』의 〈스탈린 헌시 1〉의 연장선상에 있다. 니벨룽겐의 교훈을 망각한 채 독일인이 야만적인 살육의 역사를 반복하고 있음을, 전사적(Vorgeschichte)·빙하기(Eiszeit)적 만행을 독일인이 반복하고 있음을 뮐러는 히틀러가 프랑코에게 보내준 독일제 수류탄에 온몸이 갈기갈기 찢긴 모로코 병사의 시체가 나뒹구는 테루엘 전투를 통해 다시 한번 환기시켜 주고 있다. 이들 역시 니벨룽겐의 기사들처럼,

---

21) 탈주자의 대사는 뮐러 자신의 작품 『게르마니아 베를린에서 죽다』의 〈길거리〉에 나오는 상이군인 EINARM의 대사 "Smolensk, Kamerad. Das nächste mal besser"의 인용이다. 전쟁에는 패배했으나 전투에서는 패배하지 않았다는 나치 군대의 신화적 허상, 즉 나치의 잔재가 청산되지 못한 채 동독이 출범하였다는 사실에 대한 암시로서의 대사가 사회주의 동독을 벗어나려는 젊은이의 입에서 발설됨으로써, 2차 대전 직후 동독의 상황과 사회주의가 상당 기간 실시된 이후 동독의 상황이 크게 달라지지 않았음을 보여 주고 있다.

스탈린그라드 전투의 병사들처럼 누가 그들의 진정한 적인지도 모른 채 살육을 위한 살육이라는 빙하기적 야만행위를 반복하고 있음을 뮐러는 텔만의 입을 통해 증언한다.

> 텔만 : 부켄발트 수용소에서 한 동무가 내게 스페인 내란 이야기를 해 주었네. 테루엘 전투가 끝나고 우리 독일제 수류탄을 맞고 사지가 찢어진 채 죽은 모로코 군인들의 시체들을 보고 속이 뒤집어져 구토할 수밖에 없었다고. 전투에서는 승리했지. 그런데 그들의 적이 누구인지를 그들이 어떻게 알 수 있단 말인가? (Germania 3. S. 8)

텔만의 테루엘 전투 언급은 탈주자들을 사살하는 동독 정권의 행위를 위에서 언급한 빙하기적 야만행위에 견주는 것이며, 이에 대해 울브리히트는 체포된 자는 죽지 않았으므로 문제될 것이 없고 재교육을 통해 해결된다는 입장을 취한다. 야만적 행위에 관한 인식의 차원은 찾아볼 수 없다. 이러한 재교육이 감옥 속에서 이루어진다는 것은 자명한 일이다. 동독의 참상과 분단현실을 목격하고, 독일 사회주의의 무덤을 바라본 텔만의 마지막 대사는 대단히 비관적이다.

> 텔만 : […] 우리가 무얼 잘못했단 말인가? (Germania 3. S. 8)

지문을 통하여 로자 룩셈부르크 암살에 참여한 포겔(Vogel) 소위와 헌병 룽게(Runge) 그리고 로자 룩셈부르크를 등장시킴으로써, 뮐러는 프로이센 제국 말기의 극우 세력들에 의한 빨갱이 사냥을 상기시켜 주고 있다. 이는 개혁세력에 대한 박해가 프로이센, 역사 흐름, 나치시대를 거쳐 사회주의 동독에까지 그대로 이어져 오고 있음을 암시하는 것이다.

3. 제2차 세계대전 : 독일의 참상

뮐러는 『게르마니아 3』의 상당 부분을 2차 세계대전에 관한 장면들로 채우고 있다. 독일 민족 최대의 참상이었던 2차 대전에 관한 작품들이 얼마 되지 않는다는 지적과 함께, 2차 대전을 바라보는 새로운 시각을 제시하는 것이 작가의 의도이다. 따라서 뮐러는 다양한 관점에서 2차 대전을 조명하고, 소련과 동독의 붕괴와 더불어 완전히 자유로운 상태에서 2차 대전이라는 "독일의 참상"을 새로운 각도로 관객들에게 제시하고 있다.

뮐러는 우선 독일군 병사들을 고발의 대상으로만 여기는 것은 올바르지 못하다는 입장에서[22] 지금까지 우회적으로 행해지던 스탈린과 스탈린주의에 대한 비판을 거침없이 직접적으로 하고 있다. 뮐러는 이 작품을 쓰기 이전에 이미 자신의 심정을 토로한 바 있다. 셰익스피어를 자주 다루는 이유를 묻는 질문에 뮐러는 두 가지를 언급했다. 첫째는 10여 년간 당대의 동독 현실을 다룬 작품을 상연할 수 없었기 때문이고, 둘째는 멕베스를 통해 스탈린에 관해 많은 이야기를 할 수 있기 때문이라고 했다.[23]

> 그러나 이제 당대의 지하실에 있는 시체에 대해 말할 수 있고, 말해야만 하는 시점이 왔다고 믿는다. 이제 더 이상 멕베스를 각색할 필요가 없게

22) KoS. S. 345 참조.
23) GI2. S. 135.

되었다. 이제는 스탈린에 관해 모든 것을 쓸 수 있게 되었다.[24)]

1988년에 행한 이 인터뷰에서 뮐러는 자신의 다음 작품구상을 분명히 밝히고 있다.

> [⋯] 내 다음 작품은 베를린과 스탈린그라드를 무대로 할 것이며, 주인공 중 한 명은 스탈린이다.[25)]

1) 스탈린 비판 : 〈탱크 전투〉

스탈린을 정면으로 다룬 장면 〈탱크 전투 Panzerschlacht〉에서 뮐러는 "피의 숙청"이라 불리는 스탈린의 잔인한 정적 제거와 히틀러와의 "독소조약" 체결 과정의 내면에 흐르는 고독한 독재자의 불안과 초조를, 의식의 흐름을 좇아 독재자의 내면을 드러내는 수법으로 묘사하고 있다.

스탈린의 내면을 드러내기 위해서 뮐러는 모든 장면을 자문자답의 형식으로 가져가고 있다. 자신이 제거한 정적들은 편안히 잠들어 있는 데 반해, 고독한 독재자는 한밤중에 홀로 술을 마시며 불안과 초조에 떨고 있다. 트로츠키를 도끼로 살해하고 부카린을 고문 끝에 처형하여 권력을 독식하는 데 성공하였고 지구의 6분의 1을 손아귀에 장악하였지만, 스탈린의 목을 조르는 것은 바로 이 제거된 자들이 품었던 꿈들이 이 세상의 밑바닥에서 꾸미는 음모들이다.

---

24) GI2. S. 135f.

25) GI2. S. 136.

스탈린 : […] 죽은 자들은 편안하게 자고 있어. 그놈들은 지하에서 음모를 꾸미고 있지. 그리고 그들의 꿈들이 우리들의 목을 조르고 있다고. […] (Germania 3. S. 9)

비밀경찰을 통해 국민들과 정적들을 감시하는 정보정치에 대한 비판은 뮐러 특유의 짧고 간결한 비유로 이루어지고 있다.

정보정치란 어린애들 장난입니다. 종이로 된 서류가 바위를 때립니다. 자신의 서류상 기록보다 더 무게가 나가는 사람은 아무도 없습니다, 잉크에는 피가 배어 있지요. 레밍턴 타자기가 모젤 권총을 대신하고 모든 서류상의 기록들은 성서처럼 신성합니다. (Germania 3. S. 10)

개인의 신상에 관한 비밀경찰의 파일이 그의 목숨을 좌우하고, 그 파일을 작성하는 펜의 잉크는 이미 피를 머금고 있다. 그리고 레밍턴 타자기의 일타 일타는 모젤 권총을 한 발 두 발 발사함에 다름 아니며, 개개인에 관한 파일은 성경처럼 신성불가침의 존재인 것이다. 이에 대해 스탈린은 레닌과 함께 뿌린 사회주의의 씨앗을 싹틔우기 위해 자신이 행한 피의 숙청, 중공업 발전을 위한 농촌의 식민지화, 그리고 수많은 농민들을 희생시켰던 사실을 합리화한다.

만일 우리들의 씨앗이 싹을 틔우지 못한다면 어찌 될 것인가? 레닌 동지, 난 이 나라에 피거름을 주었소. 내 뼈 방아 속에서 한 산업체를 인간들의 몸뚱이로 으깨어 버렸소. 나 위대한 스탈린, 여러 민족들의 지도자가.

(Germania 3. S. 10)

스탈린의 자기변명은 새로운 인간을 창조하기 위해 낡은 인간들을 숙청하지 않을 수 없다는 논리로 계속된다.

인간은 시원찮은 물질이야
장화 밑의 개미와 같지
낡은 것들을 숙청하지 않는다면
어떻게 내가 모가지가 삐딱한
나태한 러시아 대중들을
새로운 인간으로 창조할 수 있겠나
내일을 위해 어제를 희생해야지
대량 숙청은 미래를 위함이지
새로운 살에서 임신된 인간들이야말로
시대가 필요로 하는 인간들이지 (Germania 3. S. 10f.)

활기 없고 나태한 러시아 민중을 가축 장화 밑의 개미에 비유하며, 새 시대가 필요로 하는 인간들로 채우기 위해 폭력적 만행을 정당화하지만, 실제의 스탈린은 중공업 제품 생산보다 국가 반역자들을 양산하는 데 우선권을 두었었다는 것이 뮐러의 시각이다. 이러한 상황이 조성된 이유를 뮐러는 여러 가지 조건이 무르익지 않은 상태에서 너무 일찍 러시아의 사회주의가 실시되어 법치가 아닌 인치 현상이 빚어진 것에서 찾고 있다. 이 때문에 사회주의 제도의 안정을 위해 인간은 완전히 파괴된 것이며, 스탈린 개인

우상주의와 더불어 국가 반역자의 양산이 이루어졌다.[26)]

그러나 뮐러가 그리는 스탈린의 모습은 고독한 독재자, 무기징역을 선고받고 감방에 갇힌 외로운 인간이며, 국민들이 자신을 저주하며 자신의 죽음을 기다리고 있다는 사실도 알고 있는 독재자이다. 그러나 그의 고민은 자신에게 충고해 줄 사람도 없으며, 설사 자신이 자아비판식으로 자신에게 사형선고를 내린다고 하더라도, 정적을 찾아내려는 함정으로 알고 사형 집행을 꺼릴 것이라는 점이다. 역설적으로 스탈린을 배반할 수 있는 사람은 스탈린 자신 이외에는 아무도 없다는 결론이 나오고 마는 것이다.

자본주의 서방 측과 대결하고 있는 사회주의 소련의 입장에서 스탈린은 히틀러와 손을 잡음으로써 히틀러로 하여금 영국의 처칠을 제거하도록 하는 수법, 마귀로 마귀를 내쫓는(Der Teufel treibt man mit dem Teufel aus) 수법을 강구하지만, 히틀러의 소련 침략에 스탈린은 당황하지 않을 수 없다. 당황하는 스탈린을 보는 뮐러의 시선은 냉소적이다. 많은 장성들을 처형시킨 것을 후회하기도 하지만, 전시에 배반당하여 등 뒤에서 비수에 찔리는 것보다는 차라리 일찍 죽여 버린 것이 더 낫다고 생각할 정도로 정적에 대한 스탈린의 불신은 뿌리 깊다.

등판에 칼침을 맞는 것보다는
한 놈 더 미리 죽이는 게 낫지. (Germania 3. S. 12)[27)]

---

26) Heiner Müller : Zu Lage der Nation, S. 15 참조.

27) "Dolch im Rücken"은 히틀러가 말한 "Dolchstoßlegende"의 변형인데, 히틀러는 1차 대전의 패배가 공산주의자들의 후방에서의 난동, 즉 등 뒤에서 단도로 찌르는 행위 때문이었지, 독일군의 전투능력 때문은 아니었다고 주장했는데, 이 대목에서는 실제로 공산주의자들이 스탈린의 등을 단도로 찌르는 자들로 설정되기 때문에 스탈린과 히틀러

독일에서의 사회주의 혁명을 애타게 꿈꿨으며 독일의 프롤레타리아들에게 애정을 쏟았던 레닌과 세계혁명 노선을 주장했던 트로츠키의 계산이 틀렸음을 질책하는 스탈린이지만, 이제 그는 위대한 스탈린이 아니라 이마에 식은땀을 흘리고 자신의 그림자에도 놀라는 허둥대는 인간에 불과하다.

내 이마에 식은땀은 웬일이지.
내가 위대한 스탈린이라는 걸 잊었군.
내 그림자를 두려워하고 있다니. (Germania 3. S. 12)

히틀러의 소련 침략을 보는 스탈린의 시각은 역설적이게도 긍정적이다. 스탈린이 양산한 내부 적들의 시선은 이제 외부로 쏠리게 될 것이며, 스탈린에 대한 저주의 시선은 히틀러에 대한 저주로 옮겨 가면서 스탈린에 대한 저주를 사랑으로 바꾸어 놓게 될 것이다. 히틀러의 침략으로 흘리게 될 소련 인민의 피는 스탈린이 저지른 피의 숙청이라는 오명을 말끔히 지워 주게 될 것이다. 스탈린이 내쫓은 시베리아의 유형지에서 수용소 생활로 단련된 국가반역자들은 히틀러의 독일군을 격퇴시킬 수 있을 만큼 충분히 단련되어 있으며, 이들은 히틀러를 반기고 있다. 왜냐하면 외적의 침입을 막기 위해 스탈린은 이들을 전선에 투입할 수밖에 없으며, 전선투입은 수용소에서의 석방을 의미하기 때문이다.

히틀러, 어제의 내 친구, 형제 히틀러.

는 다 같이 찔리는 입장이며, 찌르는 자들은 두 사람의 입장에서 모두 나쁜 공산당 놈들에 해당되는 셈이다.

내 마을들을 불 지르는구나. 잘하는 짓이다.

그들은 너를 저주하니까. 그들은 나를 좋아하게 될 것이다.

너의 핏자국은 내 이름을 하얗게 씻어 주겠지.

[…]

나의 등은 아시아, 나의 늑대들은 너를 기다리고 있지.

그들은 내 수용소에서 단련을 배웠지.

너의 전쟁은 그들이 석방될 수 있는 희망이지.

너의 탱크들이 남긴 자국을 따라 독일로 진격하겠지. (Germania 3. S. 13)

뮐러의 스탈린 결산은 스탈린과 히틀러를 한 형제로 보는 것이며, 스탈린의 계산을 뮐러는 다음 장면인 〈지그프리드 폴란드에서 온 한 유대여인 SIEGFRIED EINE JÜDIN AUS POLEN〉에서 구체적으로 보여 주고 있다.

2) 스탈린그라드 전투의 재조명 : 〈지그프리드 폴란드에서 온 한 유대여인〉

뮐러는 이미 앞선 작품 『살육』, 『게르마니아 베를린에서 죽다』에서 전사적(前史的) 야만행위를 저지르며 "독일의 참상"을 빚어낸 독일군의 스탈린그라드 전투를 다루면서, 이를 니벨룽겐의 교훈을 망각한 소치라고 비판한 바 있었다.[28] 『게르마니아 3』에서 뮐러는 다시 한번 스탈린그라드 전투를 다루면서 소련 병사들과 독일 장교들의 시각을 도입하여 "독일의 참상"을 이전보다 더 깊이 있고 다양하게 보여 준다. 소련 병사의 눈으로 바라보는 장면에 등장하는 두 명의 병사 중 병사 2는 스탈린에 의해 수용소로 유배당

28) 이에 관해서는 졸고 『역사적 소재의 희곡적 수용』 S. 466ff. 참조.

했던 소련군 장교 출신으로, 히틀러의 침공으로 수용소 생활을 마감하고 전선에 사병으로 투입된 군인이다. 국가반역자로 낙인찍혀 수용소로 유배당했었지만, 병사 2는 스스로를 조국을 배반한 자로 생각하지 않으며, 히틀러에 대한 저주와 마찬가지로 스탈린에 대한 저주도 망각하지 않는다. 그에게 히틀러와 스탈린은 모두 러시아 민중의 피를 흘리게 만드는 장본인들일 뿐이다.

1 : 동무, 새로 왔군. 어디서 왔지?

2 : 수용소

1 : 죄목은? 살인, 절도?

2 : 배반자.

1 : 그래, 누구를?

2 : 러시아는 아니지.

1 : 자네한테는 누가 나은가? 히틀러 아니면 스탈린?

2 : 손에 피 칠한 것은 둘 다 마찬가지지, 우리들의 피 말이네.

1 : 어버이들의 매질은 낯선 사람의 매질과는 다르지.

2 : 그리고 피 맛은 쓰디쓰지. 조심해, 독일 놈이다. (사격한다.) (Germania 3. S. 15f.)

병사 2가 사살한 독일군은 아주 어린 소년이었고, 이를 측은하게 여긴 병사 1은 시체를 눈으로 묻어 주려는 인간적인 면모를 보인다. 더욱이 죽은 독일군의 장화 속에서 횔더린(Hölderlin)의 비극『엠페도클레스 Empedokles』 소책자가 발견되고, 병사 2가 자살을 앞둔 엠페도클레스의 고민하고 번뇌하는 대목을 낭송하면서 전쟁을 도발한 독일군에 대한 적의보다는 어린 소년으로서 전쟁터에서 죽은 한 인간에 대한 애도의 감정이 뭉클 솟아나게 된다. 그러나 뮐러는 다음 순간 이런 감정을 반전시켜 버린다. 7명의 소련 빨치산들이 교수형을 당하는 모습과 이를 보고 웃고 있는 죽은 독일군의 사진 한 장이 발견되면서 죽은 독일군에 대한 병사 1의 감정은 돌변하고, 묻어 주려던 시체에 병사 1은 침을 뱉는다. 그러나 뮐러는 병사 2의 대사를 통하여 죽은 독일군 역시 히틀러의 거짓 선전에 속은 희생자일 수 있음을 일깨워 줌과 동시에, 자신이 겪은 수용소의 혹독했던 참상이 히틀러가 저지른 전쟁의 만행보다 결코 덜하지 않았음을 증언한다.

수용소의 정치범들에게 독일군의 침공은 앞 장면의 스탈린의 계산대로 행운을 의미한다. 스탈린에게도 정적 제거보다는 조국이 우선이기 때문이다. 조국을 히틀러로부터 지켜 내기 위하여 스탈린에게서 멍들고 골병든 몸이지만 전선에서 복무하는 것이며, 조국수호의 공은 물론 스탈린에게로 돌아간다는 말에 병사 1은 할 말을 잊는다.

2 : […] 독일군이 침공해 온 건 내게는 행운인데, 조국 러시아를 구하는 게 수용소보다 더 중요하기 때문이지. 그리고 스탈린은 이미 세 번이나 스탈린에 의해 부러졌던 우리들의 뼈로 히틀러의 목을 부러뜨리는 거지.

1 : 아멘. (Germania 3. S. 18)

다음 장면에서 뮐러는 2명의 낙오된 독일군 장교의 눈을 통해 스탈린그라드 전투를 조명한다. 굶주림에 지친 소위와 대위는 비행기가 떨어트린 보급식량을 발견하고 좋아하지만, 한 중대 병력이 먹어야 하는 식량을 두

명이 먹어 없애는 데 대하여 대위는 지휘관으로서 양심의 가책을 느낀다. 그러나 이 두 사람은 자신들을 포함하여 7명밖에 남지 않은 중대병력의 손실을 상기시키는 소위의 현실적 사고에 동의하며 배를 채우게 된다.

현실적인 사고를 하는 소위는 독일의 소련 침공 동기를 석유와 밀이라는 자원을 확보하기 위한 것으로 꿰뚫어 보고 있는 반면, 관념적이고 부르주아적인 의식의 소유자인 대위는 히틀러가 주입시킨 그대로 '유럽을 공산주의로부터 지키기 위해 소련을 침공했다'고는 믿지 않지만 쉴러와 괴테를 배출한 조국 독일을 공산주의의 마수로부터 지켜야 한다는 점에는 동의한다. 뮐러는 대위를 통해 투철한 정치의식은 없지만 유태인 학살에는 공감하지 않는 평범한 독일 장교의 전형을 보여 주고 있다. 결국 이들은 굶고 있는 나머지 5명의 중대 소속 사병들에 대한 양심의 가책 때문에 참호로 돌아가 자살하고 만다.

알렉산더 클루게(Alexander Kluge)의 전쟁보고서를 각색한 이 장면은 『살육』의 〈내겐 전우가 있었네〉의 변형이다. 추위와 굶주림에 지친 동부전선이라는 설정, 굶주린 나머지 인간성을 팽개치고 동물의 본능으로 돌아가는 설정은 동일하나, 등장인물들의 계급을 사병에서 장교로 바꾸어 놓았다. 〈내겐 전우가 있었네〉의 초점이 독일군의 신화적 전우애라는 허상을 파괴하는 데 있었다면, 이 장면의 초점은 양심의 가책으로 자살하는 지휘관의 모습을 통해 인간성을 상실하고 괴로워할 줄 아는 독일군의 모습을 "독일의 참상"으로 부각시키려는 데 있다. 실제로 뮐러는 1990년의 한 인터뷰에서 다음과 같이 말하고 있다. "2차 대전 당시 전사한 독일군들은 모두 다 범죄자는 아니었고, 오히려 유혹당한 자들이라고 해야 합니다. […] 독일 장교들은 횔더린과 클라이스트를 읽었으며 도덕적 양심을 저버릴 수 없는 사람들이었습니다."[29]

뮐러는 2차 대전 "독일의 참상"을 『게르마니아 베를린에서 죽다』에서처럼 과거의 사건과 대비시킴으로써 2차 대전이라는 "독일의 참상"이 역사의 교훈을 얻지 못한 채 또다시 반복된 것이었음을 강조하고 있다. 소위와 대위가 참호 속에서 자살하고 난 후 클라이스트의 『홈부르크 왕자』의 마지막 장면이 나온다. 실정법을 어기긴 했어도 조국을 구했건만, 명령을 어긴 대가로 자신에게 돌아온 죽음을 기꺼이 받아들인 왕자 홈부르크는 왕의 배려로 살아난다. 그러나 파시즘이 저지른 야만적 전쟁 놀음으로 동물적 본능의 상태로까지 내몰린 상황에서 저지른 행위였음에도 불구하고, 도덕적 책임 때문에 자살하는 상황 자체를 제공한 나치 시대는 조국의 구원보다 명령 불복종을 중요시하는 프로이센 시대와 본질적으로 차이가 없다는 것이 뮐러의 시각이다.

스탈린그라드 전투 장면의 세 번째 시각은 독일군 병사들의 시각이다. 추위와 굶주림에 지친 세 명의 독일 병사들이 동료의 인육(人肉)까지도 거침없이 먹어 치우는 상황설정은 〈내겐 전우가 있었네〉와 동일하다. 다만 뮐러는 병사 1을 과거의 공산당원으로 설정하고, 히틀러 집권 이전인 1928년 바이마르 공화국 시절 독일 공산당이 저지른 수치스런 만행을 회상케 함으로써, 나치와 독일 공산당에 대한 비판을 동시에 가하고 있다. 1928년은 경제공황이 불어 닥친 시점이며, 수많은 실업자 중 한 명인 17세의 청소년이 범죄의 길로 빠져 들게 되고 한 끼의 식사를 위해 공산당의 반나치 선전에 참여한 후 경찰에 지명수배를 당하게 된다. 당은 당의 명예를 최우선으로

29) Heiner Müller : Jenseits der Nation Berlin 1991 S. 50.

설정하고, 소년을 잡아 당이 이제껏 투쟁해 온 경찰에 인계한다. 뮐러의 초점은 소년을 체포하기 위해 50명이 3일간 계곡을 샅샅이 뒤진다는 데 있으며, 당의 명예를 위한 명분이 사실은 시의회에서 공산당의 의석 수를 늘리기 위함이라는 데에 있다. 앞의 장면과 마찬가지로 이 장면에서도 뮐러는 독일 공산당이 벌인 사건들을 과거의 사건과 대비시키고 있다. 『게르마니아 베를린에서 죽다』의 〈스탈린 헌사 1〉은 니벨룽겐 기사들뿐만 아니라, 시저와 나폴레옹까지 전사(Vorgeschichte)적 야만 행위자로 등장시키고 있다. 이에 반해 이 장면에서는 등장인물이 크림힐드(Kriemhild)와 하겐(Hagen), 두 명으로 압축되어 있다. 반복되는 살육행위의 당사자들인 하겐과 크림힐드는 살육의 꿈에 늘 젖어 있는 자(크림힐드)와 살육의 도구로 전락한 자(하겐)의 모습으로 형상화되고 있다.

크림힐드 : 저기 살인자가 앉아 있군.

하겐 : 누구를 죽인 자인가요 부인?

크림힐드 : 내 남편의 살인자.

하겐 : 저 여자를 깨워. 꿈속을 헤매고 있다고. (Germania 3. S. 24)

그러나 뮐러는 역사의 교훈을 깨닫지 못하고 전사적 야만 행위를 반복하고 있는 독일인들을 관객들에게 직접적으로 히틀러, 독일군 장군의 군복, 소련군의 군복으로 제시함으로써 하겐과 히틀러의 장군, 그리고 크림힐드와 소련군을 모두 동일선상에 올려놓고 있다. 이들이 저지르는 야만적 살육행위가 전사적 차원에 머물고, 어쩔 수 없는 살육으로 이들을 내몬 것은 바로 야만적인 전사라는 것이 바로 뮐러가 보여 주고 있는 독일적인 참상인 것이다.

하겐 : (외투를 벗어 버리자 외투 속에 입고 있던 독일군 장군의 군복이 드러난다.) […]

크림힐드 : (외투를 벗어 버리자 외투 속에 입고 있던 소련군의 계급장 없는 군복이 드러난다. 그녀의 뒤에 스탈린의 그림자가 보인다.) (Germania 3. S. 27)

3) 히틀러 비판 : 〈사냥꾼의 뿔피리〉

〈탱크 전투〉에서 스탈린의 내면과 의식의 흐름을 좇아 스탈린의 본질을 해부했던 뮐러는 〈사냥꾼의 뿔피리 Es blies ein Jäger wohl in sein Horn〉에서는 히틀러의 내면과 의식을 해부하고 있다. 한없이 후퇴할 수 있는 시베리아의 넓은 땅과 혹독한 추위를 굳게 믿고 있는 스탈린을 비웃는 히틀러이지만 패전을 목전에 둔 히틀러의 푸념은 『게르마니아 베를린에서 죽다』의 〈성스러운 가족〉에서와 마찬가지로 겁쟁이들과 배신자들에 대한 분노이다.

전쟁터에서 전사한 사람들의 혼령이 사는 곳이라는 신화 속의 장소인 발할(Walhall)로 행선지를 정한 후, 히틀러의 과대 망상적·자본주의적 의식의 내면이 펼쳐진다.

유태인 학살은 지구상에 넘치는 인구를 줄이기 위함이었으며, 2차 대전의 패배는 니체의 '초인(Übermensch)'에 해당하는 자신의 '저능인간(untermensch)'에 대한 패배임을 인정한다.

히틀러 자신의 손은 역사상의 위대한 인물들인 알렉산더 대왕, 시저, 프리드리히 대왕, 나폴레옹의 손이 그랬던 것처럼 피에 물들어 있다. 이 대목에서 뮐러는 역사의 위대한 영웅들의 반열에 히틀러를 올려놓고, 동시에 히틀러와 동시대의 인물인 스탈린을 살그머니 추가시킴으로써 스탈린과 히틀러를 한 묶음으로 엮어 처리하고 있다.

> [···] 내 손에는 피가 묻어 있어, 역사에 빛나는 위대한 영웅들처럼, 알렉산더 대왕, 시저, 프리드리히 대왕, 나폴레옹, (목소리를 낮추어) 스탈린. (Germania 3. S. 32)

히틀러에게 "원수를 사랑하라(Liebet eure Feinde)"라는 기독교의 교리는 거짓투성이 잡담에 불과하며, 공산주의의 "모두가 잘살든지, 아니면 어느 누구도 못살든지"라는 이념 역시 허위적일 뿐이다. 히틀러는 아주 정직하게 "원수는 만나는 대로 박멸하라(Vernichtet sie wo ihr sie trefft)"와 간단하고 대중적인 "모두가 나눠 갖기에는 어차피 부족하지 않은가(Für alle reicht es nicht)"라는 진실을 제시한다.

뮐러는 히틀러를 결코 미화하지 않지만, 히틀러의 기독교와 공산주의 비판 속에 한 점 부인하기 힘든 측면이 들어 있다는 사실 또한 부인하지 않는다.

4) 파시즘과 계급 갈등 : 〈이주노동자〉

세 단락으로 구성된 이 토막극 〈이주노동자 DER GASTARBEITER〉은 2차대전이라는 "독일의 참상"을 가장 극적으로, 그리고 잔혹의 극치를 이루며 보여 주고 있다. 이 토막극의 소재는 뮐러가 종전 직후 슈베린(Schwerin) 시에서 봐렌(Waren) 시로 오던 도중 피난민들에게서 들었던 실제 사건을 토대로 하고 있다.

시어머니와 두 명의 며느리가 모두 전쟁 통에 남편을 잃고 방이 20개나 달린 성(城)에서 지내 오다가 소련군의 진주를 맞이하게 된다. 두 아들은 소련에서 전사했고 시어머니의 남편은 히틀러 암살계획에 연루되어 처형되었다. 소련군보다 먼저 팬티만 입은 SS 대원들이 나타났으며, 그중 한 명은 크로아티아인이었으며, 계급은 중위였다. 중위는 민간복장을 원했고 여인들은 그 대가로 자신들을 죽여 줄 것을 청했다. 무기가 없던 중위는 헛간에서 도끼를 발견했고, 각자 방으로 흩어져 있는 세 여인을 각각 도끼로 살해했다. 그 후 중위는 민간인 옷을 입고 다시 떠났다. 이상이 뮐러가 전해 들은 이야기였다.[30] 뮐러는 이 소재를 『살육』의 〈침대 시트 Das Laken〉에서 이미 다룬 바 있고, 이 토막극에서는 크로아티아인의 귀향과 부인 살해, 그리고 통일 이후 귀신이 나올지도 모를 이 성을 다시 돌려받게 된 1990년대의 젊은이들 부분을 창작하여 삽입하고 있다.

패전국 부녀자들이 점령군의 병사들을 두려워하는 것은 전쟁터의 상식이다. 이 토막극의 세 미망인들도 소련군이 시로 진입했다는 소식을 듣고 이들에게 당할 만행을 두려워한 나머지 자살을 결심한다. 그러나 소련군의 만행은 이들 미망인들의 심리와 소문 속에만 있었던 것이 아니라, 실제로 벌어졌던 일이었다. 뮐러는 그의 자서전에서 당시 "복수의 축제처럼 강간이 일주일간이나 벌어졌다"[31]라고 몸소 겪은 체험을 회상하고 있다. 뮐러는 세 미망인들에게 갈등구조를 설정해 놓았다.

장군의 부인인 노파와 대위의 부인인 중년 부인이 나치가 심어 준 의식의

---

30) KoS. S. 49 참조.

31) KoS. S. 48 참조.

꼭두각시에 불과하다면, 가장 젊은 소위의 부인은 나치의 만행을 비판하는 의식의 소유자이며, 자포자기한 채 생을 마감할 생각이 없는 여자이다. 그리고 뮐러는 소위의 부인을 남편과 단 하룻밤만 보낸 부부로 설정함으로써 세 미망인들 간의 갈등을 고조시키고 있다. 장군의 미망인과 대위의 미망인은 각각 40년과 10년간의 장교 부인 생활을 통해 나치가 주입시킨 이념에 젖어 있는 데 반해, 소위의 미망인은 상대적으로 나치에 덜 오염된 인간으로 설정되어 있다.

> 늙은 부인 : 러시아군이 파르힘에 진주했다. 이젠 때가 되었다.
>
> 젊은 부인 : 저는 죽지 않겠습니다. 제 인생은 아직 많이 남아 있습니다.
>
> 중년 부인 : 독일 장교 미망인의 인생이 오죽하겠냐.
>
> 젊은 부인 : 미망인인가요? 작은 형님은 10년, 어머님은 40년을 같이 사셨지만 저는 하룻밤밖에 같이 지내지 못했습니다.
>
> (Germania 3. S. 34)

시어머니가 동부 프로이센 지역의 소련군 만행소식을 들먹이며 자살에 동참할 것을 권하지만, 젊은 며느리는 나치 수용소의 가스실에서 벌어진 유태인 학살과 히틀러 암살음모에 가담했다가 베를린의 플뢰쩬제(Plötzensee) 감옥에서 철사 줄로 교수형을 당한 나치 장군의 죽음, 즉 시어머니의 남편에게 가해진 나치 만행을 상기시킨다. 소위 미망인의 나치 비판을 이들 두 여인들은 애써 외면하며, 살아서 소련군에게 치욕을 당하느니 독일군 장교 미망인으로서의 고고함을 간직한 채 죽기를 원하는 것이다. 소위의 미망인 역시, 나치 만행을 비판하기는 했지만, 18개의 방이 딸린 커다란 성을 소유한 귀족 가문의 며느리로서 이제까지의 기득권을 가볍게 포기하지 못하는 여인이어서 문 밖으로 나섰다가 결국 다시 돌아오고 만다. 그녀의 계급의식은 아래의 대사에 잘 드러나 있다.

젊은 부인 : 어떻게 자살하시겠다는 겁니까? 쥐약을 잡수시겠어요? 아니면 로마 시대의 루크레찌아 보르지아처럼 식칼로 가슴을 찌르겠어요? 로마시대에는 그런 일을 시킬 노예들이 있었지만, 우리 하인들은 우리들보다 더 영리해요. 벌써 도망쳐 버렸죠. 아, 저도 어떻게 해야 좋을지 모르겠어요. (운다) (Germania 3. S. 36)

이제껏 많은 하인들을 부리며 살았던 소위의 미망인의 의식은 아직도 노예제도가 존속했던 로마시대의 계급의식 수준에 머물러 있으며, 노예로 하여금 자신을 찌르게 하여 자살했던 로마의 여인을 부러워하고 있다. 이 다음 장면에서 뮐러는 러시아 군대에서 쫓기는 SS 대원을 등장시키는데, 이 SS 대원은 결국 세 여인의 자살을 돕는 로마 시대 노예의 역할을 한다. 이를 통해 뮐러는 전쟁이라는 참상 속에 계급 갈등의 모순이라는 차원을 부여해 주고 있다.

계급 갈등과 더불어 뮐러는 제3세계인에 대한 백인들, 특히 서구인들의 우월감과 멸시감도 아울러 보여 주고 있는데, 이는 장군 미망인의 대사 속에서 확인된다. 소련군의 만행소식을 전하면서 그녀는 아시아인을 냄새나는 인간, 인간이 아닌 짐승 정도로 비하하고 있다.

늙은 부인 : […] 인간들이 아니야, 아시아인들이잖아. […] 넌 뭘 원하는 게냐, 10명의 냄새나는 아시아인들이 네 옷을 찢어발기고 차례대로 너를 덮쳐 욕보일 텐데. […] (Germania 3. S. 35)

군복을 벗어 버리고 민간 복장을 함으로써 목숨을 건져 보려는 상황은 『살육』의 〈침대 시트〉 장면과 동일하다. 다만 당사자가 탈영병에서 SS 대원으로 바뀌었을 뿐이고 SS 대원이 독일인이 아닌 크로아티아인일 뿐이다. 실제의 사연을 뮐러는 그대로 사용하고 있다. 하지만 크로아티아인을 농부로 설정하여 위에서 언급한 계급 갈등의 차원을 심화시켰고, SS 대원이 독일인이 아닌 크로아티아인이라는 사실을 안 장군 미망인의 말투는 자못 사병을 다루는 장군의 명령을 닮았다. 여기서 농부의 살인은 당사자들의 부탁에 의한 것이지만, 이와 동시에 이제껏 착취를 당했던 자가 착취한 자에게 행하는 한풀이, 즉 적대계급에 대한 처형이라는 성격도 띠고 있다.

SS 대원 : 난 사복이 필요해요. […] 러시아군이 내 군복을 보면, 난 두 번 다시 고향을 볼 수 없어. 내 고향은 크로아티아라구요. […]

늙은 부인 : 그렇다면 무기를 찾아요. 우리들이 당신에게 요청했던 멋진 근무를 하기 위해서. 당신은 군인이지요? 우리를 죽이세요. 이 말은 독일 장군의 미망인이 당신에게 하는 말입니다. (Germania 3. S. 37)

SS 대원의 다음 대사에서 뮐러는 계급 갈등을 교묘하게 확대·교직시켜 놓는다. 장군 미망인의 명령조의 요청과 근무라는 어휘의 선택, 그리고 중년부인의 농부에 대한 모멸적 언사에 압도당해 위화감 내지는 적대감에 사로잡힌 크로아티아인은 여인에 대한 호칭을 마님(Gnädige Frau)이라 하면서 스스로를 짐승으로 비하한다. 그러나 다음 순간 헛간에서 찾은 도끼를 농부의 무기라고 부르며, 스스로를 농부라고 지칭하는 크로아티아인은 자의식과 계급의식에 투철한 전사를 연상시킨다. 도끼 대신 손으로 목을 졸라 죽일 수 있다는 그의 다음 대사에서 적대계급에 대한 반감은 한층 고조된다.

중년 부인 : 자네는 저 남자와 자고 싶다는 얘기인가, 그리고 크로아티아에 같이 가서 돼지라도 칠 생각인가? 농사꾼같이 생겼구먼.

SS 대원 : 농사꾼이 뭐 어때서요. 마님. 농부들은 쓸모 있는 동물들입니다. 헛간에서 도끼를 한 자루 찾았습니다. 농부가 도끼 한 자루를 찾았어요, 농부의 무기죠. 이걸 쓰면 빨리 처리됩니다, 마님도 빨리 처리되기를 원하시지요, 저도 시간이 없어요.

(부인들은 도끼가 무서워 서로 몰린다. 크로아티아인은 도끼로 부엌 식탁을 내려친다.)

저는 손으로 할 수도 있어요, 젊은 마님에게는 좀 안된 일이지만, 제 손은 믿을 만합니다. 손으로 하는 걸 더 선호하신다면 말이죠. 저는요, 크로아티아 아버지 집에 있을 때, 알파벳을 배우기 훨씬 전부터 닭 모가지를 비틀어서 닭을 잡았거든요. (Germania 3. S. 8)[32]

---

32) 부엌 식탁에 도끼를 내려치는 모습은 브레히트의 작품『Die Mutter』에서 주방장이 파업 참가를 선언하며 도끼를 내려치는 모습과 닮아 있다. 손으로 목을 졸라 죽이는 것,

도끼 살인이 진행되는 동안 등장하는 세 유령들인 장군, 대위, 소위에게도 뮐러는 갈등구조를 설정하고 있다. 아버지인 장군은 앞서 살펴본 대로 히틀러 암살 음모에 가담하여 체포된 후 악명 높은 플뢰첸제 감옥에서 철사줄 올가미로 처형당한 히틀러 파시즘의 피해자로 설정되어 있다. 장군의 아들인 대위는 히틀러 파시즘에 오염된 자로서 아버지를 국가반역자 취급하며 혐오하는 인물이다. 소위 역시 대위와 같은 의식의 소유자이다. 히틀러 파시즘이 빚은 부자간의 갈등과 미망인들의 참혹한 종말은 세 명의 독일군 유령들이 앉아 있는 부엌 테이블의 맞은편에 다시 세 명의 미망인 유령들이 모가지 없이 들어와 마주 앉는 것으로 끝나게 된다. 뮐러는 세 쌍의 부부 유령을 통해 히틀러 파시즘과 2차 대전이라는 "독일의 참상"을 끔찍한 모습으로, 그러나 성공적으로 보여 주고 있다. 그러나 뮐러는 "독일의 참상"을 보여 줌에 있어 전쟁의 참상이라는 차원에 머무르지 않고, 여기에 현대적 맥락을 추가한다. 이 장면의 제목을 "이주 노동자"라고 명명함으로써 오늘날 서구의 선진국들이 안고 있는 외국인 노동자 문제를 교묘하게 연결시키고 있다. 단도직입적으로 말하자면 서구 선진국 국민들과 제3세계에서 온 외국인 노동자들 간의 관계를 이 토막극 속의 크로아티아인 SS 대원을 통해서 암시해 주고 있다. 농부 출신인 이 외국인 노동자의 의식 속에 자리 잡은 제3세계적 요소가 어떻게 독일적 요소에 의하여 잠식되는지, 즉 외국인 노동자들의 자의식의 상실이 어떻게 이루어지는지를 앞서 진행된 끔직한 사건과의 연결 속에서 보여 주고 있다. 세 여인을 도끼로 살해한 크로아티아

즉 손에 대한 신뢰는 뮐러가 『게르마니아 베를린에서 죽다』의 〈형제 2〉 대목에서 간디의 대사 속에서 사용했던 내용의 변형이다. 간디는 사람의 목을 조르는 데 능숙한 대신, SS 대원은 농부의 아들로서 ABC를 깨우치기도 전에 닭의 모가지를 비트는 일에 능숙해 있을 뿐이다.

농부는 다음 장면에서는 2차 대전 말기라는 시간 속에 존재하지는 않지만 자신이 저지른 악몽 같은 충격에서 벗어나지 못한 나머지, 연속된 시공간이 아님에도 불구하고, 자신을 2년간 기다려온 부인을 도끼로 살해하고 나서 다시 독일인의 의식 속으로 되돌아간다. 제3세계인으로서의 자의식과 농부로서의 자의식을 그는 독일에서 산 조그만 자동차의 트렁크 속에 모두 집어 넣어 버리고 만다.

이렇게 시공을 뛰어넘은 사건의 전개는 관객을 다소 혼란에 빠뜨리기도 한다. 그러나 기승전결식의 전통적 드라마투르기를 사용하지 않고 토막극 형식과 의식의 흐름을 좇는 산문식 드라마를 이미 오래전부터 써 온 뮐러에게 이는 파격에 해당되지 않는 것으로 사료된다. 오히려 시공을 뛰어넘어 1990년대에 벌어지는 이 토막극의 마지막 대목은 흡수 통일 이후의 "독일의 참상"을 적나라하게 보여 주고 있다. 참혹한 살육과 전사(前史)의 현장인 파르힘(Parchim)의 성(城)은 통일 이후 연고에 따라 옛 주인에게 반환된다. 장군의 후손에 해당하는 젊은 청년들이 여자 친구와 함께 자신들의 소유물이 된 성을 보려고 찾아온다. 폐허가 되어 버린 성의 모습에 청년 1은 실망하지만, 자본의 논리에 투철한 청년 2에게 폐허가 된 건물은 안중에 없으며 부동산 가치만이 관심의 대상일 뿐이다. 골프장이나 승마장을 만들어 가까운 함부르크 시의 신흥 귀족들을 끌어들이기를 청년 2는 희망하고 있다. 혈통 귀족에서 돈 귀족으로 이행한 것을 청년 2는 발전이라 부르고 있으나, 뮐러의 입장에서 볼 때 이는 자본주의가 봉건주의의 연장에 불과함을 의미하는 것이다.

청년 1 : 저 성이 우리 꺼란 말이지. 손해배상을 청구하기도 전에 반환이라

(웃는다). 폐허로군.

청년 2 : 부동산이지. 현실적으로 보란 말이야. 중요한 건 바로 땅값이라고. 우린 여기에 골프장을 만들 수도 있고, 승마장을 만들 수도 있단 말이야, 함부르크에 사는 새 귀족들을 위한 승마장 말이야(웃는다). 어제의 혈통 귀족이 오늘의 돈 귀족이 되었다. 이런 게 바로 발전 아니겠나?

(Germania 3. S. 43)

선조들의 참혹한 죽음의 현장조차도 자본의 논리 앞에서는 추가적인 수입원으로 돌변하고 만다. '파르힘의 유령의 성'은 자본의 논리에 물든 청년에게는 오직 관광객들을 끌어 모으는 매력적인 관광 포인트일 뿐이다. 유령은 이들에게 어둡고 비참한 "독일의 참상"을 일깨워 주는 것이 아니라, 수입을 늘려 주는 행운에 해당되기 때문에 이들은 아이러니컬하게도 유령이 나타나 주기를 희망하고 있는 것이다. 뮐러에게 "독일의 참상"은 1990년에도 일어나고 있다.

청년 1 : 여기서 죽었단 말이지.

청년 2 : 추가적인 수입원이야. 관광객을 사로잡을 매력적인 요소라니까. 파르힘의 유령의 성.

청년 1 : 운이 좋다면 유령이 아직도 나오겠지. 그릴파르쩌 읽어 봤지?

(Germania 3. S. 43)

5) 귀향의 참상 : 〈그리스도의 두 번째 현현〉[33]

『살육』의 마지막 장면인 〈침대 시트〉에서 뮐러는 소련군의 모습을 파시즘으로부터 독일 국민을 해방시켜 주고 굶주린 독일인들에게 빵을 나눠 주는 긍정적인 모습으로 묘사한 바 있다. 귀향을 주제로 두 단락으로 나누어진 〈그리스도의 두 번째 현현 Die zweite Epiphanie〉에서 뮐러는 동전의 양면을 보여 주듯 소련군의 부정적인 모습을 제시하고 있다. 참혹했던 12년간의 수용소 생활을 견뎌 내고 고향으로 돌아온 귀향자를 맞이한 것은 가족들의 따뜻한 품이 아니라, 그리운 아내를 강간하는 소련군 병사였다. 본능적으로 아내를 구하는 과정에서 귀향자는 소련 병사를 살해한다. 살육의 전쟁이 끝나고 살육의 현장에서 빠져나온 귀향자가 다시 살육의 당사자가 되고 만 것이다. 살육된 자를 바라보며 살육자는 좌절과 분노를 토로하지만, 여기에서 뮐러는 살육된 자의 이념적 동지로서 연민의 감정을 삽입하는 것을 잊지 않는다. 아내를 강간하는 폭력범이지만 해방군이자 같은 공산주의자인 관계로, 이념적 동지에 대한 예우에 걸맞은 "동무"를 소련 병사에 대한 호칭으로 사용하고 있다. 또한 죽음에 이를 정도로 강력하게 타격한 것에 대해 일말의 미안함을 느끼고 12년간이나 금욕 생활을 강요당해 온 아내의 심정을 헤아리는 귀향 정치범에게 관객들은 연민을 느끼지 않을 수 없다. 그러나 뮐러는 느닷없이 사회주의의 경제 개념("소유한다는 것은 도둑질하는 것이다")을 통한 냉소적인 농담을 던짐으로써 감정을 절제하는 소위 브레히트식의 낯설게 만들기 효과를 얻고 있을 뿐만 아니라, 인간을 상품처럼 소유의 대상으로 전락시키는 이중의 효과를 노리고 있다.

---

33) 여기서는 수용소에서 죽은 것으로 간주했던 자가 살아 돌아왔음을 비유하고 있다.

정치범 : 미안하구먼 동무. 좀 살살 때렸어야 했는데. 우린 같은 공산주의자들이라고. 자네들이 우리를 해방시켰지, 그렇지만 내 마누라가 당하는 걸 가만히 보고 있을 수만은 없지 않은가? 그리고 나중에는 마누라도 싫지 않았을 걸세, 12년간 남편 없이 굶어야만 했으니까. 소유는 도둑질 아니겠나? (Germania 3. S. 45)

아내의 강간범에 대한 분노가 금욕 생활을 강요당한 소련 병사에 대한 연민으로 바뀌면서 귀향자가 수용소에서 당한 참상이 펼쳐진다. 가스실로 끌려가 처형될 자들의 리스트까지 손수 만들어야 했던 수용소의 참상과 종전 후 귀향길에서 목격한 피난민과 길거리의 참상은 『게르마니아 베를린에서 죽다』의 〈형제 2〉에서 수용소로 끌려가는 공산주의자의 비참한 광경의 연장선상에 있다.[34]

살육의 현장이었던 수용소를 구사일생으로 빠져나온 자는 다시 살육자로 전락하고 해방군을 살육한 공산주의자는 같은 공산주의자인 해방군 헌병에게 연행된다. 잠에서 덜 깬 채 부르는 "인터내셔널"이라는 노랫소리가 텅 빈 무대를 공허하게 메운다. "피압박민족들이여 저 해방의 소리가 들리는가!"[35]

귀향을 다루는 두 번째 장면은 네 마디의 짧은 말로 끝난다. 이는 뮐러

34) 뮐러는 이런 광경을 『Traktor』에서 Besucher 2의 대사를 통해 처음으로 묘사한 후, 〈형제 2〉에서 반복 사용하면서 뒷부분을 첨가한 바 있다. 『게르마니아 베를린에서 죽다』 S. 73f., 『Geschichten aus der Produktion 2』 S. 19f. 참조.

35) 종전 직후 소련 병사들이 저지른 만행은 뮐러가 직접 체험하였거나 전해 들은 실제 사건에 근거하고 있다. 당시 동부 프로이센 지역과 폴란드에서 독일로 귀향하는 귀향민들의 사연을 자신의 작품에 많이 활용하였음을 뮐러는 자서전에서 밝히고 있다. KoS. S. 49ff. 참조.

특유의 고도로 농축된 비유적 표현이며, 종전 후 소련의 수용소로 유배된 독일 정치범이 겪은 참상을 보여 주는 것이다. 소련의 유배지 보르쿠타(Workuta)에 수감된 독일인 정치범이 자신이 공산주의자임을 밝히자마자 기수감자들은 수감을 환영하는 듯 몰매를 퍼붓는다. 이들이 외치는 "고향에 온 것을 축하하네, 볼쉐비키"라는 말 속에서 독일 정치범은 앞 장면의 정치범처럼 귀향인이 되는 셈이며, 볼쉐비즘이 승리한 전쟁임에도 다시 고향같은 수용소에 수용되는 이 독일인 볼쉐비키의 참상이 뮐러가 본 전후 소련의 현실인 셈이다.

감방장 : 이봐 독일 친구. 너희들 왜 이기지 못했나?

정치범 : (침묵한다.)

감방장 : 파시스트, 내 장화나 핥아.

(사이) 독일식으로 인사해 보지, 하일 히틀러라고.

(사이. 정치범이 공산주의자들 방식으로 인사하려고 한 주먹을 들어 올린다. 재소자들이 정치범을 때려눕힌다.) 고향에 온 걸 환영하네. 볼쉐비키.

(Germania 3. S. 47)

4. 좌파 지식인과 현실 참여 : 〈조치 1956〉

"브레히트를 비판하지 않으면서 브레히트를 사용하는 것은 브레히트를 배반하는 것이다."[36] 이 말은 뮐러의 브레히트 수용 자세를 단적으로 보여 주는 말이다.

〈조치 1956 Massnahme 1956〉에서 뮐러는 1956년 8월 14일 브레히트가 사망한 직후 브레히트의 미망인 헬레네 바이겔(Helene Weigel)과 브레히트의 두 애인 엘리자베트 하우프트만(Elisabeth Hauptmann)과 킬리안 이소트(Kilian Isot)의 고인에 대한 각각의 평가와 셰익스피어 각색 작품인 『코리올란 Coriolan』의 연출방향에 대해 서로 의견을 달리하는 브레히트의 제자 만프레드 벡베르트(Manfred Wekwerth)와 페터 팔리치(Peter Palitzsch)의 논쟁을 통해 브레히트 수용의 여러 면모를 보여 주면서 자신의 견해를 피력한다. 이 장면에서는 또한 뮐러가 젊은 시절 열렬한 브레히트 추종자였다는 사실을 밝히고 있으며, 1956년에 일어난 헝가리 민중봉기를 소련군 탱크로 진압한 사실에 대한 브레히트의 반응도 다루고 있다. 사회주의 내의 민주화 운동이나 자유화 운동이 그때마다 소련의 탱크로 진압되었던 사실을 뮐러는 자신의 작품 도처에서 이미 여러 번 깊이 있게 다루어 왔다.[37]

브레히트의 장례식에 모인 세 명의 브레히트의 미망인들[38]은 때마침 라디오에서 킬리안의 남편이며 문예평론가인 볼프강 하리히(Wolfgang Harich)가

36) Heiner Müller : Brecht gebrauchen, ohne ihn zu kritisieren, ist Verat. in : Theater heute Jahrbuch, 1980 S. 135.

37) 사회주의 내부의 민주화 운동과 이를 매번 소련군의 탱크로 잠재운 사건은 1953년 6월 17일의 동백림 폭동, 1956년의 헝가리 민중 봉기, 그리고 체코의 프라하의 봄으로 이어졌다. 뮐러는 이를 『게르마니아 베를린에서 죽다』, 『햄릿기계』, 『볼로콜람스크 국도』에서 이미 다루었으며, 중국의 천안문 사태에 관해서도 인터뷰에서 자신의 비판적인 시각을 밝힌 바 있었다. 동독의 민주화 시위가 소련 탱크의 진압을 면할 수 있었던 것은 고르바쵸프 정권이 동독을 포기하는 정책 덕분이었다는 사실은 두말할 나위가 없을 것이다. Panzer-Motiv는 뮐러 작품을 이해하는 데 없어서는 안 될 중요한 모티프이다.

38) 브레히트의 미망인을 3명이라 한 것은 뮐러가 바이겔 이외에도 평생 브레히트를 흠모하며 그의 극작활동을 보필한 하우프트만과, 브레히트의 마지막 애인이었던 킬리안까지 브레히트의 미망인으로 취급했기 때문이다. 이 밖에도 하우프트만처럼 연극인으로 평생을 브레히트의 애인으로 지낸 루트 베르라우(Ruth Berlau)가 있다. 브레히트의 여성 편력은 잘 알려진 사실이다.

국가보안사범으로 체포되었다는 방송을 듣고는 자연스럽게 폭압적인 정권과 이에 대한 지식인의 대응자세에 관한 의견을 교환한다.[39] 브레히트가 폭압적인 동독 정권에 어떤 태도를 견지했던가에 대해서는 세 미망인들의 견해가 각각 다르다. 구체적으로 1953년에 있었던 동백림 폭동 당시 브레히트의 반응에 대하여 세 미망인들은 제각기 다른 평가를 내리고 있다. 킬리안은 만일 민주화를 갈망하는 동독 민중을 탱크로 진압하려 든다면 지식인들은 민중의 편에 서서 저항해야만 한다는 발언을 브레히트가 했었음을 전하며, 울브리히트 정권이 시위 군중을 폭도로 규정하고 탱크로 진압할 것이 아니라 국민의 의사를 물어야 했다는 것이 브레히트의 생각이었다고 주장하고, 만일 의사를 물었다면 동독 국민은 울브리히트를 지지하지 않았을 것이라고 추측한다.

킬리안 : 그 사람은 이렇게 말했어; 만일 저들이 더 이상 문제를 해결할 방도가 떠오르지 않는다고 해서 탱크를 보낸다면, 우리들은 바리케이드 안쪽에서 저항하게 되겠지. 국민과 함께 탱크에 맞서게 되겠지. (Germania 3. S. 48)

그러나 바이겔은 킬리안의 감상적인 국민지상주의를 경계라도 하듯 히틀러는 선거를 통해 독일 국민이 선택했던 사람이었음을 상기시킨다.

바이겔 : [⋯] 그리고 국민이 도대체 누구지? 히틀러를 당선시킨 게 국민이

39) 하리히는 당시의 울프리히트 정권을 비판했으며 울브리히트에게 직접 퇴임을 권고한 다음날 체포되었다. Kos S. 263 참조.

라고.

킬리안 : 국민에게 다시 한번 물어보아야 하지 않겠냐는 게 그 사람의 생각이었어. 다시 물어본다면 이제는 히틀러가 아니라 사회주의를 선택하겠지. 그리고 울브리히트도 선택하지 않을 거라고. (Germania 3. S. 48)

그러나 뮐러가 관객들에게 보여 주고자 한 것은 울브리히트 정권에 대한 브레히트의 자세가 어떠했으며, 이들 세 미망인들 가운데 과연 누구의 주장과 평가가 실제 브레히트의 그것과 일치하는가가 아니다. 뮐러가 의도한 것은 세 미망인 모두 자신들의 위대한 남편 브레히트에 대한 해석과 해설에만 급급하고 있을 뿐, 폭압적이었던 당시의 동독 정권에 대해 어느 누구도 입장 표명을 하지 않고 있다는 점이다. 세 미망인의 논점은 브레히트의 자세가 현명했는지, 아니면 너무 현명했는지, 그도 아니면 현명하지 못했는지에 머물러 있을 뿐이다.

바이겔 : 그이가 그렇게 말했다고? 부다페스트 항의집회에 가지 않은 건 현명하지 못한 행동이라고?

킬리안 : 그래, 브레히트는 더 현명한 사람이었어. 53년 데모 때 탱크를 반기며 모자를 벗고 인사를 했었지. [···]

하우프트만 : 난동을 부리는 사람들 한가운데에서 탱크에게 모자를 벗고 인사했다는 것은 특별히 현명한 행동은 아니라고 할 수 있겠지. 난동꾼들한테 두들겨 맞았을 테니까 [···]. (Germania 3. S. 48)

하우프트만의 관심은 정권의 반체제 인사 탄압과 폭력적인 시위 진압보다는 위대한 브레히트가 공들여 만들어 놓은 "베를리너 앙상블" 극장에 있다. 금전적인 부정부패와 무능력자들에 의한 극장 운영, 브레히트를 제대로 이해하지 못하는 젊은 배우들에게 더 큰 불만이 있는 것이다.

하우프트만 : [⋯] 그리고 극장 말이야, 그이가 죽고 나서 엉망이 됐지. 우리가 이제 나서서 제대로 돌아가게 해야겠지만, 부정부패의 늪 한가운데 있는 섬이나 마찬가지야. 그이를 제대로 이해하지 못하는 젊은 배우들은 자신들이 그이보다 더 현명하다고 믿고 있다니까 [⋯]. (Germania 3. S. 49)

하우프트만은 헝가리 상황이 더욱 악화되어 동독의 진정한 사회주의 지식인들이 확실한 대응 자세를 보여 주어야 할 상황이 오기 전[40]에 브레히트가 사망한 것과, 볼프강 하리히가 체포된 사실에 대해서도 같은 문화·예술계의 거목으로서 자신의 입장을 밝혀야만 하는 상황이 오기 전에 이미 사망했기 때문에 복잡한 문제로부터 자유로워진 것이 오히려 다행스러우며, 적절한 시기에 죽음을 택한(?) 브레히트가 현명하기 짝이 없다는 입장이다.

하우프트만 : [⋯] 죽는 날을 정확하게 선택했다고. 입장을 표명하지 않은 채 죽을 수 있는 날에 죽었거든. 언제 죽어야 하는지 알고 있었다니까. 그이가 언제나 가장 현명한 사람이었다고. [⋯]

---

40) 실제로 소련은 1956년 11월에 헝가리 시위를 탱크로 진압했다.

(Germania 3. S. 50)

브레히트 미망인들의 이러한 자세를 통해 뮐러는 브레히트 수용의 문제를 은유적으로 제기하고 있을 뿐만 아니라, 문제의 지평을 동독의 참상에 대응하는 동독 지식인들의 자세라는 데까지 확장시키고 있다. 브레히트의 교육극 『팟쩌』를 브레히트 최고의 작품으로 평가하고 스스로 교육극의 실험을 이어받았던 뮐러는 "독일의 참상"을 직시했던 작가인 브레히트 수용에 대한 문제의 본질을 잘 지적하고 있다.

브레히트의 작업 결과와 작업 방향을 혼동하는 것이 문제다. 브레히트는 대단한 찬탄을 받았고 오늘날에는 고전이 되어 버렸다. 문제는 브레히트의 작업 방법을 브레히트의 작업 결과에 적용시켜 보려는 생각은 아무도 하지 않는다는 것이다. 오늘날의 조건은 브레히트가 살던 당시와는 많이 달라졌다. 사람들도 달라졌다. 그러니까 방법에 관해 연구해야지, 결과만 중요시해서는 안 된다.[41]

브레히트의 수용의 문제점은 헝가리 사태 및 하리히의 체포와 직접 맞물리면서 브레히트의 각색 작품 『코리올란』의 연출방향을 놓고 브레히트의 수제자 만프레드 벡베르트와 페터 팔리치가 벌이는 첨예한 대립 속에서 다시 한번 제기된다. 벡베르트가 브레히트 특유의 드라마투르기인 우화 수법(Parabel)을 충실히 따르고자 하는 데 반해, 팔리치는 브레히트가 우화 수법

41) GI2. S. 26.

을 통해 반영시키고자 하는 현실 쪽에 더 비중을 두고 시사적인 작품으로 연출할 것을 주장한다. 작품이 제기하는 문제의 본질보다는 연출 스타일에 더 연연하는 벡베르트에 대한 뮐러의 비판적 시각은 코리올란을 스탈린적인 인물로 연출하려는 팔리치의 의견을 반대하면서, 피가 흐르는 당대의 현실을 애써 외면하려는 벡베르트의 모습에서 분명하게 드러나고 있다.

팔리치 목소리 : 프롤레타리아, 만프레드.

벡베르트 목소리 : 평민들이야. 사건이 벌어지는 곳은 로마라고.

팔리치 목소리 : 여긴 베를린이야. 우린 1956년 이야기를 하려는 거야.

벡베르트 목소리 : 우린 지금 시사적인 작품이 아니라 우화적인 작품을 공연하는 거라고, 페터. 자네는 스탈린의 모습을 드러내려고 하지만, 그런 모습은 아주 미미하지.

팔리치 목소리 : 그리고 그 미미한 부분은 피비린내가 나지.

(Germania 3. S. 51f.)

실제로 브레히트가 『코리올란』이란 셰익스피어 작품 주인공을 현대의 어떤 인물로 암시하려 했었는지에 대한 시비를 가리는 것은 뮐러의 관심사항이 아니다. 경직된 울브리히트 정권에 대한 비판적 시각이 결여된 벡베르트와, 브레히트의 방법이 아니라 결과만을 중시한 채 박물관식[42)]으로 브레히트를 수용하는 것을 뮐러는 문제 삼고 있는 것이다. 이러한 자세는 당시의 동독 정권을 보는 자세와도 그대로 일치한다.

---

42) 뮐러는 브레히트 사망 이후의 베를리너 앙상블을 무덤(Grabstätte)이라고 혹평하고 있다. KoS. S. 22f. 참조.

팔리치 목소리 : 당이 자네의 그 말을 받아들일지 모르겠군. 자네의 당이 말이야.

벡베르트 목소리 : 자네 언제 우리의 당이라고 말할 셈인가?

팔리치 목소리 : 나도 모르겠네, 만프레드. 시간을 좀 주게.

(Germania 3. S. 53)

팔리치의 입장을 통해 뮐러는 브레히트를 비판적으로 수용하는 사례를 제시하고 있다. 팔리치는 브레히트의 『갈릴레이의 생애 Das Leben des Galilei』에 드러난 브레히트의 견해를 순진한 소년의 믿음에 비유하며 비판한다. 지식인과 권력 간의 갈등으로 인한 동독의 비극, "독일의 참상"을 브레히트식의 순진무구한 믿음으로는 풀어헤칠 수 없음을 비판하는 것이다.

벡베르트 목소리 : [···] 지식이 권력이야.

팔리치 목소리 : 그건 브레히트의 어린애 같은 생각이었어. 브레히트가 쓰지 않았던 것은 우리들의 비극이었지. 지식과 권력의 분리 말일세.

벡베르트 목소리 : 우리들의 비극이라고 말했나? 그런 비극을 썼잖아, 갈릴레이 말일세. 어리석음의 권력, 권력의 어리석음이라고나 할까.

팔리치 목소리 : 혹은 또 다른 지식이라고나 할까. (Germania 3. S. 53)

『갈릴레이의 생애』에서 브레히트는 자연과학자의 정치의식을 주제로 다루며, 우매한 민중들도 과학시대에 걸맞게 스스로 배움을 통해 세계관을 넓히는 노력을 기울여야 한다는 입장을 취하고 있다.

갈릴레이 : […] 그러나 그들이 움직이지 않고 생각하는 걸 배우지 않는다면,
가장 훌륭한 관개 시설들도 그들에게 쓸모가 없어질 것이야.
빌어먹을, 난 신과 같은 그들의 엄청난 인내심을 알고 있네,
그런데 신과 같은 그들의 엄청난 분노는 어디로 갔단 말인가?

작은 수도승 : 그들은 고단합니다![43]

팔리치는 브레히트가 갈릴레이의 입장을 부각시키기 위하여 부정의 대상으로 제시했던 작은 수도승의 입장이 옳다고 생각한다.

팔리치 목소리 : […] 작은 수도승이 옳아. 갈릴레이가 틀렸어.
(Germania 3. S. 54)

뮐러는 이 대목에서 작은 수도승의 입장을 밝히기 위해 브레히트가 쓴 긴 대사를 그대로 인용하고 있다. 전문을 인용했다는 사실은 뮐러가 수도승의 입장에 많은 비중을 두고 있다는 것을 의미한다. 하지만 이에 대한 분석은 다음으로 미루고 브레히트 수용이라는 주제와 관련하여 살펴본다면, 뮐러는 위대한 스승 브레히트의 견해를 맹종하지 않고 비판하며, 감히 부정까지 하는 팔리치의 자세를 보여 주고 있는 것이다. 이와 같은 팔리치의 자세를 브레히트주의자 벡베르트는 이성을 배반하는 것으로 매도한다. 뮐러는 이와 같은 벡베르트를 통해 브레히트 수용의 경직성을 보여 준다.

---

43) Bertolt Brecht : Gesammelte Werke, Frankfurt 1967, S. 1297.

벡베르트 목소리 : 이건 배반이야.

팔리치 목소리 : 누구에 대한?

벡베르트 목소리 : 이성에 대한. (Germania 3. S. 56)

코리올란을 보는 두 사람의 시각 또한 상이하다. 탁월한 전쟁수행 능력의 소유자인 코리올란은 민중이 역사의 주인으로 등장하기 위한 과정에서는 기여한 바가 크지만, 새로운 시대에서 민중을 탄압하는 독재자로 변모하는 순간 더 이상 시대가 필요로 하는 인물이 될 수 없다는 것이 브레히트의 각색 의도였다.[44]

뮐러에 의하면 브레히트는 스탈린을 염두에 둔 각색을 시도했다고 한다. 영웅 주인공의 필요성과 불필요성에 관한 각색을 하려 했으며, 스탈린은 필요하면서도 불필요한 영웅이라는 것이 브레히트의 견해였다. 브레히트가 스탈린을 공훈 민중 살인자(Verdienter Mörder des Volkes)라고 정의했었음을 뮐러는 전해주고 있다.[45]

코리올란의 모습에서 스탈린의 모습을 읽으려는 팔리치와는 달리, 벡베르트는 일국 사회주의를 관철시켰고 히틀러 파시즘을 성공적으로 물리친 영웅의 면모에 더 큰 비중을 두고 있다.

팔리치 목소리 : 그는 누군가가 자기 자신을 대신할 수 있다고 여겼을까?

벡베르트 목소리 : 그가 없었으면 우리는 지금 여기 앉아 있을 수도 없었을

44) Jan Knopf : Becht Handbuch. Theater, Frankfurt 1980, S. 304ff. 참조.

45) Alexander Kluge/Heiner Müller : Ich schulde der Welt einen Toten, Hamburg 1996, S. 8f.

걸. 자네, 나, 우리 모두 그리고 그가 해냈던 일을 지금 하고들 있었겠지. (Germania 3, S. 60.)

이 장면 마지막 부분에서 뮐러는 평범한 노동자들의 시각에서 브레히트의 죽음을 바라보게 함으로써 브레히트 수용의 또 다른 일면을 보여 주고 있다. 작품의 내용으로 되돌아가 보자. 동독의 유명한 조각가 프릿츠 크레머(Fritz Cremer)가 브레히트의 시신을 안치할 강철 관을 만들기 위해 시신의 크기를 알아보려고 시험적으로 만든 관을 가지고 나타난다. 바이겔은 관의 크기가 맞는지를 알아보기 위해 관을 운반해 온 제철소 노동자 중 브레히트와 비슷한 체격을 가진 노동자에게 관에 누워 보기를 권한다. 여기서 뮐러는 제철소 노동자들의 농담을 통해 이미 오래전에 사회주의가 실현된 당시 동독에 아직도 계급모순이 존재한다는 사실을 암시해 주고 있다.

노동자 2 : 자네가 이런 호사스런 관에 누울 수 있을까?

노동자 1 : (관 속에 눕는다.) 이미 누워 있잖나.

노동자 2 : 이제 자넨 저명인사야.[46] (Germania 3. S. 60f.)

노동자로서는 감당하기 힘든 호사스러운 강철 관이 주는 위화감을 느끼며 관 속에 누운 노동자의 입을 통해 뮐러는 저명인사와 노동자들 간의

46) 관의 크기를 재기 위한 해프닝은 실제로 일어났던 일이었으며 뮐러는 자서전에서 이 사건을 "1956년의 조치 Die Massnahme 1956"라고 명명했다. 이 장면의 소제목으로 사용하면서 '1956년의 조치'는 브레히트의 강철 관에 관한 조치 이외에도 볼프강 하리히에 대한 동독 정부의 조치라는 차원과 헝가리 민중에 대한 소련의 조치라는 차원을 획득하게 되었다.(KoS. S. 231 참조)

간극을 보여 주고 있다. 노동자는 스스로를 거짓말을 하지 않는 벌레에 비유함으로써 자신들의 처지를 벌레 차원으로 낮추고 있다. 평범한 노동자의 관심이 퇴근 시간과 맥주, 그리고 여자들이라는 지적은 노동자의 삶을 실제로 체험한 뮐러가 지식인의 시각으로 노동자의 삶을 관조하는 브레히트를 비판한 것에 다름 아니다. 뮐러가 동독 정권의 온갖 박해 속에서도 진정한 사회주의 구현을 위해 생산현장의 모순과 씨름하며 끊임없이 문제를 제기해 온 작가라는 점을 상기하면, 또 브레히트가 동독 프롤레타리아들의 문제를 다룬 작품을 한 편도 쓰지 못했다는 점을 고려하면, 뮐러의 이러한 비판은 충분한 설득력을 갖고 있다. 노동 영웅 한스 가르베의 이야기를 작품화하려 했으나 시도에 그치고 말았던 사례가 말해 주듯이, 히틀러 파시즘과 자본주의에 대한 대안으로서의 사회주의를 추구하던 종래의 극작수법으로 사회주의가 이미 실현되어 있는 동독의 현실을 담아내기에는 어려움이 많았음을 뮐러는 지적하고 있다.

브레히트는 한스 가르베의 이야기를 『조치 Maßnahme』처럼 코러스를 등장시키는 작품으로 구상했었으나, 주인공 가르베에게 연극이 필요로 하는 의식의 차원이 결여되어 있어 포기했다고 한다(KoS. S. 229 참조). 그러나 뮐러는 브레히트가 잘못된 전제, 즉 동독에 제 기능을 발휘하는 건전한 노동자 계급이 존재한다는 잘못된 전제에서 출발하는 오류를 범했다고 본다. 그리고 그것은 브레히트가 고전적인 마르크스주의자의 카테고리를 가지고 동독의 현실과 부딪쳤기 때문이라는 것이다. 당시 동독의 현실은 그런 카테고리로는 파악될 수 없는, 훨씬 더 다양하고 복잡한 현실이었다는 것이 뮐러의 입장이다. 바로 이런 이유로 브레히트는 동독에 관한 작품을 단 한 편도 쓸 수 없었다는 것이 뮐러의 진단이다. 안나 제거스(Anna Segers)를 비롯해 망명에서 돌아온 모든 작가들이 모두 이런 오류를 범했는데, 이들은 종전 이후의 동독이 '노동자·농민의 국가'라는 사실이 오직 주장에 불과했고, '사회주의' 역시 주장에 불과했다는 측면을 간과하고 있었다는 것이 뮐러의 최종 결론이다.[47]

민중에 대한 고압적 자세를 바꾸도록 코리올란의 어머니는 아들에게 영향력을 행사한다. 이 어머니에 관한 부분의 생략 여부를 놓고 벡베르트와 팔리치가 대립한다. 그 이유는 플롯 구성의 약화 때문이다. 이는 두 사람 모두에게 플롯이 얼마나 중요한지를 단적으로 보여 주는 동시에, 브레히트의 제자들 역시 브레히트처럼 플롯이 없는 드라마를 상상할 수 없는 범주에 속한다는 사실도 알려 주고 있다.

> 코리올란 : […] 오! 어머니, 어머니.
>
> 벡베르트 목소리 : 어머니는 삭제해 버리지.
>
> 팔리치 목소리 : 덜컥 삭제할 수는 없어.
>
> 샬 목소리 : 왜 안 되지?
>
> 팔리치/벡베르트 목소리 : 구성을 약화시키거든. (Germania 3. S. 64)

뮐러가 제기한 브레히트 수용의 문제점들에 대한 정리를 담당하는 것은 장면 마지막 부분에 나오는 브레히트의 목소리이다. 뮐러의 정리는 간결하고 명쾌하다. 브레히트가 원하는 바는 자신이 제시한 방법론을 사용하는

47) 브레히트는 주인공이 없는 드라마를 상상할 수 없었다. 브레히트의 플롯(구성) 개념 역시 주인공의 존재와 연결되어 있었다. 브레히트의 작품들은 모두 주인공에 관해서 진행된다. 이런 측면에서 보면 브레히트의 작품들은 부르주아 드라마투르기를 사용하고 있는 것이다.

것이며, 그 방법을 사용하여 브레히트 자신이 제안했던 것을 받아들이지 않을 수도 있는 것이다. 위대한 브레히트의 작업 결과에만 연연하며 그를 우상화하지 말고 그의 작업방법에서 배움을 찾으라는 것이 브레히트주의자들에 대한 뮐러의 충고이다.

> 브레히트 목소리 : 그러나 나에 관해서 사람들은 이렇게 말하게 될 거야. 그 사람은 이런저런 제안들을 했었지만 우리는 그 제안들을 받아들이지 않았어. 꼭 받아들여야만 하는 건 아니니까. 내 비석에는 제안들을 했다는 걸 새겨 놓아야만 해. 새들은 내 비석 위에 똥을 싸야 되고 그리고 잡초들이 우거져서 내 이름을 덮어 버려야 하고 비석에 새겨진 내 이름은 잊혀져야만 해. 난 무엇보다도 모래밭 위의 작은 흔적이고 싶어. (Germania 3. S. 64f.)

5. 유토피아 건설의 허상 : 〈파티〉

앞의 인용에서 뮐러는 동독이 노동자·농민을 위한 사회주의 국가였다는 사실은 오직 주장에 불과했음을 지적하였다. 토막극 〈파티 Party〉에서 뮐러는 이러한 동독의 내면적 실상을 보다 적나라하게 보여 주고 있다. 작센 지방의 도시 프랑켄베르그의 당 지도부 건설 담당 간부 3명과 사회주의의 맹점인 관료주의의 폐단을 인식하면서 스탈린 개인우상주의에 비판적 시각을 지닌 시장, 그리고 동독의 경직된 사회주의에 저항하는 신세대인 시장 아들이 갈등의 축을 형성한다. 뮐러는 또다시 자신이 직접 체험했던 사연을 토대로 허구를 추가하여 동독의 참상을 우리에게 제시하고 있다.

전쟁 이전부터 독일 사민당 간부였던 뮐러의 아버지가 종전 이후 프랑켄베르그의 시장으로 근무했을 때, 도시 건설 위원이었던 한 건축가가 시멘트를 규정보다 적게 사용함으로써 문화원 건물의 천장이 무너지는 사고가 발생했다. 하지만 사고 이전에 건축가가 이미 서독으로 도피한 바람에, 그 책임이 뮐러의 아버지에게 돌아간 일이 벌어졌다. 실제로 뮐러의 아버지도 이 사건 때문에 서독으로 도피하고 말았다. 그러나 뮐러는 이렇게 겉으로 드러난 동독 공직 사회의 부정과 부패를 직접 보여 주는 대신 이들 공직자들의 경직된 의식을 보여 줌으로써, 동독 사회의 보다 근원적인 치부를 드러내고 있다. 실제의 건축가 부인도 금발의 미녀였으며 많은 남자들의 흠모의 대상이었고, 벽에 걸어 놓은 가죽으로 된 남근 역시 뮐러가 이 건축가의 집에서 직접 목격한 것이었다.

자신의 부정이 발각되어 서독으로 도피했던 건축가의 사연을 뮐러는 자기 결정권이 박탈된 동독 사회주의에 불만을 품고 서독행을 결심하는 것으로 바꾸어 놓았다. 모든 노동자들에게 주택을 제공하려는 동독 정책에 따라 천편일률적인 시멘트 블록의 단순한 건물만 짓는 데 신물이 난 건축가의 귀에, 사회주의 국가의 주인인 노동자가 주택에서 살 권리는 헌법에 보장되어 있다는 당 간부 슈만게르하르트(Schuhmanngerhard)의 말은 들어오지 않는다. 사람들이 노동자 벌집(Arbeiterschliessfächer)이라고 부르는 이런 집들을 그는 더 이상 짓고 싶지 않은 것이다. 이런 벌집은 사람이 살 집이 아니라고 그는 생각했던 것이다.

건축가 : 난 내 삶의 황혼 녘을 이곳에서 보낼 생각은 없네. 자네들의 노동자, 농민의 국가라는 이곳에서 노년을 보낼 생각은 없어. 난 건축을 하고

싶어. 무엇을 짓느냐 하는 건 난 상관없어. 그러나 어떻게 짓느냐 하는 건 내가 결정한다고. 그걸 못 하게 하면 난 여길 떠날 수밖에.

슈만게르하르트 : 자네는 우리가 필요한 것을 짓게 될 걸세. 우린 자네에게 대가를 지불하지. 우리 노동자들은 집이 필요해. 주택에 대한 권리는 헌법이 보장하고 있지.

건축가 : 집이라고. 콘크리트에 구멍 뚫어 놓은 게 집이란 말이야? 자네 알고 있나, 사람들이 자네들의 집을 뭐라고 부르는지? 노동자 벌집이라고 하지. 내가 자네에게 그런 집을 한번 안내해 줄까?

슈만게르하르트 : 적들의 신문에 나오는 말이지.

건축가 : 거기 말고 딴 데가 또 있겠나? (Germania 3. S. 66)

슈만과 건축가의 갈등은 사회주의 건설의 당사자들인 당 간부와 테크노크라트 간에 갈등이 있음을 의미한다. 건축가는 노동자·농민의 국가를 자신의 국가로 받아들이지 않고 있으며, 노동자·농민과 연대하려는 정치의식이 없는 자이다. 당을 대변하는 인물로 설정된 슈만은 지금 파티가 열리고 있는 장소인 건축가의 집, 즉 건축가의 눈에 '집다운 집'으로 보이는 집의 상대적인 호화로움을 지적하며, 건축가에게 연대 의식이 결핍되어 있음을 꼬집는다. 사회주의 출범 이전의 노동자들의 삶과 비교할 때, 목욕탕과 더운물, 지역난방 시설을 갖춘 벌집은 슈만에게 대견스러울 뿐이다.

슈만게르하르트 : 노동자 벌집이라. 더운물이 나오고, 욕조가 있고, 지역난방을 갖췄지. 이런 집은 우리가 정권을 잡기 이전에는 없었지. 노동자를 위한 이런 집은 없었어. 독일 땅에는 없었지. 우린 말이야, 국민들

모두에게 궁전을 한 채씩 지어 줄 수 있을 만큼의 돈을 가질 때까지 기다릴 수는 없지. 아니 여기 자네 집 정도 되는 저택들을 지어 줄 수 있을 때까지 기다릴 수는 없는 일 아니겠나. 건축가 동무. (Germania 3. S. 67)

지금까지 동독의 사회주의를 건설해 온 과정에서 발생한 시행착오를 변증법적으로 수정해 나가는 것을 또 다른 당 간부 프로스빔머(Prosswimmer)는 사회주의의 장점이라고 보지만, 시장에게는 관료주의의 폐단일 뿐이다.

프로스빔머 : […] 사회주의에서 좋은 것은, 자네가 오늘 건설한 것을 내일 다시 허물어 버리고 더 좋게 건설할 수 있다는 것이지.

시장 : 그 내일은 세월이 유수처럼 흐른 연후가 아니겠나?

슈만게르하르트 : 우리나라는 달라.

시장 : (건축가에게) 우리나라에선 물이 낮은 곳으로 흐르지 않고 높은 곳으로 흐르지. (Germania 3. S. 67)

물이 낮은 곳으로 흐르지 않고 높은 곳으로 흐른다는 비유를 통해 시장은 동독 사회가 순리대로 가고 있지 않음을 지적하고 있다. 이렇게 시장이 행정가의 입장에서 동독의 현실을 비판적으로 바라보고 있는 데 반해, 정책 입안자에 해당하는 당 간부들은 역사의 수레바퀴가 앞으로 굴러 왔고 앞으로도 계속 구를 것이라는 확신에 가득 차 있다. 또 다른 당 간부인 에버트 프란쯔의 말이 이를 입증한다.

에버트 프란쯔 : 공산주의 세상은 온다구. 이건 교회에서의 아멘 소리처럼 확실한 거야. (Germania 3. S. 68)

사회주의 건설 과정에 대한 이러한 갈등을 뮐러는 시장 아들을 통해 한층 더 증폭시킨다. 동독의 신세대를 대변하는 시장 아들은 동독의 현존 사회주의에 저항하는 인물이다. 아들은 동독 정권이 공식적으로 데카당스하고 형식주의적이라고 규정한 작가인 프란쯔 카프카의 단편 『도시의 문장 Das Stadtwappen』을 통해 동독 사회주의를 비판한다. 작가 뮐러는 시장 아들의 눈을 통해 자신의 입장을 피력하고 있다.[48)]

동독의 사회주의 건설을 공산주의라는 '유토피아' 건설로 볼 때, 바벨탑이 공산주의라는 유토피아에 해당되고, 바벨탑을 건설하려던 자들은 공산주의를 이룩하려는 사회주의자들에 해당된다. 당 간부들을 시의 건설 책임자로 설정하고 이들과 실무자인 시장과 건축가 간의 갈등을 설정한 것은 극작가 뮐러의 탁월한 면모를 보여 주는 것이기도 하다. 에버트 프란쯔가 대변한 공산주의라는 '유토피아'의 도래에 대한 굳은 믿음은 카프카의 글귀와 그대로 일치한다. 하늘까지 닿는 탑을 만든다는 생각 자체가 바벨탑 공사의 본질적 측면이고, 인류가 존재하는 한 탑을 완성하려는 강렬한 소망 또한 존재할 것이라는 카프카의 글귀와 그대로 일치한다.

[…] 바벨탑 건설공사의 본질적인 것은 하늘까지 닿는 탑을 짓는다는 생각이다. […] 인류가 존속하는 한, 이 탑을 완성하려는 강렬한 소망 또한

48) 뮐러는 카프카의 짧은 단편이 현존했던 사회주의의 본질을 가장 탁월하게 묘사하고 있다고 주장하고 있다. KoS. S. 365 참조.

존재할 것이다. (Germania 3. S. 68)

사회주의 건설 과정의 시행착오에 대한 프로스빔머의 생각도 카프카의 글귀와 그대로 일치하고 있다. 다음 세대는 더욱 더 완벽한 과학 지식을 소유함으로써 앞선 세대가 한 작업을 불만족스럽게 평가할 것이고, 이를 더 잘 만들기 위해서 기존의 세대가 만든 부분을 헐어 버리게 될 것이므로 바벨탑 건설을 한 시대에 완성하려 할 필요는 없다는 카프카의 생각은 프로스빌머의 생각과 일치한다.

> [⋯] 오히려 다음 세대는 더욱 완벽해진 과학지식을 소유함으로써, 앞선 세대의 작업을 못마땅하게 여기고, 새롭게 공사를 시작하기 위하여 이미 지어 놓은 건축물을 헐어 버리게 될 것이라고 생각된다. (Germania 3. S. 69)

결국 바벨탑이라는 본래의 공사는 게을리하게 되고 공사 현장의 노동자들을 위한 도시 건설에 혈안이 되어 시기와 질투로 서로 싸우다 파국을 맞이하듯, 동독의 사회주의자들도 본질을 벗어나 경직되어 가고 있음을, 시장 아들은 카프카를 통해 예시하고 있는 것이다. 그러나 슈만에게 카프카는 사회주의의 밝은 전망을 제시하지 않는, 오직 불온 작가일 뿐이다.

> 시장 : 그 애는 책을 많이 읽어.
> 슈만게르하르트 : 그래 불온서적들을.
> (Germania 3. S. 70)

뮐러는 스탈린주의 비판을 통해 동독 사회의 경직된 모습을 단적으로 보여 주고 있다. 관공서의 벽에 걸려 있는 스탈린의 사진은 스탈린 개인우상주의의 상징이다. 뮐러는 동독의 스탈린주의 맹종을 한 인터뷰에서 다음과 같이 비판하고 있다.

> 마르크스주의적인 교육학이란 결코 없었습니다. 그 대신 항상 오직 스탈린주의적인 신학이 있었을 뿐입니다. 공산당 선전 혹은 – 교육학은 단 한 번도 신앙심의 껍질을 깨트리지 못했지요. 언제나 물질적인 목표만 제시되었습니다. – 5년 후에는 우리가 서독을 추월하게 된다거나 혹은 그 비슷한 말들 – 그 목표들은 결코 달성되지 못했지요.[49]

신격화된 스탈린주의를 따르지 않는 시장은 당연히 당 간부들의 공격의 표적이 된다. 집무실에 스탈린 사진을 걸어 놓지 않은 데 대한 입장 표명을 요구하는 슈만에게 시장은 스탈린주의 맹종에 대한 자신의 생각을 솔직하게 토로하고 있다.

> 슈만게르하르트 : […] 자네 책상 위에는 왜 스탈린 초상화가 걸려 있지 않나, 시장. 스탈린 동무에 대한 자네의 입장은 무엇인가?
> 시장 : 난 내가 소련보다 강하지 않다는 걸 알고 있네. 이게 스탈린 동무에 대한 내 입장이네. (Germania 3. S. 73)

---

49) Heiner Müller : Zur Lage der Nation, a.a.O. S. 21.

이처럼 스탈린주의를 맹종하는 당시의 울브리히트 정권과 동독 국민들 사이에 존재했던 괴리감은 시장과 같은 진보적 지식인에게는 물론이고, 평범한 노동자들, 심지어는 테크노크라트이자 문화 예술계를 대변하는 건축가에게서도 발견된다. 술에 취한 채 노동자 권력에 관해 강연을 했던 에버트 프란쯔에게 늙은 선반공은 분노와 저주를 퍼붓고 있으며("때가 되면 우린 너희들을 목매달아 버릴 거야. 네 몸뚱이를 두 동강 내 버리겠어. 프란츠"), 건축가는 스탈린 사진이 걸려 있어야 할 벽에 가죽으로 된 남근을 걸어 놓았고, 스탈린 사진은 변소에 걸어 놓은 것이다. 이런 현실을 모른 채, 노동자들이 울브리히트 정권을 신뢰하고 있다고 믿는 에버트 프란쯔와 이런 현실을 눈치 채고 동료들의 경거망동을 경고하며 자신들의 기득권 지키기에 연연하는 프로스빔머를 통해서, 뮐러는 국민들과 단절된 정권과 국민의 분노를 두려워하는 군상들의 모습을 제시하고 있다. 그러나 뮐러가 제시하는 "독일의 참상"은 에버트 프란쯔를 통해 한층 더 고조된다. 그는 국민들이 정부를 신뢰한다는 허상을 붙잡고 있는 당의 간부이다. 그는 대학공부까지 시켜 준 당에 대해 고마움을 느끼기는커녕 스탈린에 대한 모욕적 행위를 한 건축가의 당성 결핍을 신랄하게 비판하고 있다. 그러나 이런 에버트 프란쯔조차도 술기운을 빌리기는 했지만, 독재자 스탈린의 피의 숙청을 비판하는 노래, 시대상을 반영하며 국민들 사이에 은밀하게 애창되고 있는 노래 '붉은 대장장이의 노래(die Ballade vom Roten Schmied)'를 동료들 앞에서 줄곧 불러대고 있는 것이다. 그리고 신세대의 불건전한 성 도덕심(Sexmoral)을 나무라는 슈만과, 건축가를 무색하게 만들며 건축가의 부인에게 육담을 늘어놓는 프로스빔머의 모습을 통해 동독의 참상은 더욱 고조된다. 이러한 참상은 후르시쵸프가 1956년 소련 공산당 제20차 전당대회에서 스탈린을 공식 비판하며 탈스탈린주의를 선언하였을 때 절정에 달한다. 탈스탈린주의를 반기는 시장과 시장 아들 그리고 건축가에 대한 슈만의 반감은 극도에 달하고, 취중에 진심을 노출시킨 에버트 프란쯔는 사회주의의 현실과 이상 사이의 괴리감을 이기지 못한 나머지, 변소에 걸린 스탈린 사진을 찢어발겨 변기통에 처넣은 뒤 넥타이로 목을 매어 자살하고 만다. 이 모든 것이 스탈린주의가 빚어 낸 처참한 "독일의 참상"이다. 시장 아들이 던지는 소름끼치는 농담은 경직된 동독 사회주의를 희화적으로 드러내는 뮐러 특유의 비유이다.

> 시장 아들 : 에버트 프란쯔 씨가 스탈린 초상화를 찢어서 변기통에 버렸어요. 그리고 넥타이를 변기통 못에 묶고 목을 매달아 자살했어요. 넥타이가 끊어지지 않았다는 건 기적입니다. (Germania 3. S. 78)

에버트 프란쯔의 뚱뚱한 몸무게를 넥타이가 견디어 자살에 성공하게 된 것을 기적에 비유함으로써, 에버트 프란쯔의 비만은 노동자 벌집이라는 이미지와 비교되어 당 간부의 호의호식이라는 정치적 차원을 획득하게 된다. 그러나 다음 순간 뮐러는 시장의 대사를 통하여 에버트 프란쯔의 이미지를 즉각 반전시키고 있다.

> 시장 : 그는 이미 오래전부터 뼈만 남은 앙상한 몸이었어.
> (Germania 3. S. 79)

에버트 프란쯔의 체격이 보기와 달리 뼈가 앙상했었다는 시장의 말은 정치적 의미로 해석하면, 동독 사회주의 지도층이 동독 민중과 함께 호흡하는 살이 없었던 허약한 체질이었으며, 동독 사회주의의 허울 좋은 껍데기에 불과했었다는 이중적 의미를 갖게 된다.

장면을 마감하면서 뮐러는 사회주의적 인간 공동체를 내세우며 스탈린의 인민전선 문화 정책을 추종했던 울브리히트 정권이 계급투쟁보다는 국민총화를 우선시하며 부르주아 계급뿐 아니라 나치의 잔존 세력까지도 받아들였음을 우리에게 상기시키고 있다. 당을 대변하는 슈만은 가정에서는 가부장적인 폭력을 휘두르고 사회에서는 위계질서를 중시하는 인물로, 프로이센의 잔재인 신민근성의 소유자이다. 스탈린을 아버지로 부르는 그의 의식이 이를 단적으로 보여 주며, 시장이 폭로하는 그의 나치 전력은 그가 나치 시절에 히틀러를 아버지로 생각했었음을 알려 준다. 프로이센의 잔재가 청산되지 못한 채 동독에서 진행되었던 "독일의 참상"을 이미 『게르마니아 베를린에서 죽다』에서 다루었던 뮐러는 극중 인물 슈만을 프로이센과 나치의 잔재를 지닌 인물로 보여 줌으로써, 동독의 참상의 뿌리가 나치와 프로이센까지 올라가고 있음을 다시 한번 강조하고 있다. 앞선 장면에서 살펴보았듯이 히틀러와 스탈린을 본질적으로 동일하게 보는 뮐러인 만큼 (나치의 독재가 공산당의 독재로 바뀌었을 뿐이라는 입장을 뮐러는 이미 『볼로콜람스크 국도 5부』 〈주워 온 아이〉에서 다룬 바 있다.) 신민근성의 소유자인 슈만이 히틀러와 스탈린을 아버지로 섬긴다는 사실은 지극히 당연한 일이다. 이러한 "독일의 참상"을 더 이상 인내하기 싫은 신세대에 속하는 시장 아들은 충성스런 신하가 왕의 죽음을 뒤따르듯이[50], 슈만 역시 아버지의 죽음을

50) 시장 아들의 자살 권고는 『게르마니아 베를린에서 죽다』의 『소시민의 결혼』에서 히틀러의 자살을 본받아 아내와 딸에게 치욕스런 삶보다 영예로운 죽음을 택하라는 아버지

뒤따르는 충성스런 아들이 되어야 하지 않겠냐며 조롱하듯 그에게 자살을 권고한다. 뮐러는 동독의 당 간부 중에는 희망을 걸 만한 사람이 거의 없었으며, "동독의 역사는 무능력자들에 의한 어리석은 역사였다"고 회상하고 있고(KoS. S. 213 참조), 동독 사회주의의 참상을 한마디로 역사를 위한 국가 건설이 아니라 통계를 위한 국가 건설이었다고 규정짓고 있다.

6. 죽은 자들에 대한 맹세와 유령들

뮐러는 자신의 마지막 작품이 된 이 작품의 제목을 『게르마니아 3 죽은 자와 유령들』이라고 명명했다. 뮐러가 『게르마니아 베를린에서 죽다』에서 1918년 독일 11월 혁명의 좌절을 '죽음 1'로, 동독 탄생 이후 1953년 동백림 폭동을 거치면서 독일 노동운동의 분열과 좌절이라는 암에 걸려 죽음을 맞이하는 영원한 벽공 힐제의 죽음을 '죽음 2'로 명명한 사실로 미루어 볼 때, 제목에 사용된 3이라는 숫자는 동독이 붕괴되고 흡수 통일된 독일의 상황을 게르마니아의 세 번째 죽음에 비유하고 있는 것으로 사료된다. 그러나 뮐러는 서독의 탄생, 즉 분단을 게르마니아의 죽음에 비유하기도 했다.[51]

의 파쇼적 의식 구조를 역설적으로 활용하고 있으며, 『볼로콜람스크 국도』 5부 〈주워 온 아이〉에서는 아버지를 죽음으로부터 구했던 아들이 다시 아버지에게 자신의 죽음을 요청하는 상황과 맞물려 있다. 뮐러는 『게르마니아 3 죽은 자와 유령들』에서도 부자간의 갈등이란 모티프를 다시 사용하며 이를 사회적·국가적·이념적 차원으로 끌어올려 펼치고 있다.

51) 『게르마니아 베를린에서 죽다』 63쪽의 첫 번째 죽음을 1918년의 좌절된 11월 혁명으로 볼 것인지, 아니면 서독의 탄생과 더불어 시작된 현실적 분단으로 볼 것인지를 가리는 것은 문제의 본질적 측면이 아니므로 이에 대한 상론은 펴지 않겠다. 그러나 11월 혁명의 주인공인 로자 룩셈부르크가 뮐러의 작품에서 차지하는 비중으로 보아 1918년의 좌절된 혁명을 첫 번째 죽음으로 보는 견해가 오류임을 인정하기는 어렵다.

그러나 필자는 제목이 암시하는 보다 더 중요한 측면은 '게르마니아'는 진정한 사회주의 실현을 이루려다 희생된 사람들, 즉 파시즘과 스탈린주의에 희생된 사람들이며, 이들은 흡수 통일된 독일에서 아직도 유령으로 떠돌고 있다는 사실일 것이다. 실제로 뮐러는 이 작품의 인물들을 대부분 유령으로 등장시키고 있는데, 이는 모든 예술을 죽은 자들에 대한 회상으로 인식하는 뮐러의 예술관과 죽은 자들에 대한 맹세를 드라마의 기능 중 하나로 파악하는 그의 연극관에 기인하는 것이다. 1986년의 인터뷰에서 뮐러는 다음과 같이 자신의 연극관을 밝히고 있다.

> 마르크스는 죽은 자들의 악몽에 대해 이야기하고, 벤야민은 과거로부터의 해방을 이야기한다. 죽은 자들은 역사 속에서는 죽은 것이 아니다. 드라마의 기능 중 하나는 죽은 자들에 대한 맹세이다. 죽은 자들과의 대화는 죽은 자들과 함께 그들의 죽음 이후에 묻혀 버린 것들을 죽은 자들이 드러낼 때까지는 중단되어선 안 될 것이다.[52] (GI2. S. 64)

1988년의 발언에서도 그의 이런 자세는 확인된다.

> 연극의 과제, 비극의 과제는 항상 죽은 자들에 대한 맹세였다. 그리스 비극은 죽은 자들에 대한 맹세이다. 살아 있는 자들은 오직 희극에만 등장했다. 죽은 자들을 양탄자 밑으로 쓸어 버리려는 시도가 강렬하면 강렬할수록,

52) 죽은 자들에 관한 마르크스와 벤야민의 입장과 뮐러의 입장에 관한 비교는 졸고 『하이너 뮐러의 사극에 나타난 프로이센 시대의 의미지평』 S. 58 참조. 경북대학교 어학연구소, 『어문연구』 제18집, 1993.

> 죽은 자들에 관해서는 이야기하지 않으려고 시도하면 시도할수록, 그만큼 더 남은 시체는 쓸어 담을 수 없게 되어 버렸다. 죽은 자들을 양탄자 밑에서 꺼내고 이들을 무대에 세우는 것은 시대에 달렸다. 이것은 고대 희랍인들이 했던 방식으로 해낼 수 있다. 즉 비극에서 가면을 쓰고 얼굴을 가린 죽은 자들로 무대를 채우는 식으로 말이다. (GI2. S. 136)

뮐러의 표현을 빌리자면, 여기서 말하는 죽은 자들에 관한 이야기란 '당대의 지하실에 있는 시체'에 관한 이야기를 의미한다. 즉 구체적으로 사회주의 동독 정권하에서 수난과 박해를 받고 희생된 사람들을 말한다. 동독 정권이 자신들을 비난하는 작품을 금지시킨 조치를 뮐러는 양탄자 밑으로 시체를 숨기는 짓에 비유하고 있다. 그리고 스탈린을 비판하기 위해 멕베스라는 가면을 사용하는데, 동독에 민주화의 바람이 거세게 불면서 이 가면은 더 이상 필요하지 않게 된다.

> 이제는 그런 식이 더 이상 필요 없게 되었다. 일단락된 시대는 이제 묻어 버려야만 한다. 그것이 우리들의 사명이다. 죽은 자들은 묻어야만 한다. 계속 죽은 자들과 연극이 벌어지기 전에 말이다. (GI2. S. 136)

따라서 1996년에 출판된 작품 『게르마니아 3 죽은 자와 유령들』은 뮐러가 가면을 사용하지 않고 집필한 첫 작품에 해당된다. 그러나 죽은 자들을 묻는 사명의 완수는 그리 빨리 이루어질 수 없을 것으로 보인다. 왜냐하면 흡수 통일된 독일은, 뮐러의 견해에 따르면, 죽은 자들에 대한 배려를 하지 않는 자본주의 문명을 지향하고 있기 때문이다. 1991년의 인터뷰에서 뮐러는 다음과 같이 자신의 견해를 밝히고 있다.

> 사회주의는 죽은 자들을 배려하는 문명인 반면, 자본주의는 살아 있는 자들을 배려하는 문명이다. 따라서 사회주의는 느린 속도의 발전을 지향하게 되는데, 죽은 자들은 시간이 많으며 급할 게 없기 때문이다. 그러므로 사회주의의 국민들은 상대적으로 느린 경제발전의 고통을 참아 내야만 하는데 이는 참기 힘든 것이 사실이다. 이로부터 사회주의의 경제적 재앙이 비롯된다. 사회주의는 아마도 자본주의보다는 더 고상하고 우아한 문명일지도 모른다. 그러나 살아 있는 자들을 배려하는 자본주의는 싸구려 문명이기는 하지만 분명히 기능하고 작동하는 문명이기도 하다. (Heiner Müller : Jenseits der Nation S. 74f.)

뮐러가 베를린 장벽을 시간의 장벽이라고 보고 장벽 설치에 긍정적 반응을 보였던 것은(KoS. S. 365) 사회주의 문명의 속성을 인지한 결과였다. 그러나 동독 정권은 사회주의 문명의 이러한 속성을 제대로 인지하지도 못했을 뿐만 아니라, 정치·사회적으로 경직된 자세를 취해 경제발전을 더욱 어렵게 만듦으로써 “독일의 참상”을 야기한 것이다.

사회주의 발전은 정치와 경제가 같이 발전해야만 이룩될 수 있는데, 정치적으로 제거했던 지하실의 시체들을 다시 불러내지 않는 한, 즉 정치적 발전이 전제되지 않는 한, 경제 발전은 있을 수 없었다는 것이 뮐러의 견해이다. 그래서 뮐러는 동독의 민주화가 이루어지고 있던 시점이 사회주의를 진정한 모습으로 바꿀 수 있었던 적기라고 생각하고 있었다(Zur Lage der Nation S. 17 참조). 그러나 흡수 통일로 이 기회가 무산되었음은 물론이다.

죽은 사람들에 대한 배려는 동독 정권의 어느 시점까지는 긍정적인 기능을 했지만, 그 이후부터는 살아 있는 사람들에게 부담이 되기 시작했고, 급기야 생존한 사람들에 대한 죽은 사람들의 독재로 변질되어 버린 것도 독일 참상의 한 양상으로 뮐러는 파악한다. 혁명을 거치지 않고 집권한 동독 정권은 오직 반파쇼주의로부터 합법성을 인정받고 있었던 까닭에 반파쇼투쟁에서 죽은 사람들의 편에 서야 한다는 의무감에 사로잡혀 있었고, 이렇게 지속된 죽은 자에 대한 배려는 경제적인 대가를 요구하게 된 것이었다.

> 죽은 자는 청바지도, 키위도, 워크맨도 필요하지 않기 때문이었다. (앞의 책 S. 74f. 참조)

뮐러는 동독에서 변질된 양상으로 나타났지만, 죽은 자에 대한 사회주의의 배려를 근본적으로 지향하고 있다. 모든 에너지가 죽은 자들을 제외시키고 분리시키려는 쪽으로 가고 있는 자본주의를 뮐러는 비판한다.

> 서구에는 오직 현재가 있을 뿐이지 죽음은 없다. 별 볼일 없는 삶, 술주정뱅이나 실업자들의 삶은 인정받지 못하고 제외된다. 삶의 정의에 포함되지 못한다. 죽은 자들이나 선조들이 설 자리가 없는 자본주의 사회에서 사회적으로 쇠약한 자들, 그 사회의 한 톱니로 작동하지 못하는 자들은 쓰레기에 불과하다. 왜냐하면 이들은 영원한 현재의 매끄러운 순환을 방해하기 때문이다. (앞의 책 S. 24)

이제 죽은 자들에 대한 애정을 미래에 대한 애정으로 파악하고 죽은 자들을 대화의 상대자 혹은 방해자로 수용하며, 죽은 자들과의 대화를 통해 미래를 생성하려는 뮐러의 맹세를 살펴보자.

첫 장면 〈한밤의 남자들〉에 등장하는 에른스트 텔만은 장벽이 존재하는 시점(1961년 8월 13일 ~ 1989년 11월 9일)에 이미 고인이었던 유령이다. 1944년 8월 18일 부켄발트 수용소에서 살해된 텔만과, 장벽 설치의 장본인이며 1973년에 사망한 울브리히트 간의 대화는 명실 공히 죽은 자끼리의 대화이다. 소련의 후광을 업고 집권했으며 스탈린 노선을 충실히 추종했던 울브리히트를, 사회주의 독일을 꿈꾸며 종전 직전 수용소에서 비참하게 살해된 독일 공산당의 대통령 후보 텔만과 대면시킴으로써, 뮐러는 죽은 자에 대한 맹세를 실천하고 있다. 자신이 꿈꾸던 사회주의 독일의 모습을 파시스트들의 빨갱이 사냥을 연상시키는 장벽과 장벽 주위의 살벌한 풍경으로 확인한 텔만에게 장벽은 독일 사회주의의 무덤일 뿐이다. 뮐러에게도 장벽은 '시간의 장벽'이 아닌 지 이미 오래다. 뮐러는 또한 1918년 11월 혁명과정에서 살해된 로자 룩셈부르크의 유령도 사회주의 독일을 꿈꾸던 자에게 사회주의 독일의 무덤을 보여 주는 차원에서 등장시키고 있다.

죽은 자들과의 직접적인 대화는 〈이주노동자〉에서 히틀러 파시즘에 오염되어 희생된 두 아들과, 이에 저항하다 살해된 아버지를 통해서도 이루어지고 있다. 〈조치 1956〉에서의 노동자 1 역시 유령의 목소리를 빌려 예술가를 보는 노동자의 시각을 전하고 있고, 불타는 여인 또한 남성우월주의 사회에서 억압받는 여성들의 상징으로 등장하는 유령이다.[53)]

53) 불타는 여인은 중세에 마귀로 낙인찍혀 화형 당한 수난의 여인들을 상징하고 있으며, 뮐러의 작품 『햄릿기계』의 수난 받는 여인들인 엘렉트라, 오필리아와 동일선상에 있다. 이에 관해서는 Heiner Müller : Hamletmaschine, Berlin 1978, S. 97 참조.

이 작품의 마지막 장면인 〈거인 로자 Der Rosa Riese〉의 이름 모를 전사자 또한 글자 그대로 유령이다. 아버지를 옆에 세워 둔 채 스탈린의 소련 인민군 병사 열두 명에게 강간당한 어머니를 회상하는 이름 모를 전사자의 유령을 통해, 뮐러는 다시 한번 스탈린 사회주의가 빚은 "독일의 참상"이라는 상처를 드러낸다. 히틀러 파시즘과 스탈린주의가 본질적으로 다르지 않음을 선언하며 복수의 차원에서 한 소련군 장교의 부인과 그녀의 자식들을 살해하지만, 뮐러의 유령은 차마 강간을 저지르지는 못하고 자위행위를 하는 것으로 그친다. 사람을 잡아먹는 동화 속 거인 이미지를 부여했지만 뮐러의 거인은 강간당한 어머니의 핑크 빛 속옷을 입고 있는 핑크 빛 거인이며, 군대의 유격훈련에서도 낙오하는 유약한 거인이다.[54] 뮐러 자신의 체험[55]을 토대로 한 마지막 장면에서도 뮐러는 유령을 등장시켜 아직까지도 어두운 구천을 떠돌고 있는 "독일의 참상"을 그려내고 있다.

그 밖에도 뮐러의 표현대로 크림힐드와 하겐을 비롯해 히틀러와 스탈린의 유령들을 대화의 방해자로 등장시키고 있으며, 〈탱크 전투〉의 마지막에서도 스탈린과 히틀러에게 희생된 자들을 무대에 등장시킴으로써 이 작품의 주인공이, 제목이 암시하듯, 유령들임을 강조하고 있다.

진정한 사회주의를 추구했던 좌파 지식인 뮐러는 동독 정권의 박해에도 불구하고 꾸준히 동독의 민주화 운동에 앞장서 동독 민중의 대변인 역할을

---

54) 어머니의 핑크 빛 속옷을 입고 있는 것은 『햄릿기계』에서 햄릿이 여자이기를 원하며 오필리아의 옷을 입는 상황의 변형이며, 수난당하는 여성들에 대한 뮐러의 연민을 암시하고 있다. 『햄릿기계』 S. 92 참조.

55) 일주일간 복수의 축제처럼 계속된 소련군의 강간 행위를 뮐러는 직접 체험했으며, 뮐러의 이웃집 여자가 뮐러의 집에서 강간당할 때 그녀의 남편을 쳐다보고 있을 수밖에 없었다고 뮐러는 자서전에서 회고하고 있다. KoS. S. 48 참조.

해 온 작가였다. 바이마르 공화국과 나치 독일 그리고 사회주의 동독을 체험한 작가 뮐러 작품들의 핵심 주제는 '독일'이었다. 독일의 역사를 뮐러는 "독일 참상의 역사"로 파악하고 있으며, 독일 극문학의 전통도 '분단 드라마'의 전통으로 바라보고 있다.

많은 인터뷰를 통해 밝혀진 작가의 의도는 그의 작품을 이해하는 길잡이 역할을 했으며, 그 덕분에 뮐러의 작품 수용에 큰 변화가 나타났다. 특히 뮐러는 그의 작품들을 연대별로 분류하여 바라보던 평론가들의 시각을 자의적 해석이라고 거부하고 있다. 내용적인 측면에서 다양한 주제를 넘나든 것이 아니고, 동일한 주제의 다양한 접근과 형식적 변형이었음을 작가 스스로 밝히고 있다.

『게르마니아 3 죽은 자와 유령들』은 사회주의자의 꿈을 묻어 버린 채 흡수 통일된 조국 독일의 모습 속에서 뮐러가 읽어 낸 "독일의 참상"을 보여 주는 뮐러의 마지막 작품이다. 2차 대전이 엄청난 "독일의 참상"이었음에도 불구하고 작품으로는 충분히 다루어지지 못했음을 지적했던 뮐러는 이 작품의 많은 부분을 2차 대전에 관한 이야기로 채우고 있다. 경직된 사회주의 체제 속에서 쓸 수 없었던 이야기들, 특히 스탈린에 관한 비판적 시각을 거침없이 드러내면서, 고전의 각색이라는 우회적 수법을 쓰는 대신 스탈린주의의 문제점들을 심층적이고 직접적으로 묘사하고 있다.

흔히 분단의 상징으로 부르는 베를린 장벽에 대한 뮐러의 시각은 분명하다. 설치 당시의 장벽은 자본주의의 경제 침략을 막아 주는 보호막이었지, 자국민을 울타리 안에 가두려는 철의 장막은 아니었다는 것이 뮐러의 생각이었다. 이처럼 장벽을 시간의 장벽으로 보는 긍정적 시각의 근저에는 성장위주의 비인간적 자본주의를 거부하고 인간중심의 인간 생태적 속도를 우선시하는 사회주의에 대한 공감이 있었다. 그러나 그 장벽 안에서의 삶이 개혁과 변혁을 소화시키지 못하고 경직되기 시작한 후부터 장벽은 뮐러에게 사회주의의 무덤에 불과할 뿐이었다.

동독을 소련의 식민지로 전락시킨 울브리히트와 사회주의 독일의 꿈을 간직한 채 수용소의 이슬로 사라져 간 텔만의 대면을 통해 뮐러는 40년간의 동독 사회주의를 간결하게 결산한다. 그리고 그것은 스탈린주의의 참상이나치 "독일의 참상"보다 결코 덜하지 않았다는 것이다.

많은 부분을 할애한 2차 대전이라는 "독일의 참상"을 뮐러는 다양한 시각에서 조명한다. 스탈린의 시각, 소련 병사의 시각, 독일 장교의 시각, 독일 병사의 시각, 신화 재해석의 시각, 히틀러의 시각, 독일군 장교 부인들의 시각, 90년대 독일 신세대의 시각, 종전 후 귀향자의 시각 등이 그것이다. 이제까지 동독에서 금기시되던 스탈린에 대한 비판이 뮐러 이 작품의 상당 부분을 차지한다. 고전의 각색이라는 우회적 수법을 사용할 필요가 없어진 사회적 여건에 걸맞게, 뮐러의 스탈린 비판은 직접적이며 심층적으로 행해진다. 뮐러는 일국의 사회주의를 성공적으로 이끌었으며, 초토화 작전으로 히틀러를 패퇴시켰다는 긍정적 스탈린상을 여지없이 깨트려 버린다. 뮐러의 작품에서 위대한 스탈린은 자신이 '피의 숙청'으로 제거한 정적들의 유령들을 두려워하며, 불안과 초조에 떠는 고독한 독재자일 뿐이다. 스탈린 식 사회주의의 본질은 비밀경찰과 정보정치를 통한 국가반역자의 양산체제일 뿐이며, 스탈린 개인우상주의에 다름 아니다. 정치범 수용소 없이는 유지될 수 없었던 체제라는 측면에서, 히틀러 파시즘과 스탈린 개인우상주의는 그 본질이 동일하다고 뮐러는 본 것이다.

뮐러는 소련군 병사와 독일군 장교의 모습을 통해 2차 대전을 치룬 독일

군인들을 히틀러의 거짓 선전에 속아 유혹 당한 피해자인 동시에 도덕적 양심을 지니기도 했던 자들로 묘사하고 있다.

살육을 위한 살육의 반복행위에 불과했던 니벨룽겐 기사들과 크림힐드의 야만적 행위를 독일인의 긍정적 심성인 충절로 곡해하는 신화적 해석에 대해, 그 신화적 허상을 파괴하고 본질을 제시하는 작업이 『게르마니아 베를린에서 죽다』에 이어 이 작품에서도 계속되었다. 뮐러는 이 작품에서 무모한 스탈린그라드 살육 전쟁 당사자들인 독일군과 소련군을 하겐과 크림힐드로 상징하여 비판하고 있다. 또한 바이마르 공화국 당시 독일 공산당이 불우한 청소년들에게 가한 비행을 들추어냄으로써, 반복되는 야만의 역사라는 "독일의 참상"을 강조하고 있다.

뮐러는 히틀러 파시즘의 본질 해부에 있어서도, 스탈린의 경우처럼, 히틀러의 내면과 의식의 흐름을 좇는 수법을 사용하였다. 유태인 학살과 2차 대전의 참상을 히틀러의 과대 망상적이고 자본주의적인 의식의 내면에 접근하여 분석하고, 이를 빗대어 기독교와 공산주의에 대한 뮐러 자신의 비판적 인식까지 덧붙이고 있다.

또 히틀러 파시즘에 희생된 여인들의 참상을 독일군 장교 부인들의 시각을 통해 잔혹한 수법으로 펼치고 있는데, 『살육』의 〈침대 시트〉에서 사용했던 '군복 모티프'가 여기에서 다시 한번 변형되어 사용되고 있다.

〈침대 시트〉에서는 생존 본능과 파시즘을 다루었던 반면, 이 작품에서는 파시즘과 계급 갈등이 주로 다루어지고 있다. SS 대원을 외국인으로 설정함으로써 오늘날 선진 자본주의 국가에 엄존하는 외국인 노동자들에 대한 계급 갈등의 현대적 맥락까지도 얻어내고 있다. 이 현대적 맥락은 다시 90년대 독일 신세대의 자본주의적 시각과 연결되면서 흡수 통일 이후의 "독일의 참상"을 선명하게 부각시켜 주는 효과를 거두고 있다.

마지막으로 귀향자의 시각을 통해 뮐러가 조명하는 2차 대전은 다시 소련군의 부정적 모습을 보여 준다. 〈침대 시트〉에서 소련군은 독일 국민을 파시즘으로부터 해방시키고 굶주린 독일 국민에게 빵을 나눠 주는 해방군이었으나, 이 장면에서는 아내를 강간하는 강간범일 뿐이고, 그런 아내의 강간범을 살해한 귀향자를 연행하는 점령군이다. 소련군은 남편을 수용소로부터 해방시켜 고향으로 보내 준 해방군인 동시에, 이념적 동지인 귀향 공산주의자를 연행하는 점령군이라는 양면성을 갖고 있다.

뮐러는 좌파 지식인들의 현실 참여 문제를 브레히트 수용의 문제점을 통해 제기한다. 뮐러는 브레히트의 여인들과 수제자들을 통해 브레히트 추종자들의 현실 참여 자세를 비판한다. 또한 그는 현실 참여 문인들을 탄압하고, 헝가리 민중봉기를 탱크로 진압하는 사회주의 공권력의 폭력에 대해 본질은 외면한 채, 지엽적인 부분에만 집착하는 측면을 비판하고 있다. 브레히트의 작업방법은 이어받지 못하고, 오직 브레히트가 제시한 하나의 제안에 불과했던 작업 결과에만 연연하는 브레히트 추종자들의 브레히트 수용자세를 뮐러는 지적하고 있다.

동독 사회주의의 내면적 실상을 파헤친 〈파티〉에서는 동독 사회주의 건설의 장본인인 당 간부들의 의식을 통해 동독 사회주의의 경직된 모습을 보여 주고 있으며, 신세대의 시각을 통해 동독 정권이 추구했던 공산주의는 유토피아에 불과한 허상이었음을 드러내 준다. 또한 나치의 독재가 공산당의 독재로 바뀌었을 뿐임을 스탈린 개인우상숭배와 스탈린주의자들의 신민(臣民)의식을 통해 보여 주고 있다.

히틀러 파시즘과 스탈린주의 그리고 동독 사회주의의 참상을 다룬 이 작품을 관통하는 핵심 모티프는 "죽은 자들에 대한 맹세(Totenbeschwörung)"이다. 그래서 뮐러는 많은 극중 인물들을 유령으로 등장시키고 있다. 이는 "죽은 자들에 대한 맹세"를 드라마의 중요 기능으로 파악하는 뮐러의 연극관에 기인한다. 뮐러는 정치적 박해를 받고 희생당한 사람들을 향한 배려를 사회주의 문명의 속성으로 파악하며, 동독 사회주의의 좌절도 이 맹세가 변질된 측면에 기인하는 것으로 인식하고 있다.

기술발전을 위한 기술발전을 지향하고, 무제한의 성장을 지향하는 자본주의에 반해, 공산주의는 인간중심의 발전과 성장을 지향한다는 것이 뮐러의 견해이다. 뮐러는 공산주의의 저속현상을 이런 맥락에서 긍정적으로 바라보면서, 민주화된 동독이 진정한 사회주의로서의 대안을 제시할 수 있기를 희망했지만, 동독은 흡수 통일되고 말았다. 진정한 사회주의로서의 대안이 존재할 수 없게 된 통일은 뮐러에게 소시지 가게에 다름 아니다. 오직 케첩을 많이 친 가게와 겨자를 많이 친 가게의 차이만 있을 뿐이다. 좌·우익도 없이 국민들은 똑같은 소시지를 제공받을 뿐이다(앞의 책 S. 36 참조). 이와 같은 통일은 뮐러에게 미래에 대한 희망보다는 곤혹스러움을 먼저 안겨 주고 있다.

놀랍게도 1920년대 말에 집필된 브레히트의 미완성 교육극 『팟쩌』는 뮐러의 곤혹스러움을 선취하고 있다. "예전에는 유령들이 과거로부터 왔듯이, 이제는 똑같이 미래로부터 온다." (앞의 책 S. 62)

지하실의 시체들을 해방시키고 그들과의 대화를 끝내고 싶은 뮐러에게, 미래로부터 오는 유령은 곤혹스러울 뿐이다.

그러나 뮐러는 비관적인 마르크스주의자는 아니다. 뮐러는 스스로를 저항하며 살아온 사람으로 언급하고 있으며, "자신의 작품과 연극 속에서 자신을 침략자로 생각하고 있으며, 공격자가 저지르는 실수와 씨름하며 살아가는 삶"을 자신의 삶으로 인식하고 있다. (KoS. S. 335 참조)

자서전과 많은 인터뷰를 통해 밝혀진 새로운 사실들은 뮐러가 부조리하고 비합리적인 세상과 경직된 사회주의 동독 사회에서 마르크스주의자로서 자신을 주장하며 오랫동안 노력했던 사람임을 알려 준다. 뮐러는 지금까지 진행되어 온 사회주의의 역사가 낙관적으로 진행되어 온 역사라는 견해에는 공감하지 않는다.

고통과 모순, 좌절의 순간들을 가차 없이 드러내면서 역사의 수레바퀴가 앞으로 굴러 왔다는 견해는 비판하지만, 보다 밝은 미래에 대한 희망의 자세는 포기하지 않는다. 뮐러는 사회주의 역사의 모순 그리고 그 상처가 주었던 통증을 처참하고 잔혹한 충격과 공포 그리고 경악을 통해 관객들에게 인식시키면서 밝은 미래를 위한 배움의 길로 들어설 것을 요구하고 있으며, 이 불가능해 보이는 것을 시도하는 것이 예술의 본질이라고 파악한다. 미래를 향하고 있는 뮐러의 천사의 시선,[56] 그리고 예술은 불가능과의 씨름이라고 정의하는 뮐러의 발언이 이를 뒷받침해 주고 있다.

---

56) 뮐러의 역사관은 그의 작품 『Glücksgott』에 응축되어 있으며, 벤야민의 천사의 시선이 처참한 과거를 향하고 있는 것과는 대조적이다. 이에 관한 상론은 졸고 『하이너 뮐러의 사극에 나타난 프로이센 시대의 의미지평』 a.a.O. S. 59ff. 참조.

6장

뮐러의 교육극

1. 새로운 연극미학의 실험 : 브레히트의 교육극

교육극이란 1920년대 말기에 브레히트가 새로운 연극미학을 추구하며 집필한 일련의 작품들을 지칭한다.[57] 1960년대까지 학계에서는 소위 단계론(Phasentheorie)에 입각하여, 개인주의적 · 허무주의적인 청년시절(1913~1926)이었던 제1기와, 성숙한 마르크스주의자로서 후기의 대작들인 서사극을 집필했던(1933~1956) 제3기로 넘어가기 전 단계인 제2기(1926~1933)에 집필된 작품들을 교육극으로 보았다. 따라서 교육극은 보다 덜 성숙하고 통속적이며 조야한 마르크스주의자의 면모를 드러내는(vulgär marxistisch) 작품들로 간주되고 있었다. 그러나 1972년 라이너 슈타인벡(Reiner Steinweg)의 논문

57) 『Der Jasager und der Neinsager』, 『Die Ausnahme und die Regel』, 『Die Maßnahme』, 『Die Horatier und die Kuriatier』 등이 엄밀한 의미의 교육극에 해당한다.

이 발표된 후 교육극은 종전의 부정적 평가를 벗어나, 완전히 새로운 평가를 받게 된다.[58] 슈타인벡은 교육극에 관한 브레히트 본인의 새로운 기록들을 바탕으로 "교육극이란 관객이 없는 연극이기 때문에 교육극에 대한 평가는 관객 앞에서 공연됨을 전제로 한 소위 후기 대작들과는 전혀 다른 기준으로 평가해야 한다"는 사실을 밝힌다. 임종을 앞둔 브레히트가 미래의 연극 형태를 묻는 만프레드 벡베르트에게 후기 대작이 아닌 젊은 시절의 실험극이었던 『조치』를 언급했었던 사실, 브레히트 자신이 지속적으로 교육극에 관심을 기울여 왔으며 작품 구상까지도 했던 사실[59] 등은 교육극 평가의 새로운 가능성을 제공해 주었다.

새로운 기록들에 의하면, 브레히트는 후기 대작들을 작은 교육(Kleine Pädagogik), 교육극을 큰 교육(Große Pädagogik)으로 표기하고 있다.[60]

브레히트의 교육극에 관한 기록 중 가장 핵심적인 부분은 "원칙적으로 교육극에는 관객이 필요 없다"는 대목과 "교육극은 보여 줌으로써가 아니라 연기됨으로써 가르친다"는 대목이다.[61]

이러한 브레히트의 발언에 의거하여 슈타인벡은 관객 없는, 연기자 자신을 위한 연기를 교육극의 기본 원칙으로 삼고, 교육극은 미래 사회주의 연극의 맹아이며 서사적 상연극(das epische Schaustück), 즉 관객을 필요로 하는 소위 후기 대작들이 교육극을 하기에 여러 가지 여건이 충족될 수 없었던

58) Reiner Steinweg : Das Lehrstück. Brechts Theorie einer politisch-ästhetischen Erziehung. Stuttgart 1972.

59) 실제로 브레히트는 'Das Leben des Einstein', 'Die neue Sonne', 'Fatzer', 그리고 동독 출범 시기의 노동영웅 한스 가르베의 이야기를 교육극으로 구상한 바 있다.

60) Bertolt Brecht Archiv 521/96 Zitat Nach "Alternativ" 1971 Heft Nr. 78/79 S. 126.

61) ebd. S. 125.

상황에서 브레히트가 취한 일종의 타협의 산물이었다는 주장을 펴고 있다.

슈타인벡의 이런 주장은 많은 논란을 불러일으킨 바 있지만[62] 브레히트의 후기 대작들을 타협으로 볼 것인가 아니면 교육극의 연극미학을 보다 확장한 형태로 계승·발전시킨 것들인가에 대해서는 더 이상 상론하지 않겠다. 이 장에서는 뮐러의 교육극을 분석한 후, 브레히트의 교육극에 대한 뮐러의 수용이 어떤 양상을 띠고 있는지 종합적으로 고찰하고자 한다.

뮐러의 교육극을 분석하기 위해 먼저 극이 생성된 시대적 배경과, 당시 좌파 예술가들의 경향이었던 "생산자 예술론"과 교육극과의 연관관계를 살펴보기로 하자. 또한 브레히트가 제시하는 교육극 이론의 핵심은 구체적으로 무엇인지를 살펴보기로 하자.

1920년 중반 브레히트의 연극관은 기성 부르주아를 위한 오락(Unterhaltung) 위주의 연극을 거부하며, 교육(Belehrung) 위주의 연극을 지향하고 있었다. 브레히트는 당시의 극장을 "저녁 한때의 오락을 팔아먹는 곳", 차가운 현실을 잠시 망각하도록 마약을 파는 곳이라고 비판하고 있다.[63]

이러한 교육 위주의 브레히트의 연극관과 더불어 1920년대 말과 30년대 초 소련에서 비롯된 생산자 예술론은 교육극의 탄생에 크게 기여하게 된다. 생산자 예술론은 후기 자본주의 사회의 예술 생산과 예술 소비 사이의 극단적 괴리를 지양하려는 예술운동이었으며, 연극의 경우 관객을 단순한 예술의 소비자로 남겨 두지 않고 예술 생산자의 일부로 유입하고자 했다.

소련의 트레챠코프[64]가 주도했던 이 생산자 예술론에 브레히트가 적극

62) 슈타인벡의 주장에 대한 Werner Mittenzwei와 Haarmann/Walach의 논란은 Reiner Steinweg(hrsg) : Brechts Modell der Lehrstücke. Zeugnisse, Diskussion, Erfahrungen, Frankfurt 1976, 참조.

63) Bertolt Brecht : Gesammelte Werke, Frankfurt 1967, Bd 16 S. 66.

호응한 결과 교육극이 나타난 것으로 추정된다. 트레챠코프는 프롤레타리아가 역사의 주체가 되었으면서도 예술분야에서는 아직 수동적 소비자에 머물고 있음을 지적하며, 프롤레타리아들이 예술 생산에 능동적으로 참여해야 한다는 생산자 예술론을 주장하였다.

교육 위주의 브레히트 연극관은 생산자 예술론이 지향하는 바와 상당 부분 일치하고 있음은 브레히트가 트레챠코프와의 교분을 통해 연극에 관한 서로의 생각들을 주고받았을 가능성을 제기해 주고 있다. 왜냐하면 생산자 예술론은

1. 오락에서 교육으로의 예술의 기능변화
2. 예술의 생산과 소비의 접근 또는 일치 가능성
3. 수용 측면에서 감정이입을 반대
4. 예술작품 수용과정 속에 유물론적 변증법이 제공하는 인식 향유를 거쳐 관객과 독자에게 사회적 영향력을 미치는 예술적 기교 사용

등을 주 내용으로 하고 있기 때문이다.[65)]

---

64) 세르게이 미하일로비치 트레챠코프(1892~1939)는 혁명 이후 프롤레타리아 예술동맹(Proletkult)에서 활약하며, 에이젠슈쩨인, 메이어홀드 등과 함께 연극 활동을 펼친 극작가였다. 그의 대표작은 『중국이여 절규하라』이며, 1930~1931년 독일, 덴마크, 오스트리아로 여행하면서 독일의 연출가 에르빈 피스카토어(Erwin Piscator), 그리고 브레히트와 돈독한 교분을 맺었다. 1937년에 체포되었으나 1956년에 복권되었다.

65) Werner Mittenzwei : Die Spur des Brechtsche Lehrstück-Theorie. Gedanken zur neuen Lehrstück-Interpretation. in : R. Steinweg(hrsg.) : Brechts Modell der Lehrstücke. Zeugnisse, Disskussion, Erfahrungen, Frankfurt 1976, S. 243f.

이제 브레히트가 제시한 교육극 이론의 핵심부분을 살펴보도록 하자.

- 교육극은 실험 연작(Versuchsreihe)의 형태로 집필된 것이다.
- 비직업배우들로 구성되며 이들은 사회변혁을 추구하는 혁명적 집단이다.
- 대본은 극작가가 제시한 높은 수준의 문학적 가대본(hoch qualifizierte literarische Vorlage) 성격을 갖고 있으며, 배우들이 가감 삭제할 대상이다. 이 가대본은 극중 인물들의 행위를 통해 행동양식의 견본(Verhaltensmuster)들을 보여 주며, 배우들이 이 행동양식들을 모방해 봄으로써 배움이 가능토록 하여 주고, 때로는 의도적으로 부정적인 행동양식들을 제시함으로써 이를 모방하는 배우들이 다시금 이를 부정토록 하는 부정의 부정 수법이 활용되어야 한다.
- 극중 역할을 배우들은 서로 교환한다. 이를 통해 배우들은 다양한 극중 역할을 맡아보게 되어 배움의 기회를 확대한다.
- 현대문명의 각종 기구와 장치(예 : 라디오, 녹음기, 영사기, 환등기 등)를 활용하여 논평을 하거나 화면 속의 인물들과 연기하는 등 과학기술의 새로운 발전을 예술 생산에 적극 활용한다.
- 교육극은 특정 주제를 전달하려는 연극이 아니며, 정신적 운동경기 선수를 위한 유연성 훈련을 위한 것이다.[66]
- 교육극은 관객이 없는 연극이다.
- 교육극의 목적은 다가올 미래의 사회주의 사회에서 공연될 연극의 선

66) 1956년 봄에 Paul Abraham과의 대담에서 밝힌 브레히트의 견해. Alternativ 78/79 S. 131 참조.

취를 위해 혁명적 집단의 변증법적 사고를 훈련시키는 것이다.

브레히트 교육극은 주도동기(Leitmotiv)인 '동의(Einverständnis)의 필요성'을 배움의 대상으로 상정하여 변증법적 사고를 훈련시키고자 한다. 『동의자들 Jasager』에서 『조치』에 이르는 일련의 작품들이 과연 슈타인벡의 주장처럼 애초부터 연작으로 구상되었던 것인지, 아니면 『동의자들』 초판이 베를린의 학교에서 초연된 후 학생들의 부정적 반응을 접하고 브레히트가 작품을 수정하게 된 것인지에 관한 논란은 차치하고,[67] 반드시 지적되어야 할 사항은 관객이 없는 연극인 교육극을 이미 브레히트 생존 시에 관객 앞에서 공연하였다는 사실이다.

물론 브레히트는 원칙적으로 "관객이 없는 연극이 관객 앞에서 상연될 수도 있다"(GW 17 S. 1024)는 애매모호한 언급을 했기 때문에, 교육극에 관한 논의가 상당한 혼란 속으로 빠져 들었음은 부인할 수 없는 사실이다.

슈타인벡을 위시한 일부 학자들은 『조치』가 1930년대 초연 당시처럼 대규모 합창단의 출연이 아니라 단순한 상연극(Schaustück)으로 공연되었기 때문에, 브레히트가 공연을 금지했다고 해석하고 있다. 금지 조치의 진정한 이유가 무엇인지를 규명하는 것보다 더 중요한 것은 Kontrollchor로 출연하는 대규모 합창단이 『조치』에서는 종래의 관객에 해당된다는 사실이다.[68]

따라서 교육극은 소규모 아마추어 집단들의 관객이 없는 공연뿐 아니라 합창단이 관객의 기능까지 함께 수행하는 형태의 공연도 가능한 연극인

67) 이 점에 관해서는 Bertolt Brecht : Der Jasager und Der Neinsager Vorlagen, Fassungen und Materialien, Frankfurt 1966, S. 103ff. 참조.

68) 뮐러 또한 대사를 합창으로 사용했을 때 교육적 효과가 컸음을 전해 주고 있다. Heiner Müller : Gesammelte Irrtümer, Frankfurt 1986, S. 190 참조.

셈이다.

교육극의 대본은 배우의 가감삭제의 대상인 관계로 구체적이지 않고 추상적인 면모를 띠게 된다. 또한 상연극(Schaustück)에 적용되는 극중 인물들의 형상화를 위한 미학적 잣대는 고려하지 않는다는 사실을 간과한 채, 교육극을 작가 자신의 의견을 제시하는 테제연극(Thesenstück)으로 간주하는 바람에 브레히트의 교육극은 올바른 평가를 받지 못하기도 했다.[69]

교육극은 교육 위주의 연극관을 갖고 있던 브레히트가 트레챠코프와의 교분을 통해 “생산자 예술론”의 지향점에 동의하며, 수동적인 소비자에 불과했던 관객들을 능동적이고 적극적인 연극예술 생산자로 만들려는 새로운 연극미학의 실험적 시도였으며, 해외 망명과 더불어 중단될 수밖에 없었다. 그러나 브레히트는 말년까지 지속적인 관심과 작품 구상을 하고 있었다. 프롤레타리아들이 역사의 주체로 등장한 이상, 라디오라는 새로운 매체도 프롤레타리아 예술에 활용되어야만 한다는 생각과 함께 교육극은 태어났다.

종래의 극 형식에 구애받지 않고 새로운 극 양식을 지속적으로 실험해 온 하이너 뮐러가 자신이 흠모하는 극작가이며 새로운 연극미학을 시도하는 브레히트의 교육극에 관심을 가졌던 것은 지극히 당연하다. 망명과 함께 중단된 이 실험을 뮐러는 『호라티우스』, 『마우저』, 『볼로콜람스크 국도 I,

---

69) Reinhold Grimm은 『Die Maßnahme』를 상연극(Schaustück)으로 간주하여 비극이라고 보았으며, 1930년대의 마르크스주의자 평론가들도 『Jasager』와 『Die Maßnahme』를 온실 속의 마르크스주의자인 브레히트가 계급투쟁의 체험도 없이 쓴 작품으로 공산주의자를 비인간적이고 폭력적인 인물로 묘사했다는 비난을 퍼부었다. Der Jasager und Der Neinsager Materialien, Frankfurt 1966, S. 69-79. Bertolt Brecht : Die Maßnahme Kritische Ausgabe, Frankfurt 1976, S. 378-393 참조.

Ⅱ』에서 계승하였다.

이제 뮐러가 브레히트의 교육극을 어떻게 비판적으로 수용하고 있는지를 살펴보자.

2. 뮐러의 교육극

1) 폭력에 대하여 : 『호라티우스』

『호라티우스 Der Horatier』는 브레히트의 교육극 이론을 수용하여 소위 "관객이 없는 연극"으로 연극미학 실험을 계승한 뮐러의 첫 번째 교육극이다. 이 작품이 브레히트의 교육극 이론을 충실히 따르고 있다는 사실은 우선 작가의 주석을 통해 확인된다. 뮐러는 이 작품의 주석에서 다음과 같이 밝히고 있다.

- 모든 가면들(로마 시민들, 알바 시민들, 누이동생, 개), 그리고 무기 등의 소도구들은 전 공연을 통해 관객들에게 노출되고 퇴장은 일체 없다.
- 모든 배우들은 자신의 대사와 연기를 한 후에는 처음 등장한 곳으로 되돌아가거나 혹은 역할을 바꾼다. 알바 시민들은 싸움이 끝난 후, 승리자를 환영하는 로마 시민들로 역할을 바꾸고, 2명의 로마 병정들은 호라티우스가 누이동생을 죽인 후 고대 로마의 관리 역할을 맡는다.

역할 바꾸기를 통해 교육의 효과를 증대시키려는 교육극 이론을 뮐러가 수용하고 있음을 위의 주석은 잘 보여 주고 있다. 내용면에서도 뮐러는 브레히트가 사용한 고대 로마의 우화라는 소재를 거의 그대로 사용하고 있다. 다만 교육극 참가자들이 배워야 할 대상만 달리 설정하고 있을 뿐이다.

브레히트는 로마의 역사가 티투스 리비우스(Titus Livius)가 기록한 고대 로마의 비극적 전설을 소재로 교육극 『호라티우스와 쿠리아티우스 Die Horatier und die Kuriatier』(1935)를 썼다. 고대 로마시대의 두 도시 로마와 알바룽가 사이의 지배권을 둘러싼 전쟁은 두 도시를 대표하는 호라치 가(家)의 세 쌍둥이와 쿠리아치 가(家)의 세 쌍둥이 간의 결투로 승패를 결정하게 되었는데, 호라치 삼 형제 중 둘은 죽고 남은 한 명은 계략을 사용하여 쿠리아치 형제들을 물리치고 승리한다. 그런데 쿠리아치 형제 중 한 명은 호라치 가문 딸의 약혼자였다. 오빠의 승리보다 약혼자의 죽음을 비통해 하는 누이동생을 승리자인 오빠는 살해하게 되고, 로마의 민중들은 그가 전쟁에서 세운 공훈을 인정하여 그를 극형에서 면제해 준다.

브레히트는 이와 같은 내용의 우화를 통해 불리한 상황에서도 그 상황에 적절하게 대응하여 결국 승리하게 되는 과정에 초점을 맞추며, 그때그때의 상황에 걸맞게 변증법적으로 사고하는 모델을 제시하고, 모방과 토론을 통해 교육 효과가 생기도록 만들려고 했다.[70] 그러나 브레히트는 상황에 걸맞은 변증법적 사고 훈련에 주력하면서도 누이동생 살해 사건은 제외시켰다.

뮐러의 작품은 소재는 차용하고 있으나 누이동생 살해에 초점을 맞추어 폭력의 문제를 부각시키고 있다. 뮐러는 두 가문의 삼 형제 간의 대결을

70) 브레히트는 이 소재를 산문 『Me Li Buch der Wendungen』에서 『수단 바꾸기 Die Mittel wechseln』라는 제목으로 다루고 있다. 이에 관해서는 정민영 : '호라치 사람들과 쿠리아치 사람들' 소재의 변용, in : 독일문학의 소재와 모티프 1997 S. 391ff. 참조.

두 명의 대결로 바꾸어 처리한다. 그리고 그는 브레히트 각색의 핵심인 삼형제들 간의 싸움 과정을 생략하고, 호라티우스가 폭력을 사용하여 결투 상대자와 누이동생을 살해하고, 누이동생에게 폭력을 휘두른 대가로 민중재판에 의해 처형당한다는 내용으로 각색했다.

문제는 호라티우스의 폭력이 불필요한 것이었다는 점이다. 호라티우스와 대결한 자는 싸움에 진 후 자신이 호라티우스 누이동생의 약혼자라는 사실을 밝히며 목숨을 애원하지만, 호라티우스는 이를 묵살하고 그를 죽인다.

> 그리고 호라티우스의 칼이 쿠리아투스를 쓰러뜨렸고
> 쿠리아투스는 꺼져 가는 목소리로 애원했었지.
> 패배자에게 자비를. 난
> 자네 누이동생의 약혼자가 아닌가.
> 그리고 호라티우스는 소리쳤지.
> 내 신부의 이름은 로마.
> 그리고 호라티우스의 칼이 쿠리아투스를 내리쳤지.
> (Heiner Müller : Mauser, a.a.O. S. 45)

승패가 결정이 난 후이므로 호라티우스의 살인은 필연성을 획득하기 어렵다. 로마로 개선한 호라티우스는 약혼자의 죽음을 비통해하는 누이동생마저 살해한다. 이는 명백하게 불필요한 살인 행위에 해당한다. 뮐러는 『호라티우스』(1968)에 앞서 집필한 『필록테트 Philoktet』(1966)와 폭력의 문제를 사회주의 혁명과 연관해서 다룬 『마우저』(1970)를 "실험연작(Versuchsreihe)"이었다고 지칭했는데(Heiner Müller : Mauser S. 68), 세 작품 모두 폭력과 역사, 그리고 폭력의 역사 속에서 희생되는 개인을 다루는 공통분모를 갖고 있는 작품들이다. 인간이 인간답게 살 수 있으며 사회적 억압과 불평등이 없는 진정한 인간 사회는 사회주의 역사와 더불어 시작된다고 생각한 뮐러는 사회주의 이전의 역사를 전사(前史)라고 부르며 빙하시대 또는 심해라는 비유적 표현을 쓰기도 한다.

뮐러가 보는 전사(前史)의 시대는 인간의 야만적 행위와 폭력이 난무하는 시대다. 이러한 폭력과 야만을 다루었던 첫 작품 『필록테트』에서 뮐러는 "살육이 일상적으로 벌어지던 시대"(Heiner Müller : Mauser S. 7)라는 비유적 표현을 쓰고 있다.

두 번째 작품인 『호라티우스』에서도 호라티우스가 저지른 두 번의 살인은 소위 전사적 야만행위에 해당되는 셈이다. 그러나 두 번째 작품에서는 이러한 야만 행위의 부각에 그치지 않고 그러한 행위를 바라보는 세인의 시각과 역사적 평가까지도 변증법적으로 사고할 것을 요구하고 있다. 역사적 행위를 보는 시각은 호라티우스의 살인행위를 바라봄에 있어 그가 로마에 끼친 공적과 함께 그가 저지른 잘못을 망각하지 말아야 함을 분명히 하고 있으며, 적과의 대치상황[71]이라는 명분 아래 진실이 호도되는 일이 없어야 함을 일깨우고 있다.

1960년대 중반까지 사회주의 동독의 건설 현장을 다룬 일련의 작품들을 통해 애정 어린 비판적 시각으로 사회주의 건설 과정의 갈등을 다루었던 뮐러가 울브리히트 정권의 경직된 문화정책의 피해자로 작가연맹에서 축출

---

71) 적과 대치하고 있다는 상황은 뮐러가 첨가한 것인데, 동서 냉전과 사회주의 권역 내부의 폭력 사용(베를린 폭동, 프라하의 봄 등)의 정당화에 이용되는 역사적 현실을 은유적으로 암시하고 있다.

된 후에는 동독 현실을 다루지 못하고 희랍신화와 고전의 재해석을 통해 우회적인 현실비판을 할 수밖에 없었던 상황, 소련군의 탱크로 진압된 "프라하의 봄" 이후 이 작품이 집필되었다는 사실, 그리고 자서전과 많은 인터뷰를 통해 알려진 뮐러의 강도 높은 스탈린주의 비판 등을 감안할 때, 이 작품은 이제껏 금기시해 온 공산주의 혁명 역사의 모순과 야만적 폭력을 다룬 작품이라 할 수 있다. 따라서 호라티우스의 폭력이 스탈린 시대 소련에서 행해진 조작된 재판, 집단수용소, 집단학살을 상징한다는 비이크하우스의 주장[72]은 상당한 설득력을 지닌다. 훗날 뮐러는 이 작품이 프라하 사태에 대한 자신의 반응이었음을 토로했다.[73]

호라티우스는 이 작품에서 야만적 폭력행위의 대표자로서 살육을 일삼으며, 폭력을 사용함에 있어 필연성과 불필요성을 엄격하게 구별해야 한다는 인식이 없는 극중 인물로 해석될 수 있다.

누이동생을 불필요하게 살해한 호라티우스에 대한 인민재판을 통해 뮐러는 승리자에 대한 경의와 살인자 처형이라는 해법이 갖는 과격한 법정 판결의 형평성 문제를 제기한다. 자신의 잘못을 뉘우치고, 잘못을 통해 배울 수 있는 기회조차 박탈한 채 잔혹한 판결을 내리는 것은 야만적 전사(前史)의

---

72) Georg Wierghus : Heiner Müller, München 1981, S. 69. 뮐러가 이 작품의 결말을 짓지 않고 끝내면서 관객이 최종 판결을 내리도록 하려던 애초의 계획을 바꾼 시점이 1968년 말이었다고 한 발언과 잇달아서 희망의 첫 번째 형상은 두려움이고, 새로운 것의 첫 번째 모습은 테러의 이미지라고 한 발언 내용을 연관 지어 생각해 볼 때, 이 작품이 사회주의와 폭력의 문제를 다루고 있음을 암시해 주고 있다(ebd. S. 98). 뮐러는 똑같은 말을 『마우저』의 주석에서 반복하고 있다. 그리고 동독 정부의 공연금지 조치가 이 작품의 비판의 강도를 짐작하게 한다.

73) "Der Text war meine Reaktion auf Prag 1968, ein Kommentar zu Prag." Heiner Müller : Krieg ohne Schlacht a.a.O. S. 258f. 참조

잔재일 뿐이다. 적과의 대치 상황이라는 명분을 빌려 호도된 진실을 두려워하지 않는 측면과, 전사(前史)의 잔재를 은폐조차 하지 않는 자세를 뮐러는 비판하고 있다.

> 깨끗하지 못한 진실을 두려워하지도 않은 채
> 적과의 대치 상황을 빌미로 그들은
> 선명한 구분을 미룬 채 임시적인
> 선례를 남기고 말았다.
> 전사(前史)의 잔재를 숨기지도 않은 채
> 멈출 수 없는 일상적 변혁의 소용돌이 속에서
> 묻혀 버린 진실의 잔재들.
> 쟁기와 망치, 송곳과 석필을 들고
> 그리고 칼도 들고 그들은 일상으로 돌아갔다.
> (Heiner Müller : Mauser, a.a.O. S. 53)

인민재판의 해법은 모순을 깨끗하게 처리하는 것이 아니고, 역사의 발전에 필연적인 작업을 회피하고, 적과의 대치 상황이라는 명분을 빌미로 진실을 묻어버리고 있기 때문이다. 극복되어야 할 과거 역사의 잔재에서 쉽게 벗어나지 못하는 이 혁명적 폭력의 문제를 뮐러는 그 다음 작품인『마우저』에서 새롭게, 그리고 더욱 집요하게 제기하고 있다.

2) 혁명과 폭력 :『마우저』

폭력과 사회주의의 연관 관계가『호라티우스』에서는 우회적으로 표현되었다. 그러나 두 번째 교육극 『마우저 Mauser』에서 뮐러는 폭력과 사회주의 혁명을 직접적으로 다루면서 브레히트의 교육극 이론과 실제를 비판적으로 수용했음을 분명하게 밝히고 있다.

> 『마우저』는 실험 연작의 3번째 작품으로 1970년에 집필했습니다. 실험 연작 첫 작품은 『필록테트』였고, 두 번째 작품은 『호라티우스』였습니다. 『마우저』는 브레히트의 교육극 이론과 실제를 전제하고 비판적으로 수용한 작품입니다.[74] (Heiner Müller : Mauser, a.a.O. S. 68)

"실험 연작"이라는 브레히트의 용어를 사용함으로써 뮐러는 이 작품이 브레히트의 새로운 연극미학에 입각하여 연극적인 수단은 사용하지만 극장이란 기관은 필요로 하지 않음을 밝히고 있다. 브레히트처럼 관객 앞에서의 공연 가능성은 열어 놓았지만, 교육극의 이론에 엄격하게 따르도록 제한함으로써 브레히트의 『조치』처럼 교육극이 아닌 상연극으로 공연되는 일이 없도록 하고 있다. 즉 관객 앞에서의 공연일 경우에는 일부 관객들이 극중 인물인 A 또는 B의 대사를 배우와 같이 읽는 등 반드시 연극에 참여해야 함을 명기해 놓고 있다. 또한 참가자들이 자신의 견해에 따라 텍스트를 변형시킬 수 있으며, 한 역할을 한 사람이 계속 맡는 것을 금지시켜 역할 바꾸기를 의무적으로 실시하도록 하였다(Heiner Müller : Mauser S. 69 참조).

---

74) 『마우저』가 폭력과 사회주의를 다루고 있음을 뮐러는 자서전에서도 밝히고 있다. "Leute, die sich zum Töten zwignen müssen. Darum geht es auch im "Mauser" und in der "Maßnahme". Eigentlich ist politische Gewalt dadurch diskreditiert worden, daß der Staat das Töten übernommen hat, es bürokratisiert hat durch das staatliche Gewaltmonopol."(Heiner Müller : Krieg ohne Schlacht a.a.O. S. 312.

뮐러가 이처럼 교육극의 연극미학을 주석에 명확히 밝혀 놓았음에도 불구하고, 평론가들은 이 작품을 종래의 상연극의 잣대로 평가해 왔다. 이는 하이너 뮐러의 교육극 수용에 있어 중대한 문제점으로 지적하지 않을 수 없다. 브렌너의 연구 결과를 보면 서구의 부르주아 비평이 주체의 비극에 대한 불평을 토로하고 휴머니즘을 내세웠으며, 구동독의 평론가들은 우화(Parabel)라는 형식이 갖는 반역사성은 언급하지 않았지만 이 작품에 대해 정치적인 편향 고백과 전망, 그리고 작가의 입장표명이 부족하다고 평가했었음을 알 수 있다.[75)]

이제 『마우저』의 형식과 내용 분석을 통해 뮐러가 브레히트의 교육극을 어떻게 비판적으로 수용하고 있는지를 살펴보자.

브레히트의 『조치』는 개인과 집단의 관계를 다루며 브레히트가 이전부터 사용했던 '죽음에의 동의'라는 모티프를 사용하고 있다. 뮐러 역시 개인과 집단의 관계를 다루며 '죽음에의 동의'라는 모티프를 사용하고 있다. 작품의 형식 측면에서도 이 두 작품은 닮아 있다. 브레히트가 당을 상징하는 합창단과 네 명의 선동가들의 대화와 회상으로 처리한 것처럼, 뮐러도 당을 상징하는 합창단과 마우저(Mauser) A의 대화 및 회상으로 처리하고 있다.

---

75) Hildegard Brenner : Heiner Müllers "Mauser"-Entwurf, Fortschreibung der Brechtschen Lehrstücke? in : Alternatve Berlin 1976 Heft Nr.110/111 S. 210. 이와 같은 평가는 브레히트의 교육극이 사회주의가 실현되어 있는 사회를 선취하고 있는 반면, 뮐러의 경우는 이미 사회주의가 실시되고 있는 사회를 위한 작품이라는 사실, 그리고 교육극은 상연극처럼 테제 연극이 아님을 인식하지 못하는 데에서 비롯된 것이다. 1980년 쾰른 시립극장에서 『마우저』 공연을 위한 배우들의 토론 역시 이 작품의 교육극으로서의 연극미학보다는 '혁명'이라는 추상적 개념파악에 전념함으로써, 이 작품을 테제 연극으로 사용하는 의혹을 불러일으키고 있다. Wolfgang Storch : Explosion of a Memory Heiner Müller DDR Ein Arbeitsbuch, Berlin 1988, S. 122-133 참조.

혁명과업을 수행하면서 실수를 저지르는 젊은 동지를 사형집행인 마우저(Mauser)로, 사건의 장소를 사회주의 혁명 이전의 중국에서 사회주의 혁명이 일어났거나 진행 중이거나 혹은 일어날 수 있는 모든 도시로 대체하였지만, 죽음에의 동의에 대한 집단과 개인의 토론이라는 구조와 사건의 도식, 우화(Parabel)라는 형식과 회상을 주조로 하며 대화를 섞는 직접화법과 간접화법의 혼용, 시간의 엇갈린 배치 등은 모두 브레히트의 『조치』에서 차용한 것이다. 언어적인 측면에서도 뮐러는 브레히트의 대사들을 인용하고 있다.[76)]

내용면에서 새로운 소재와 구성은 다음과 같다. 혁명이 진행 중인 비텝스크 시에서 혁명과업을 수행해 왔던 A는 혁명의 적들을 사살하는 사형집행인의 일을 수행하라는 당의 명령을 받는다. 그의 첫 번째 일은 자신의 전임자를 사살하는 것이었다. 그의 전임자는 진정한 적이 누구인지 모른 채 혁명의 적들을 도운 농부 세 명을 살려 주는 과오를 범했기 때문이다. 그러나 A 역시 계속되는 사형집행 행위에서 진정한 혁명의 적들을 선별해야만 하는 중압감에 시달린 나머지, 직무해제를 요청했으나 이는 받아들여지지 않는다. A는 중압감에 시달리다가 광적인 살인자로 전락하여 체포되고 당으로부터 죽음에의 동의를 요구받는다. A는 자신에 대한 발포명령을 내림으로써 조직의 요구를 수락하지만, 자신의 죽음에의 동의는 끝내 받아들이지 않는다.

---

76) 글자 그대로의 인용은 아니더라도 언어적으로 브레히트를 차용한 사례는 Hartmut Rosshoff : Heiner. Müllers Lehrstück “Mauser”. in : Alternative a.a.O. S. 205 참조.

(1) 극중 인물

마우저는 혁명의 폭력이 행사되는 과정에서 희생자로 전락하는 Mauser A, Mauser B, Mauser C, Mauser D로 이어지는 사형 집행인들의 한 사슬이다. 브레히트의 "젊은 동지"가 이름이 없듯이, 뮐러의 사형집행인 또한 이름이 없다. 마우저는 독일제 권총의 이름인데, 교육극의 이론에 걸맞게 혁명을 위해 폭력을 행사하는 모든 사람들의 정형으로 권총 이름을 사용한 것이다.[77]

마우저의 성장 과정은 스탈린이라는 특정인물을 떠올리게 하지만, 소시민 출신인 그의 계급의식은 자발적이고 자의적인 것이 아니라 이성으로 획득한 것이다. 통상 소시민은 대시민으로의 신분 상승을 꾀하는 데 반하여, 마우저는 냉철하게 이성으로 계산하여 프롤레타리아트에게로 하강한 자이다. 마우저의 계급의식은 계산과 사고의 산물이다. 파업과 데모, 집회, 그리고 데모를 진압하는 코사크 기병대의 말발굽에 차이고 아둔한 관료들에게 고문당하면서 생긴 것이다.

주먹과 개머리판으로 얻어맞고
장화 뒷굽에 짓밟히고 구두코에 찔리고 [⋯]

---

77) Mauser라는 권총은 러시아 혁명을 연상시키기도 하는데, 이는 시인 마야코프스키가 이미 "Rede, Genosse Mauser"라는 Mauser를 의인화한 표현을 썼기 때문이다. 또한 Mauser는 새들의 털갈이를 의미하기도 하는데 이 작품에서는 혁명적 사형집행인을 갈아 치우는 의미로 해석될 수도 있겠다. 따라서 뮐러는 제목을 이중적 의미로 사용하고 있다. 1976년의 Alternative에 발표한 Fassung에서는 전임자를 A로, A의 후임자를 Mauser로 표기했으나, 마지막 인쇄본인 Rotbuch 출판사본에서는 전임자를 B로, 후임자를 A로 표기하고 있다. 따라서 작품 제목인 Mauser가 사형집행인의 이름인지는 분명하지 않지만 편의상 Alternative본의 Mauser란 명칭을 사용하기로 한다. Genia Schulz : Heiner Müller Stuttgart 1980 S. 108 참고.

그러나 나는 제때에 나의 길로 접어들었다.
집회장에서, 시위대에서, 파업장에서
우익 코사크 진압군 병사의 말발굽에 짓밟혔고
아둔한 관료들에게 고문당했다.
(Heiner Müller : Mauser, a.a.O. S. 56)

그의 프롤레타리아적인 의식이 이처럼 부정적인 체험을 겪고 난 후에 비로소 생긴 것이라는 사실에 비추어 볼 때, 마우저가 처음에는 소시민 의식을 가지고 있었을 것이라는 로스호프(Rosshoff)의 추측은 설득력을 갖는다 (Hartmut Rosshoff : Heiner Müllers Lehrstück Mauser, a.a.O. S. 203f. 참조).

"달리기 시합에서 출발대를 제때 차고 나오는" 기질은 출세주의자의 특성인데, 사회학적으로는 계급과 전혀 관련이 없는 소시민층이 신분상승을 지향할 때 필요한 것이다. 그러나 마우저는 이러한 순발력을 프롤레타리아트와의 연대에 사용하고 직업 혁명가의 길을 걷는다. 당이 부여한 임무인 사형집행은 처음에는 시민전쟁에서의 죽임과는 전혀 다른 일이었으나, 이 일이 주는 고통을 견뎌 내기 위해 마우저가 사형집행에 몰두하다 보니 어느덧 다른 일과 똑같은 일이 되어 버렸다. 이런 과정을 통하여 마우저는 혁명의 적들을 처형장에서 사살하는 행위를 광란의 살인극으로 전락시켜 버리는 범죄를 저지르게 되고, 결국 당의 심판을 받기에 이른다. 혁명의 궁극적인 성공을 위해 혁명의 적을 사살하는 행위가 매일 빵을 먹는 행위와 같다고 생각한 나머지 동의했지만 마우저는 계급의식과 혁명의식을 망각한 것이다. 처음 당의 지시를 받았을 때는 이러한 올바른 인식과 의식을 갖고서 당의 지시에 동의했지만 과도한 폭력의 중압감을 마우저는 끝내 견뎌 내지 못한 것이다. 그러나 마우저에게 사형이 선고된 이유는 그가 자신의 행위에 회의를 느껴 직무를 벗어나고자 했기 때문은 아니다. 회의에 빠진 나머지 기계처럼 살인했기 때문도 아니다. 합창단에 의하면 마우저가 "손가락과 방아쇠 사이의 간격을 견뎌 내지 못했기 때문이다." 즉 마우저가 당이 요구하는 대로 그때그때 경우에 따라서 죽이거나, 죽이지 않는 나름의 척도를 갖고 있지 못했기 때문이다. 혁명 전사인 마우저가 혁명 전사에게 요구되는 규율(Disziplin)을 갖고 있지 못했기 때문이다.

브레히트의 "젊은동지"가 때로는 가면을 써야 하고, 때로는 가면을 쓰지 말아야 하는 것을 배워야만 했다면, 마우저의 경우는 죽이기도 하고 살려주기도 하는 것을 배워야만 한다는 것이 합창단의 처형 근거이다. 집단의 일원이지만 연약해져 버린 마우저를 제거함으로써 집단의 결함을 복원시키고, 적대계급에 대한 집단의 단결과 통일된 짜임새도 복원시키는 것이 합창단의 목적이다. 마우저에 대한 처형 근거는 이러한 '군인적 자세'에서 비롯된다. "마지막 일을 수행하라!"라는 주문은 "살인의 흔적을 지워 버리고 죄를 뒤집어 써라!"라는 주문에 다름 아니다(Hildegard Brenner : Heiner Müllers "Mauser"-Entwurf, a.a.O. S. 219).

스스로에 대한 발포명령을 내림으로써 마우저는 합창단의 요구를 받아들이지만, 브레히트의 "젊은 동지"처럼 죽음에의 동의를 통해 집단의 일원으로 회귀하지 않는다. 뮐러는 마우저가 한편으로는 자신의 과오를 인정하였지만, 자신의 행위의 의미를 묻는 질문에 집단이 대답을 하지 못함으로 죽음에의 동의를 거부한 채 죽음으로써, 개인과 집단의 관계에 대한 새로운 문제를 제기하고 있다.

(2) 개인과 집단

뮐러는 이 작품에서 혁명적 집단의 한 부분으로서 한 개인을 새롭게 규정하려는 시도를 하고 있다. 이러한 시도는 극중 인물 간의 관계를 새롭게 설정하는 드라마투르기를 통해 이루어진다. 이 교육극에 참가하는 배우들이 배워야 할 변증법적인 사고는 혁명적 집단에 대한 동의가 아니라, 혁명적 집단 내부의 지속적인 운동이다. 뮐러는 극중 인물 간의 관계를 다음과 같이 새롭게 설정하고 있다.

a) 『Neinsager』에서처럼 마우저의 행동을 되돌리는 것은 불가능하다.[78] 그리고 『조치』에서처럼 자신을 희생하는 대가를 치르면서까지 실수를 수정하는 길은 배제되어 있다. 마우저에 의해 사살된 자들은 이미 죽었으며, 마우저를 통한 사형 선고도 뒤집을 수는 없다. 아무런 성과도 없이 잠시 동안 서로의 입장만 드러냈고, 판결에 관해 반추되었을 뿐, 곧 집행되고 말았다.

b) 브레히트의 교육극이 갖고 있는 간결한 동의가 없다. 잃었던 동지가 다시 집단으로 돌아오는 과정이 없다. 브레히트의 경우 집단은 개인보다 더 많이 알고 있었고, 지금도 더 많이 알고 있는 데 반해, 개인은 이번 체험을 통해 집단이 더 많이 알고 있음을 깨닫게 되면서 자신의 죽음에 동의하고 집단은 동지의 집단으로의 회귀를 수용했다. 마우저가 자신의 처형에 대해 동의하지 않는다는 사실과 자신 스스로에 대해 발포 명령을 내리는 것 사이의 모순은 이 작품이 끝나도 계속 남는다.

---

78) 『Neinsager』에서 소년은 학술단의 학문 연구는 시급한 것이 아니므로 학술단의 탐구 여행을 중단할 것을 요구하고 자신의 죽음에 동의하지 않는다.

한 극중 인물이 논리적으로 모순적인 두 가지 자세를 취한다.

c) 『필록테트』, 『마우저』에는 모두 최종적인 결시 판결이 없다. Kontrollchor와 교사가 없으며, 이 판결의 정당성을 결정해 주는 집단적인 이성을 소유하는 기관이 없다.

합창단은 마우저에 대한 판결에서 죄의 문제(Schuldfrage)를 새롭게 제기할 수 있는 판결 가능성을 집요하게 배제하고 있다. 규칙에 따르는 것만으로는 판결이 합법화될 수 없는 것이다. 마우저의 반항과 동의하지 않음을 뜻하는 침묵을 통해서 이 재판의 이러한 면모는 이 교육극에 참여하는 배우들에게 은연중에 드러나게 되며, 결국 마우저는 이런 식으로 "자신의 심판자를 재판"하고 있는 셈이다(Hildegard Brenner : Heiner Müllers "Mauser"-Entwurf a.a.O. S. 217).

위에서 열거한 인물 간의 새로운 설정을 통해 뮐러는 개인과 집단의 관계를 브레히트와 달리 설정한다. 브레히트의 경우 집단에서 이탈한 개인이 부정적인 체험과 자신에게 유익한 체험을 거쳐 다시 집단으로 되돌아간다. 이 집단으로의 회귀가 드라마투르기적으로는[79] '갈등의 결정적인 해결'이며, 배우들이 바로 배워야 할 점이었다. 혁명적 집단은 개인이 잠시 이탈하더라도, 이러한 개인을 필요로 한다. 왜냐하면 집단의 힘과 단결이 중요하기 때문이다. 그러나 이 개인은 결코 집단을 변혁시키는 힘을 가진 존재로 묘사되지는 않는다. 『조치 Maßnahme』의 Kontrollchor가 자신들도 또한

79) 교육극 이론은 각각의 배우들이 합창단 역할에서 벗어나 개별적인 극중 인물의 역할을 반드시 해 보도록 요구하고 있다. 브레히트가 고안한 이 역할 바꾸기는 교육을 잘 하기 위한 방법론적 연극 테크닉이다. 그런데 뮐러의 『마우저』에서는 이 방법론적 연극 테크닉이 작품의 내용이 되어 버리는 드라마투르기를 사용하고 있다.

배웠다고 말하고 있지만, "젊은 동지"의 죽음이 합창단에게 갖는 의미는 극히 미미한 수준에 불과할 뿐이다. 왜냐하면 "젊은 동지"가 소아병적으로 과격하기만 했던 애송이 혁명가였기 때문이다. 그러나 마우저는 사형 집행인의 일을 당으로부터 부여받고 악몽에 시달리기 전까지는 훌륭한 혁명 전사였다.

합창단
시민전쟁의 전선에서 투쟁했던 전사여
적들은 당신에게서 어떤 약점도 발견하지 못했으며
우리들도 아무런 약점을 발견하지 못했었다.
(Heiner Müller : Mauser, a.a.O. S. 55)

집단의 일원인 마우저가 겪는 계급투쟁의 혁명적 체험은 집단이 판결의 정당성을 획득하기 위해 필수불가결한 것이다. 합창단은 집단적인 이성을 소유하지도 않고, 판결의 정당성을 결정해 주지 않는 것으로 설정되어 있기 때문에, 이론과 실천적 체험의 변증법을 제대로 구사하기 위해서는 조직의 일원인 마우저의 체험을 필요로 하는 것이다.

브레히트의 경우 이론과 지식의 소유자인 집단, 즉 네 명의 선동자들이 혁명적 체험의 소유자로 설정되어 있다. 이들은 자신들이 겪은 혁명적 체험을 "알고 있지 못한 자들 (Unwissenden)"에게 전달한다. 반면 뮐러의 경우에는 위에서 살펴보았듯이 개인과 집단의 관계를 다르게 설정함으로써 집단, 즉 당을 이상적으로 보지 않고 집단의 구성원인 개인의 영향을 받는 것으로 보고 있다. 다만 그 영향을 전달하는 과정에서 개인은 고통에 찬 희생을 치르고 있다.

마우저는 발포 명령을 내림으로써 조직의 요구를 받아들이지만, 죽음에 동의하지 않음으로써 조직을 재판하고, 집단을 새롭게 조직하고 있는 셈이다. 뮐러는 개인과 집단 간의 이와 같은 관계를 집단이 개인을 조직하고, 동시에 개인도 집단을 조직하는 관계로 주석에 표시해 놓고 있다. 브렌너는 마우저가 죽으면서 잠재적으로 국가를 사회화한다고 표현하고 있다.

> 죽음은 집단에 의해 조직되고, 집단을 조직하기도 한다(Mauser S. 68).
>
> 마우저 [⋯] 는 죽으면서 잠재적으로 그의 국가를 사회화한다.
>
> (Hildegard Brenner : Heiner Müller "Mauser" -Entwurf, a.a.O. S. 217)

(3) 시대적 배경

이 작품의 시대적 배경은 "죽기 아니면 죽이기(Stirb oder Töte)"의 시대, 즉 혁명과 반혁명의 권력투쟁 와중에 적과 동지를 뚜렷하게 구별하기 어려운, 시대가 바뀌는 때이다. 따라서 혁명의 연약한 고리들, 즉 혁명전사의 나약함이 목숨을 잃을 만큼 위험하지는 않은 시대이다. 역사적으로도 빠져나올 수 없는 피치 못할 상황이 아니며, 마우저 또한 비극적 인물이 아니다. 마우저는 단지 역사적으로 기록될 수 있는 어떤 체험의 당사자일 뿐이다. 마우저는 생존을 위한 전투 속에서는 자신과 같은 부류의 얼굴들과 손을 알아볼 수 있었던 혁명전사였다. 그러나 소란스러운 계급투쟁의 전투 속에서 마우저에게 요구되던 규율은 이제 오직 살아남기 위한 전투에서 요구되던 불문가지의 것이 더 이상 아니다. 마우저의 전임자가 동정심에 사로잡히는 점은 "젊은 동지"와 같다. 그러나 마우저는 동정심에 사로잡힌 자가 아니며 혁명의 의미, 즉 "무엇을 위하여(wozu)와 어디로(wohin)"를 묻는 자이다. 마우저는 혁명을 수행하는 자이면서 동시에 스스로를 통제하는 혁명의 통제기관(Kontrollchor)으로서 이 질문을 집단에게 던지는 것이다. 그는 삶과 죽음의 경계선에서 자신이 행하고 있는 집단의 작업이 갖는 역사적인 (개인적 차원을 초월하는) 질(Qualität)에 대한 의문을 제기하는 것이다.

작품의 시대적 배경이 다른 것은 브레히트와 뮐러의 교육극의 전제조건이 서로 다르다는 데에서 비롯된다. 뮐러가 처한 상황은 더 이상 전시의 계급투쟁 상황이나 시민전쟁 시대의 계급투쟁 상황이 아니다. 뮐러의 교육극은 역사적으로 변한 장소, 즉 혁명에 의해 전복된 국가 속에서 벌어진다. 브레히트는 새로운 국가를 위해 교육극을 썼지만, 뮐러는 새로운 국가 속에서 쓰고 있다. 그리고 뮐러의 표현을 빌리자면, 뮐러와 브레히트의 교육극이 다를 수밖에 없는 이유는 이 국가가 건국 초기 소련의 강력한 영향권 아래에서 사회주의를 실시하고 "스탈린 신학(神學)"을 추구했기 때문이다.

> 스탈린 신학을 동독 국민들도 체험했습니다. 동독 국민들은 40년간 마치 식민지 주민 취급을 받아 왔습니다. 이제 와서 동독의 스탈린 시대를 돌이켜 생각해 보면 40년의 굴욕입니다. 민족적인 굴욕이지요. (Heiner Müller : Zur Lage der Nation, a.a.O. S. 85)

(4) 무엇을 배울 것인가?

변증법적 사고의 훈련을 위해 교육극이 흔히 쓰는 수법은 '부정의 부정'이다. "젊은 동지"의 부정적 행동은 참가자들에 의해 부정당하기 위한 대상에 해당된다. 이 작품이 보여 주는 비사회적 본보기는 다음과 같이 요약될 수 있다.

사건의 차원

a) 사살 대신 살인을 저지른 마우저의 과오.

b) 마우저는 혁명이 임시적으로 폭력을 쓸 수밖에 없다는 점에 동의하며 죽지만, 자신을 제거하는 조치에 대해서는 동의하지 않는다.

상징의 차원

a) 집단과 유리되어 마우저는 전사(前史)의 부담스런 짐을 사람들을 죽이면서 떨쳐 버리려 했다.

b) 심판하는 집단은 광폭한 살인자로 전락한 마우저를 처형하고 피비린내 나는 최근의 역사를 일단락 지으려 한다.[80]

문제는 "사살이라는 것이 마우저 삶의 전부인가? 마우저가 한 일에서 남는 것은 무엇인가? 마우저가 한 일이 이룩한 것은 무엇인가? 마우저가 한 일이 다른 혁명 과업과 똑같은 일의 하나에 불과했던가?"라는 질문에 대한 대답을 집단은 모르고 있다는 사실이다. 브레히트의 『바덴의 교육극 Badener Lehrstücke』에서 어릿광대가 통증이 심한 사지를 절단하고 몸통만 남겼듯이, 혁명은 통증을 일으키는 신체부분에 해당하는 마우저를 잘라 버린다는 사실이다.

집단이 개인의 행동을 어떻게 판결하는지에 대한 평가는 교육극이 작가의 견해를 피력하는 작품이 아님을 감안할 때, 당연히 이 작품을 공연하는 아마추어 배우들의 몫이다. 다만 뮐러는 혁명은 혁명을 하는 자와 동일한

80) 합창단의 이러한 자세는 『Der Horatier』에서 Horatier를 역사적으로 평가하는 로마 시민들의 자세와 유사하다.

것이 아님을 보여 주고 있다. 혁명 과업의 수행 과정에서 자신과 같은 부류의 인간들과의 부딪침 속에서 마우저는 이 비정체성을 고통스럽게 체험한다. 그러나 집단은 이러한 사실을 알고 있으면서도, 행동 과정에서는 알고 있다는 사실을 무시해 버린다. 뮐러는 바로 이 모순을 파헤치고 있다. 판결의 근거가 충분하지 않은데, 누가 누구를 재판하고 있는가? 합창단은 마우저를 재판하고 있지만, 부정적으로 제시된 합창단의 자세는 참가자들인 배우들에 의해 부정될 대상이기도 하다.

브레히트 교육극의 부정은 항상 작품 속에서 해결책을 발견하였다. 부정적인 체험을 통해 이루어지는 혁명 집단과의 동의 속에서, 올바른 길의 정확성 속에서 해결책이 발견되었다. 그러나 이 작품은 갈등의 해결이라는 의미의 합명제(Synthese)를 작품 속에 갖고 있지 않다. 이 작품에는 결말이 없다. 이 작품의 모순들은 질적인 전환으로 나아가지 못하고 있다. 마우저의 체험은 집단의 지식과 어울리지 못하고 침묵하고 말지만, 그의 죽음과 함께 배우들에 의해 다시 수용되는 것이다. 집단의 지식은 혁명의 일용할 양식이 적의 죽음이라는 것과 잔디밭의 보호를 위해 (혁명의 순수성을 지키기 위해) 잡초를 뽑아 버려야 함(반혁명적인 자들을 제거해야 함)을 알고 있다는 것이지만, 너무나 일상적인 사용을 통해 경직된 상태로 마우저의 체험과 대치되고 있다. 배우들이 극중 인물의 행동을 모방하면서 무엇인가를 배우게 된다는 것이 교육극의 이론이라면, 마우저의 부정적 행동의 모방을 통해 비판되어야 할 측면이 무엇인지, 마우저 행동의 부정을 통해 무엇을 얻어내는지가 불투명하며, 이와 같은 부정이 질적 향상으로 나아가지 못하고 있음을 지적하는 견해[81]도 있다. 이와 같은 견해 역시 교육극의 속성을 간과한 나머지, 위에서 언급한, 마우저의 체험이 배우들에게서 다시 수용됨으로써 질적 향상으로 나아갈 수도 있는 가능성을 보지 못한 것이다. 이와 같은 견해는 또한 집단의 판결 역시 마우저가 죽음에 동의하지 않고 죽음으로써 배우들에 의해 부정되는 대상이 될 수도 있음을 간과한 것이다. 교육극의 텍스트는 이를 정치적 목적으로 사용하려는 배우들을 위해 집필된 것이라는 점이 망각되어서는 결코 안 될 것이다.

3) 교육극의 재시도 : 『볼로콜람스크 국도 I , II』

『마우저』 이후 뮐러는 교육극 실험을 "다음번 지구의 대지진이 올 때까지 연기하겠다"라고 하면서 사실상 중단했다. 1977년 슈타인벡에게 보낸 편지에서 뮐러는 교육극 실험의 중단 이유로 변혁을 추구하는 혁명적 집단의 부재를 들었다.

> 나는 1977년의 관객들을 그 당시보다 더 잘 알지는 못합니다 : 오늘날의 작품들은 1957년에 비하면 훨씬 더 관객들보다는 극장을 위해서 쓰여집니다. [⋯] 제 생각에 우리는 다음번 지구 대지진이 일어날 때까지 교육극과 이별을 해야만 할 것 같습니다. [⋯] 또한 "배운 합창단(die gelernten Chöre)"도 더 이상 노래하지 않습니다. [⋯] 배워야 할 것들이 땅속 깊이 묻혀 있고, 게다가 지뢰까지 묻혀 있는 땅에서 우리는 앞을 보기 위해 가끔 머리를 모래(진흙, 돌) 속으로 처박지 않으면 안 됩니다. (Frank Hornigk : Heiner Müller Material, Göttingen 1989, S. 40)

81) Hartmut Rosshoff의 견해.

1984년에 뮐러는 『볼로콜람스크 국도 I, II』로 교육극을 재시도하였다. 뮐러가 교육극을 중단했던 것은 변증법적 사고를 촉진시키기에는 당시의 사회주의가 너무나도 경직되어 있었기 때문이라고 뮐러는 1985년에 그레고르 에델만(Gregor Edelmann)과의 대담에서 분명하게 밝히고 있다. 따라서 교육극의 재개는 소련에서의 변혁과 그에 따른 동독에서의 변혁에 대한 열망, 즉 변혁을 갈망하는 혁명적인 집단이라는 교육극의 전제조건이 다시금 충족되었음을 의미한다.

> 교육극을 하기에 부적절한 시기는 이제 다시 지나갔습니다. 왜냐하면 무언가 배운다는 것은 항상 오직 역사적으로 무언가 변화의 움직임이 있는 상황 속에서만 가능하기 때문이지요. 제 말은, 지금은 무언가 변화가 일어나고 있습니다. 변화가 일어나야만 합니다. 지금은 변혁이 이루어지기에 충분히 성숙된 상황입니다. 바로 지금이 다시 배움이 이루어질 수 있는 순간이며, 배워야만 할 순간입니다. 따라서 교육극이라는 공연모델도 다시 시사성을 갖게 됩니다. (GI. S. 189)

동독 사회주의의 경직성이 사회주의 발전에 필요한 생산성을 저하시켰고 창의력을 봉쇄하여 버렸으므로, 이의 극복을 위하여 사회주의 발전 과정과 결정 과정에 국민을 더 많이 참여시키고 국민들에게 더 많은 책임감을 부여해야만 함을 뮐러는 강조하고 있다. 또한 당시 동독 사회에 이런 변혁에 대한 갈망의 조짐들이 나타나기 시작한 것이 교육극을 재시도하게 된 까닭임을 분명히 밝히고 있다.

> [···] 브레히트가 말했듯이, 생산성을 높이고 독창성을 계발하는 데 우리는 아직 성공하지 못하고 있습니다. 아주 낭만적으로, 다시금 브레히트의 표현을 빌리자면, 우리는 생산성을 높이는 즐거움을 만들어 내야만 합니다. 이는 오직 사람들을 작업과정에 더 많이 참여시키고, 결정 과정에도 참여시키고, 더 많은 책임감을 부여해야만 가능한 것입니다. 바로 이 점이 가장 중요합니다. 이제는 이러한 움직임이 시작되었습니다. 아니 이러한 움직임은 시작되어야만 합니다. (앞의 책 S. 189)

뮐러의 이러한 생각은 그의 새 작품인 『볼로콜람스크 국도Ⅰ, Ⅱ』를 종전의 의식의 흐름을 좇는 『햄릿기계』, 『황폐한 해안 메데아 자료 아르고 선원들이 있는 풍경 Verkommenes Ufer Medeamaterial Landschaft mit Argonauten』, 『그림설명 Bildbeschreibung』들과는 달리, 난해하지 않고 간결하고 쉽게 요약·개관할 수 있는 작품으로 쓰도록 하였으며, 작품의 비중을 전략적인 사용가치성 쪽으로 옮겨 놓고 있다는 데에서 드러난다. 뮐러 자신도 앞서 언급한 작품들의 인위적이고 기교적인 측면들과 분명하게 대비되는, 이 작품의 표현양식이 갖는 전략적인 성격을 강조하고 있다. 작품의 기술적 수준의 퇴보가 아닌가 하는 지적에도 강력하게 반발하고 있다. 물론 뮐러가 재시도한 두 편의 교육극은 교육극의 연극미학을 충실히 따르고 있다. 텍스트는 아마추어 극단이나 혁명적 집단들이 다루기 쉬운, 고도의 자질을 갖춘 문학적 초안에 해당한다. 배우들은 극중 역할을 서로 바꾸어 가며 극중 인물의 행위와 자세를 스스로 취해 보고 이에 자신의 견해를 추가시킴으로써 변증법적 사고를 훈련한다는 점을 뮐러는 에델만과의 대담에서 분명히 밝히고 있다.

소련 작가인 알렉산더 베크의 소설에서 모티프를 가져온 Ⅰ부 〈러시아의 개방 Russische Eröffnung〉과 Ⅱ부 〈모스크바 근교의 숲 Wald bei Moskau〉에서는 교육과 배움, 그리고 실정법을 어기는 행위와 이에 대한 상이한 견해들이 다루어지고 있다.

(1) 평화주의와 부정의 부정 : 『볼로콜람스크 국도』 I부 〈러시아의 개방〉

이 작품의 배경인 1941년 10월 29일의 전세(戰勢)는 모스크바 방어에 전략적으로 중요한 볼로콜람스크 국도가 함락되었고, 모샤이크 방어선도 붕괴된 상태였다. 그러나 소련군은 여러 번의 심한 타격을 받은 전투를 치루면서 점점 강건해졌고, 전투력 있는 전투 단위로 성장하였다. 뮐러의 작품은 소련의 바로 그 강건해지는 과정을 다룬다. 적군의 공격이 비록 가상의 상황이었지만, 그 상황에서 부대를 이탈하고 자신의 손까지 부상당한 분대장을 지휘관은 실정법을 어기면서까지 사형에 처한다. 여기에서 뮐러가 제기하는 것은 또다시 혁명과 죽음의 문제, 사회주의와 폭력의 문제이다.

지휘관의 갈등은 두 가지 의식의 충돌로 빚어진다. 즉, 독일군에 대한 폭력 사용("독일군들의 대갈통을 부숴 버려야만 해")과 평화주의("그리고 독일군들의 머리를 쓰다듬어 주고 싶었지"), 탈영병에 대한 분노와 폭력("그리고 내 손은 이미 권총의 방아쇠를 잡고 있었지")이 서로 충돌하는 것이다. 지휘관은 자신의 부하 병사들이 독일군을 두려워하도록 만드는 탈영병을 방치한다. 탈영병들을 군법에 따라 처벌하지 않고 경고를 주는 정도에 그침으로써 탈영을 방치하는 것이다("식사를 하고 나서 원대복귀 하도록 하게/ 자네들의 포위된 부대로 돌아가게. 자네들이/ 목숨을 아끼고 싶고 죽음이 두렵다면 말일세/ 내일 내가 자네들을 여기서 보게 되면 그때는 총살이야"). 이와 같이 경고에 그친 행위는 탈영병들의 군기도 잡고, 자신의 부하 병사들에게 겁을 줌으로써 탈영에 대한 유혹을 물리치게 하려던 지휘관의 목적을 실패하게 만들었다. 이는 두 의식의 충돌에서 폭력을 사용하는 쪽이 밀렸음을 의미한다. 그러나 연습용 비상을 연출해 내면서 평화주의는 극복된다. 병사 한 명을 희생하는 대가를 치르며 다수가 살아남을 수 있는 길을 선택하는 것이다. 그러나 그 결정이 있기까지 지휘관은 망설임을 반복했다("내 눈앞에서 사라져 버려/ 아니 가지 말게. 그건 단순한 사고에 불과해"). 또한 중위의 이의제기도 있었다. 실정법의 개념으로 볼 때, 실제가 아니라 가상적으로 실시된 비상에 대한 탈영행위는 극형이라는 처벌을 내릴 정도의 잘못은 결코 아니기 때문이다. 다수를 구하기 위한 한 명의 희생 결정에 대한 법적 평가를 뮐러는 추후로 미루어 놓는다("그리고 내 결정이 옳지 않았다면 나는 총살당할 각오가 되어 있네/ 중위 동무, 보고서를 작성해 놓게").

지휘관의 결정에 대한 판단은 교육극의 목적인 변증법적 사고의 훈련에 해당된다. 지휘관 역할을 맡은 연기자와 숲으로 도망간 분대장 역을 맡은 연기자가 서로 역할을 바꾸어 연기함으로써 변증법적 사고를 훈련할 수 있기 때문이다.

지휘관의 책임과 전쟁으로부터 벗어나고 싶은 의식, 즉 이 절망적인 전사적(前史的) 역사로부터 벗어나고자 하는 지휘관의 주관적 의식은 평화주의라는 모습을 갖는데, 뮐러는 바로 이 평화주의를 교육극의 참여자들이 부정해야 할 대상으로 사용하고자 한다. 뮐러는 이 평화주의를 올바르지 못한 대안으로 파악하고 있다.

『볼로콜람스크 국도 Ⅰ』은 평화주의에 대한 일종의 담론으로 읽을 수 있습

> 니다. […] 탈영을 할 권리는 자연법에 속합니다. 평화주의 혹은 전쟁판에 끼지 않는 행위도 물론 자연법에 속합니다. 그러나 전체 사회가 위협이나 기습을 통해 삶의 권리를 부정당하는 상황 속에서는, 인류가 살아남아야 할 필요성 때문에 평화주의 혹은 전쟁판에 끼지 않을 권리는 상실되고 맙니다. 이 작품을 이렇게 읽을 수도 있습니다. (GI. S. 184f.)

뮐러는 1985년 디첼(Dietzel)과의 대담에서도 같은 견해를 피력한 바 있다.

> 군산 복합체에 대해 관심을 갖지 않는 평화주의. […] 우리는 이 복합체에 밀고 들어가 해결책을 찾기 위해 연구해야만 합니다. 부정하는 것만으로는 어떤 해결책도 찾을 수 없습니다. 시골로 은둔하며 당근 밭에서 일한다면 해결책은 찾을 수 없습니다. […] 평화주의란 결코 해결책도 아니고 올바른 자세도 아닙니다. […] 전쟁을 연구하지 않으면 전쟁을 방지할 수 없습니다. 전쟁에 관해 아무것도 알려하지 않는다면 전쟁을 방지할 수 없습니다. (GI. S. 160)

뮐러는 지휘관의 법과 불법 사이의 비극적 갈등을 클라이스트의『홈부르크의 프리드리히 왕자』의 갈등과 구조적으로 비교할 만한 관계라고 보고 있다. 클라이스트의 왕자는 적과의 대치 상황에서 독단적으로 행동하여 승리는 이끌어 냈지만, 명령을 어긴 명령불복종죄를 범했다. 하지만 이 범법행위는 지배계급에 속하며 가족의 일원이라는 측면에서 용서받는 해피엔딩으로 끝난다.

그러나 뮐러의 작품에서 분대장은 클라이스트의 왕자와는 그 경우가 다르다. 분대장의 탈영행위는 지휘관이 독일군에 대한 두려움을 제거하는 목적으로 연출했던 독일군의 가상 공격에 대한 반응이었기 때문이다. 이 작품이 적용하고 있는 법의 개념은 실정법적인 개념과는 다르다. "실정법의 개념이 아닌 보다 높은 차원의 내용적 개념인 것이다"(GI. S. 186 참조).

클라이스트의 작품에서는, 극형이라는 판결의 적법성을 피고가 인정하는 반면, 뮐러의 작품에서는 지휘관의 법 개념이 피고의 인정을 받지 못한다. 탈영했던 분대장은 가상공격에서의 탈영은 실정법상 사형에 해당되지 않는다는 점을 주장하며 반발한다. 또한 자신이 저지른 죄를 인정하나, 속죄를 의미하는 사과의 말은 마음속으로만 하고 있을 뿐이다.

그리고 입술을 다문 채 그는 말했다.
그리고 부상당한 손으로 내게 경례하면서
지휘관 동무, 용서해 주십시오.
그리고 제게 다시 일선에서 적군을 물리칠 기회를 주십시오.
(Heiner Müller : Die Schlacht. Wolokolamsker Chaussee, a.a.O. S. 37)

이 판결의 적법성 문제는 작품 속에서도 중위에 의해 제기되고 있으며, 이는 사형집행 명령과 더불어 인간적인 유토피아와 정치적·군사적으로 야만적인 현실 사이의 모순이라는 문제의 핵심을 건드리고 있다.

지구상에 처음 세워진 사회주의를 방어해야 한다는 요구와 인간성의 계명 사이에서 갈등하는 지휘관은 한동안 유토피아적인 선택 쪽으로 기울지만, 조화로운 갈등의 해결이라는 이상을 억누르고 전체 사병들을 군인답게 단련시키기 위해 한 병사를 희생시키는 쪽으로 선회하고 만다. 자신의 부대가 전쟁에서 기능을 제대로 발휘할 수 있는 쪽으로 선회하는 것이다. 그러나 뮐러는 이 국가와 민족에 대한 배반자의 처형을 단순한 이성의 승리로만 묘사하고 있는 것은 아니다. 폭력 사용을 택한 이성의 승리와 함께 인간적 유토피아를 택하지 못한 패배에 대한 수치, 분노, 슬픔도 아울러 드러내고 있다. 이는 전쟁수행 능력을 회복한 자신의 부대에 대한 지휘관의 자긍심만을 보여 주는 것이 아님을 의미한다.

> 내 명령에 따라 병사들은 총들을 거머쥐었다.
> 마치 한 명의 병사가 하나의 총을 거머쥐듯이 일사분란하게
> 내 가슴속엔 자랑스러움이 솟구쳤다.
> 도시와 농촌에서 온 이 인간 잡동사니들이
> 군인들로 다시 태어난 것이다.
> 그리고 자랑스러움과 함께 부끄러움도
> 그리고 분노와 슬픔도. (앞의 책 S. 36)

뮐러는 원작과는 달리 지휘관의 화해를 향한 유토피아적 순간을 지휘관의 실제적인 도피적 소망으로 분명하게 드러내고 있다. 뮐러는 지휘관이 지휘관의 직무로부터 도피하고자 하는 의식과 인간적이고 폭력적이지 않은 조화로운 화해의 해피엔딩을 택하고자 하는 내면의 의식을 반복적으로 분명하게 부각시켜 놓음으로써, 갈등의 첨예화라는 연극의 본질을 충족시키고 있다. 한 병사의 희생을 통해 승리가 가능해졌다. 그리고 실정법보다 한 차원 높은 필요성에 따라 행해진 이 폭력은 추후에 정당성을 획득했으며,

이 폭력을 사용하는 주체 또한 도덕적 부담을 덜게 되는 것이다.

그러나 뮐러의 지휘관은 원작 소설의 주인공과는 달리 현재의 시점에서 지난 2차 대전 당시를 회상하며,[82] 자신이 처형한 병사에게 용서를 빌고 있다. 그러나 지휘관은 사회주의를 지키기 위한 파시즘과의 전쟁에서 자신이 행한 과업이 빚어낸 죽음에 대해서 홀가분하지 못한 심정이다.

죽은 자에게 용서를 빌고 싶었다.
그의 죽음에 대해 용서를.
그를 죽이는 일이 나의 의무였었지만. (앞의 책 S. 38)

뮐러의 지휘관은 뮐러의 이전 교육극 『호라티우스』와 『마우저』에 나오는 인물들과 다른 면모를 가지고 있다. 호라티우스는 불가피하게 한 인간을 죽인 후 통제력을 잃고 살인을 계속했던 자이고, 마우저 또한 혁명과업으로서의 처형 행위라는 본질을 망각한 채 무의식적으로 사람을 죽이는 살인기계로 전락한 혁명재판소의 사형집행인이다. 이에 반해 이 작품의 지휘관은 '역사적으로 불가피했던' 상황이라는 범주를 벗어나지 않았을 뿐만 아니라, 필요 이상으로 살인을 저지르지 않았던 자로서 자신의 부대에 속한 '첫 번째 배신자'를 숙청하는 과정에서도 신중하고 제한적인 폭력을 사용하였으며, 그의 사후에는 용서까지 빈다는 점에서 호라티우스, 마우저와 대조된다.

그러나 뮐러의 이 지휘관 역시 마우저의 경우처럼 자신이 해 온 작업을 통해서 부단한 갈등으로 소진된 자이며, 인간적인 관점에서 어린 병사를

82) 이 점은 『살육』의 〈긴 칼의 밤〉에서 나찌 시절의 형제간의 살육을 살육의 당사자가 현재의 시점에서 회상하고 있는 것과 동일하다.

보호하려는 혁명의 인간적 요구와 전쟁이 필요로 하는 군기 사이의 불협화음 속에서 갈등하는 자이다. 원작 소설이 지휘관 행동의 합법성과 희생의 의미를 분명하게 긍정적으로 인정하고 있는 반면,[83] 뮐러의 위와 같은 인물 설정은 합법성과 희생의 의미에 대한 의문을 새롭게 제기하고 있는 셈이다. 지휘관이 이끄는 연대가 그 후 승승장구하였다는 언급은 희생의 의미를 찾기에는 미흡하기 짝이 없다. 이는 마치 적군의 공격을 코앞에 둔 비상사태라는 핑계로 자신의 과거 행적에 대한 죄의식을 덜어 보려는 수작에 다름 아닐 것이다. 이와 같은 자세는 『호라티우스』에서 모든 것이 적과의 대치상황 때문에 일어났다고 여러 차례 항변하는 모습에서 이미 발견되고 있다.

『마우저』 역시 전투의 소음과 비텝스크 시가 아군과 적군에게 여러 번 교차 점령을 당한 도시라는 불안한 상황을 반복해서 언급하고 있다. 원작 소설에서는 암시에 그친 주인공의 의식 균열이 뮐러에게서는 유토피아와 현실 사이의 갈등으로 나타난다. 지휘관의 정체성은 때로는 처형당하는 병사를 연민하며 병사의 입장이 되기도 하고("나는 그 병사의 외투를 입고서 있었다"), 때로는 단호하게 거리를 둔 내적 만족감에 사로잡히기도 한다("총살의 총소리는 지휘관의 자랑이었다"). 지휘관의 의식은 이처럼 분열되어 있으며, 이 분열 상태는 회상을 하고 있는 현재의 시점까지도 계속되고 있다.

그리고 아직도 죽은 병사는 내 곁을 거닌다.
나는 숨 쉬고 먹고 마시고 밤에는 자지만

---

83) Norbert O. Eke : Heiner Müller, a.a.O. S. 261 참조.

내 머릿속에서 전쟁은 아직도 멈추지 않는다. [···]
입술을 다문 채 내게 말했던 어린 병사
부상당한 손으로 내게 경례했던 그 어린 병사.
(앞의 책 S. 39)

죽기 직전 자신의 죽음의 의미와 자신이 행했던 혁명과업의 의미, 즉 혁명의 적들을 죽이는 행위의 의미가 무엇인지를 묻는 마우저의 마지막 질문이 작품이 끝났음에도 작품을 뛰어넘어 오래 지속되는 것처럼, 지휘관의 갈등도 해소되지 않은 채 긴 여운으로 작품을 뛰어넘고 있다.

역사적으로는 합법적인 처형으로 처리되었음에도 불구하고, 주관적으로는 계속해서 죄책감을 느낀다는 사실은 사회주의 역사 속에서 저질러진 폭력의 문제를 해결하지 않은 채로 묻어 버리려는 모든 시도를 용납하지 않고 분명하게 부각시키고자 하는 작가 뮐러의 자세를 말해 주고 있다. 아울러 뮐러는 유토피아와 현실 사이의 갈등 또한 묻혀 버릴 수 없음을 시사해 주고 있다. 현재의 시점에서 회상이란 틀을 사용함으로써 과거의 사건이 갖는 현대적 맥락을 살려내고, 직접화법과 회상을 혼용하는 서사극적 수법은 브레히트가 『조치』에서 사용했던 수법임은 의심의 여지가 없다.

『볼로콜람스크 국도』 I 부에서 뮐러는 역사와 역사의 희생자들에 대한 죄책감을 잃지 않은 채, 희생자들이 감내해야 했던 고통들이 정치적 실천과정에서 비롯된 것이며, 유토피아를 추구하는 과정 속에서 생긴 것들이라는 점을 보여 주고 있다. 그리고 지나칠 정도의 유토피아적인 순간을 회상의 틀을 통해 과거의 시공으로부터 현대의 시공으로 옮겨 놓으면서, 평화주의의 유토피아적인 요구가 사라지지 않고 보존되도록 하여, 오늘의 현실이

이 요구를 항상 새롭게 도전으로 받아들일 것을 주장하고 있다.

(2) 아나키즘과 사회주의 질서: 『볼로콜람스크 국도』 II부 〈모스크바 근교의 숲〉

I 부에서 지휘관의 엄격함이 사회주의를 적들로부터 보호하는 승리의 전제조건이라고 보았다면, II부에서는 이렇게 관철된 사회주의를 더욱 더 발전시키기 위하여 불안정한 요소를 어느 정도까지 인정해야 하는가에 관한 문제를 제기하고 있다. II부는 스스로의 책임하에 행동하는 주체의 의미를 묻는다는 점에서는 I 부와 유사하다. 폭력으로 지키고 관철시킨 사회주의에 내포된 독단적 행위를 문제 삼으면서, 사회주의 질서가 사회주의의 지속적인 존립의 조건인가에 대한 질문을 제기하고 있다. 작가 자신은 I 부의 주안점이 평화주의이고, II부는 아나키즘임을 밝히고 있다.

> 볼로콜람스크 1부에서는 평화주의, 2부에서는 아나키즘이 텍스트의 주안점입니다. (GI. S. 192)

원작 소설 속에서 주인공이 지휘하는 연대가 처한 당시의 상황은 다음과 같다. 볼로콜람스크 국도가 함락된 후 독일군의 공격을 받고 급히 후방으로 후퇴해 버린 상급부대와 격리되는 바람에, 연대는 명령체계에서 분리되어 버렸다. 그리고 의무대 부상병들의 느린 행군속도에 맞추어 볼로콜람스크 국도를 따라 형성된 숲 속에서 헤매고 있었으며, 독일군들은 숲을 향하여 소련군의 머리 위로 총격을 가해오고 있었다. 사병들뿐 아니라 지휘관까지도 정신을 잃고 전의를 상실하여 절망에 빠져 있었지만, 지휘관은 겉으로는 유연한 자세를 취하며, 승리에 대한 확신이 사라졌음을 오직 마음속으로만 간직한 채 국가와 사회주의 혁명을 지키려는 의무감과 책임감으로 마음을 가다듬고 체념적인 패배주의를 극복하고자 한다.

그러나 뮐러는 원작이 제기하지 않는 문제점도 새롭게 제기하고 있다. 뮐러가 여기에 등장시킨 지휘관은 스탈린의 후퇴 전략을 정면으로 비판하면서, 정치 지도부에 대한 결렬을 제시하고 있다.

> 그리고 당신은 우리들을 어떻게 이끌었습니까, 스탈린 동지?
> (앞의 책 S. 42)

지휘관에 대한 불만이 '어디로'에서 '어떻게'로 바뀜에 따라 뮐러는 스탈린주의로 불리는 관료주의, 중앙 집중주의, 교조주의 등에 대한 비판으로 초점을 바꿔 주고 있는 것이다.

군의관 벨렌코프 대위는 행군 도중 연대와 헤어지고 나서 연대와 연결이 끊어질까 두려운 나머지, 부상병들을 위험에 방치한 채 홀로 연대를 찾아 나서 급기야 연대와 합류하게 된다. 군의관으로서의 의무감을 저버린 이 행위에 대하여 지휘관은 I 부에서와 같이 더 많은 다수가 살아남을 수 있는 길을 보장하기 위하여 실정법을 어기는 결정을 내리게 된다. 군의관을 대위에서 사병으로 강등시키는 이 결정 과정에서 지휘관은 두 가지 갈등을 겪게 된다. 첫째는 군의관의 이기적인 직무 이탈은 전투 속에서 이제 가까스로 획득된 사병들의 장교들에 대한 보편적인 신뢰감, 특히 지휘관인 자신에 대한 신뢰감을 상실하게 되는 부담이다. 둘째, 군의관은 부대지휘관의 통솔하에 있지만, 중위 계급인 지휘관이 상급자인 대위를 징계할 수 없다는 점이다. 더욱이 군의관은 자신을 위생병으로 강등시키는 조치를 두 가지 이유를 들어 거부한다. 첫째, 자신은 의과대학에서 교육을 받은 자이기 때문에 의사로서 대우받아야 함을 요구하고, 둘째, 실정법에 따라 자신의 강등 조치는 지휘관의 권한에 속하는 것이 아니라 장관의 권한에 속한다는 점이다. 그러나 지휘관은 군의관의 이의 제기를 한편으로는 인정하면서도, 특수상황을 근거로 보다 더 높은 법의 개념을 빌려 실정법을 무시하고 만다. 지휘관의 이러한 조치는 그의 결정을 주시하고 있는 50명의 병사들의 시선을 의식한 결과이다. 부대를 올바르게 이끌어 독일군에게 포위된 상황에서 속히 벗어날 수 있기를 염원하는 무언의 눈초리들을 의식한 결과이다. 지휘관은 자신의 지휘하에 있는 연대원들을 독일군의 포위망 밖으로 이끌어야 할 책임감을 느끼며, 이러한 특수 상황 속에서는 연대를 지휘하는 자신이 바로 국가권력을 대표하고 있음을 깨닫는다. 그리고 적들에게 포위된 이 특수 상황 속에서 자신은 소련의 국가권력임을 군의관에게 주지시킨다.

[…]
우리 연대는 소련의 군대이다.
우리가 신고 있는 장화가 딛고 있는 땅의 이름은
소련이며 나는 바로 소비에트 국가권력이다 […].
(앞의 책 S. 49)

실정법을 무시하는 문제를 원작 소설은 군대적인 문제로 국한시키는 데 반하여, 뮐러는 갈등의 근본적인 차원을 드러내면서 실정법 위반 문제를 군대 범주를 벗어나 주체의 책임에 관한 문제와 역사의 발전을 위한 주관적인 충동의 필요성에 관한 문제로 확대한다. 따라서 포위된 상황은 역사철학적인 비유의 의미를 획득하게 된다. 이전의 뮐러 작품에서 스탈린그라드 고립 상황(소련군에게 포위된 독일군)은 전사적(前史的)이고 야만적인 역사의 반복에 대한 비유로 쓰였다. 그러나 이 작품에서의 포위 상황(독일군에게 포위된 소련군)은 고립된 상황을 벗어날 가능성과 그 대가에 대한 문제를 제기하면서, 작품 속에서 회상되고 있는 사건의 구체적 내용의 범주를 벗어난 역사적 전망의 문제라는 근본적 차원을 획득하고 있다.

나는 내 눈으로 병사들의 수를 헤아려 보았다.
얼마나 많은 병사들이 전사하게 될 것인가?
포위망을 뚫고 나갈 때, 누가, 누가 전사할 것일까?
우리들은 이 포위망에서 결코 빠져나갈 수 없을지도 모르지.
그리고 우리들의 뼛조각들은 이곳의 나무뿌리에 묻히겠지.
이 외딴 섬의 사람의 흔적도 없는 숲 속에서.
(앞의 책 S. 48f.)

뮐러는 바로 이러한 문제제기를 통해 브레히트가 의미한 변증법적 사고의 유연성을 연습시키고자 한다. 즉 권력이 필요로 하는 아나키즘적 자세와 이를 상시적으로 발전시키고, 새로운 상황에 적응해 나가야 할 필요성을 제시하고 있다.

원작이 군의관의 배신적 직무유기에 초점을 두고 있는 데 반해, 뮐러의 군의관은 자신의 정당성을 주장하는 데 급급해 하지 않을 뿐만 아니라, 사회주의 질서의 구조, 즉 혁명과 사회주의의 근본적인 질서구조를 비판하고 있다.

그리고 누가 우리를 이 포위망 속으로 이끌었습니까?
누가 우리를 이 숲 속에서 헤매도록 하였습니까?
몇 시간인지도 모른 채 숲 속을 맴돌게 했습니까?
당신도 보다시피 병사들은 지쳤고
당신의 지휘 아래 지쳐 사경을 헤매고 있습니다.
(앞의 책 S. 43f.)

숲속에서 방황하도록 부대를 이끈 지휘관의 책임을 사회주의 질서의 구조적 차원으로 확대시키는 군의관과, 배신행위를 저지른 자에 대한 응징을 원하는 수많은 병사들의 눈초리 사이에서, 지휘관은 잠시 결정해야만 하는 자의 위치에서 도피하고 싶은 욕망에 사로잡히기도 한다. 얼굴 없는 평범한 한 병사로 도피하여 지휘관으로서의 책임과 지휘의 중압감으로부터 해방되고자 한다.

군중 속으로 사람들 속으로 사라져 버리고 싶었다.
병사들의 눈초리가 더 이상 나를 따라올 수 없도록.
(앞의 책 S. 44)

그러나 뮐러는 지휘관으로 하여금 체념과 연약함을 극복하고 본연의 임무에 충실하는 데 결정적인 역할을 하도록 대중을 의미하는 병사들, 즉 집단에 초점을 맞추고 있다. 에델만과의 대담에서 뮐러는 다음과 같이 밝히고 있다.

대중들의 중력은 자본주의에서는 조건에 불과하지만, 사회주의에서는 집단이 바로 정치입니다. 이 점이 바로 이 장면의 핵심입니다. 지휘관에게 영향력을 끼치는 부대의 중력 말입니다. (GI. S. 193)

실정법을 무시한 아나키스트적인 행동에 대해 군의관 이외의 병사나 장교가 부대지휘의 책임을 물어 자신이 제2의 군의관이 될지도 모르는 위험 속에서도 지휘관은 강등 조치를 끝내 관철시킨다. 이와 같은 행동을 뒷받침하는 것은 앞서 언급한 병사들의 무언의 압력과 사회주의 질서에 대한 지휘관의 애착심이다.

호라티우스와 마우저가 배우들이 부정해야 할 측면을 지닌 과도한 폭력을 행사한 부정적인 인물들인 데 반하여, 『볼로콜람스크 국도』 Ⅰ, Ⅱ의 지휘관은 실정법을 어긴다는 부정적 측면을 가지고 있지만, 과도한 폭력이 아니었다는 시각을 아울러 제시함으로써, 뮐러는 "부정의 부정"이라는 브레히트의 교육 방식을 도식적이 아니라 비판적으로 수용하고 있다. 배우들에게 부정의 대상으로 제시되는 것의 무게중심은 실정법의 어김보다도 유토피아에 대한 동경과 현실과의 갈등, 즉 평화주의 쪽에 더 기울어져 있다. 또한 볼로콜람스크 국도상의 소련군의 고립 상황을 다룸으로써, 2차 대전 당시의 고립 상황에 대한 독일인의 보편적 시각을 전도시켜 놓는다. 2차 대전 당시 스탈린그라드 전투에서 소련군에게 포위당한 독일군의 고립 상황이 보편적인 독일인의 뇌리에 깊이 각인되어 있기 때문이다. 이와 같은 상황은 독일인 배우에게는 지휘관의 판단에 대한 평가에 앞서 민족감정과 이데올로기의 갈등을 극복해야 하는 문제를, 배움과 토론의 대상에 자연스럽게 첨가시킨다. 이처럼 절묘하게 전도된 시각을 통해, 고립상황을 벗어나려는 지휘관의 실정법 위반행위는 "빙하기"를 벗어나려는 사회주의자의 고통스러운 결단으로 부각되어, 스탈린그라드의 고립상황을 벗어나려다 1개 사단병력이 거의 전멸했던 전사적(前史的) 야만행위와 대비를 이루게 된다. 부정의 대상으로 뮐러가 제시하는 것은 지휘관의 실정법 위반행위보다는 스탈린으로 상징되는 사회주의 지도층의 오류와 변증법적 사고를 통한 결단을 주저하며 지휘관의 의무에서 도피하고자 하는 지휘관의 우유부단함이다. 변증법적 사고를 훈련시키려는 교육극은 뮐러에 의해 이처럼 한층 더 발전된 양상으로 전개되었다.

『볼로콜람스크 국도』 Ⅰ, Ⅱ에서 뮐러는 소련의 탱크가 베를린으로 오기까지 어떤 대가를 지불했는지에 대한 회상을 또렷하게 부각시키고 있다. 그러나 파시즘으로부터 사회주의를 구원한 소련 탱크가 추후 사회주의를 지킨다는 명목하에 경직된 사회주의에 저항하는 자들(베를린 폭동 / 헝가리 / 프라하의 봄)을 진압하는 탱크로 변모한다는 사실 또한 5부 〈주워 온 아이〉에서 보여 주고 있다.

【하이너 뮐러 연보】

1929년 1월 9일, 구동독 작센(Sachsen)주, 에펜도르프(Eppendorf)에서 출생.

1945년 나치 노동봉사에 징집됨. 미군의 포로가 되었으나 탈출. 대학입학 자격시험인 아비투어를 마침.

1949년 메클렌부르크주 바렌의 한 도서관에서 일함. 잡지기자 활동 시작.

1950년 시 「필록테트」, 「시작에 관한 보고」, 산문 「할아버지에 대한 보고」.

1950~1956년 〈일요신문(Sonntag)〉지 기자.

1951년 『살육』의 초안 작성.

1953년 〈신독일문학(Neue Deutsche Literatur)〉지 기자.

1954년 동독 작가 연맹 가입.

1955년 『트랙트』 작업 시작.

1956년 잉에 뮐러와 공동 작업으로 『헐값 노동자』 집필. 『게르마니아 베를린에서 죽다』와 『이주 노동자 혹은 농촌의 삶』 작업 시작. 『세계를 뒤흔든 10일』 집필.

1957년 잉에 뮐러와 공동 작업으로 『수정』(1판) 집필.

1957~1958년 〈젊은 예술(Junge Kunst)〉지 편집자.

1958년 라이프치히에서 『헐값 노동자』 초연. 『수정』(2판), 『클레비츠 보고』, 자전적 산문 「아버지」 집필. 『필록테트』 작업 시작.

1958~1959년 『헐값 노동자』, 『수정』의 공연으로 동베를린 막심-고리끼 극장에서 활동.

1959년 『헐값 노동자』로 하인리히 만 문학상 수상(잉에 뮐러와 공동 수상).

1961년 『이주 노동자 혹은 농촌의 삶』을 완성하고 이 작품을 카를스호르스트 경제대학학생 무대에서 초연(연출 : B. K. 트라게렌). 그러나 이 작품이 반국가적 성향이라는 이유로 당기관이 개입함. 이 사건으로 12월, 뮐러는 작가연맹에서 축출당함.

『트랙터』 작업을 일시적으로 마침.

1963년 『건설현장』 작업 시작.

1964년 『건설현장』 완성. 『헤라클레스 5』 작업 시작. 『이주 노동자 혹은 농촌의 삶』을 "농부들"이란 제목으로 바꿔 완성. 『필록테트』 완성. 에리히-바이너르트 메달 수상.

1965년 12월, 『건설현장』이 사회주의통일당 중앙위원회 11차 총회에서 비판받음. '독일극장(Deutsches Theater)'에서 『건설 현장』 공연이 초연(연출 : 벤노 베송) 직후 중단됨.

1966년 6월 1일, 아내이자 동료작가였던 잉에 뮐러 자살. 『헤라클레스 5』, 『폭군 오이디푸스』 완성. 『필록테트』와 『헤라클레스 5』가 처음으로 주어캄프 출판사에서 출간됨.

1967년 『프로메테우스』 작업 시작. 서독에서 처음으로 뮐러의 작품이 공연됨(『폭군 오이디푸스』, 보쿰 앙상블, 연출 : 한스 요아힘 하이제). 긴카 촐라코바(Ginka Tscholakowa)와 불가리아에서 결혼.

1968년 『프로메테우스』 완성, 『호라티우스』 집필. 뮌헨 레지덴츠 극장에서 『필록테트』 초연.

1969년 잉에 뮐러의 방송극 『여성작업조』를 모델로 『영성 코메디』 집필.

1970년 베를리너 차이퉁 비평가상 수상. 『마우저』 집필.

1970~1976년 베를린 앙상블의 드라마투르그.

1971년 『게르마니아 베를린에서 죽다』 완성. 셰익스피어의 『맥베스』를 토대로 하여 『맥베스』 집필. 볼프강 하리히(Wolfgang Harich)가 이 작품을 비난함으로써 뮐러의 '역사비관주의'에 대한 논쟁이 일어남.

1972년 『시멘트』 집필.

1973년 함부르크 시정부의 지원금을 거절함.

1974년 『트랙터』, 『살육』, 「메데아놀이」 완성. 서베를린의 로트부흐(Rotbuch) 출판사에서 뮐러의 선집이 출간되기 시작함. 『호라티우스』 서베를린 쉴러 극장에서 초연됨.

1975년 미국 체류. 텍사스 대학교에서 강연. 이 대학에서 『마우저』가 초연됨. 산문 「사망신고」 집필. 동독의 레씽상 수상.

1976년 동베를린 '민중무대(Volksbühne)' 드라마투르크. 베를리너 차이퉁 비평가상 수상. 『군들링의 생애 프로이센의 프리드리히 대왕 레씽의 잠 꿈 절규』 집필. 서독에서 동독을 비난했다 하여 시민권을 박탈당한 작가 볼프 비어만을 위한 청원서에 자라 키르쉬, 크리스타 볼프, 폴커 브라운 등과 함께 서명.

1977년 『햄릿기계』 집필. 『필록테트』가 동독에서 초연됨.

1978년 브레히트의 단편 「이기주의자 요한 팟쩌의 몰락」을 개작하여 함부르크의 샤우스 필하우스에서 공연. 두 번째 미국 여행.

1979년 5월, 『게르마니아 베를린에서 죽다』 뮐하임 극작가상 수상. 『과업. 어느 혁명에 대한 회상』 집필.

1980년 『사중주』 집필. 동베를린 '민중무대'에서 자신의 연출로 『과업』 초연. 쾰른에서 『마우저』 독일 초연.

1981년 『심장』 집필.

1982년 동독 예술아카데미 회원. 『황폐한 물가 메데아자료 아르고호 사람들이 있는 풍경』 집필. 보쿰에서 『사중주』 초연.

1983년 네덜란드에서 열린 '홀랜드 페스티벌 1983'에서 '하이너 뮐러-프로젝트'가 개최됨(벨기에, 네덜란드, 불가리아, 동독, 서독의 10개 극단이 공동 기획). 동베를린 예술 아카데미 회원. 보쿰에서 『황폐한 물가 메데아자료 아르고호 사람들이 있는 풍경』 초연.

1984년 『그림쓰기』, 『해부 티투스 로마의 몰락 셰익스피어 주석』 집필. 현대 연극의 기수 로버트 윌슨(Robert Wilson)과 공동작업 시작.

1985년 게오르그 뷔히너상 수상. 전쟁실명자 방송극상 수상(작곡가 하이너 괴벨스와 공동 수상). 『볼로콜람스크 국도 1』 집필. 『볼로콜람스크 국도 2-4』 작업 시작.

1986년 동독 예술-문학 1급 국가상 수상. 『볼로콜람스크 국도 2-4』 완성. 서베를린 예술아카데미 회원. 로버트 윌슨(Robert Wilson)이 뉴욕 콜럼비아 대학교에서 『햄릿기계』 공연.

1987년 『볼로콜람스크 국도 5』 집필. 『해부 티투스 로마의 몰락 셰익스피어 주석』이 동독에서 초연됨.

1988년 2월, 작가연맹에 복귀. 문화부 극작 고문위원회 위원. 『볼로콜람스크 국도 1-5』가 파리에서 초연됨. 베를린 독일극장(Deutsches Theater Berlin)에서 뮐러 스스로 『헐값 노동자』를 연출하여 양 독일 비평가들로부터 극찬 받음.

1989년 11월 4일, 베를린 알렉산더 광장에서 열린 대규모 군중 시위에서 자유노조 설립을 호소하는 전단을 읽어 심한 야유를 받음.

1990년 프랑크푸르트 연극제 '엑스페리멘타 6'이 뮐러에게 헌정됨. 5월 19일부터 6월 4일까지 17일간 이어진 이 연극제에서는 동독과 서독의 연극인, 예술인이 공동으로 참여하여 뮐러에 관한 90가지가 넘는 행사를 마련함. 7월 16일, 동독 예술아카데미 원장에 피선. 클라이스트상 수상. 세베를린 예술대학 극작과 객원교수.

1991년 베를린 앙상블의 임시 이사진의 일원이 됨. 아비뇽 연극제에서 뮐러의 여러 작품이 공연됨. 제4회 유럽 연극상 수상.

1992년 『하이너 뮐러 시집』 출간(Alexander 출판사). 자서전 『살육 없는 전쟁』 출간. 사진작가 브리기테 마이어(Brigitte Mayer)와 결혼.

1993년 바이로이트 연극제에서 바그너의 오페라 『트리스탄과 이졸데』를 연출하여 오페라 연출가로 데뷔. 브레히트의 단편(Fragment) 「팟쩌」와 자신의 텍스트를 콜라주 한 『결투 트랙터 팟쩌』를 베를린 앙상블에서 공연. 4월에 딸 안나(Anna)가 태어남.

1994년 가을, 뮌헨에서 식도암 수술 받음. 미국에서 요양, 회복기를 가짐.

1995년 베를린 앙상블 문제로 페터 차덱, 롤프 호흐후트와 분쟁. 베를린 앙상블 단장이 됨. 5년 만에 새로운 극작품 『게르마니아 3. 죽은 자와 유령들』 완성. 11월, 베를린 연극상 수상으로 3만 마르크의 부상을 받음. 12월 30일, 암과 폐렴으로 베를린에서 사망. 이후 1996년 1월 9일(뮐러의 생일)까지 매일 그의 죽음을 추도하는 장시간의 작품 낭독회가 베를린 앙상블에서 열림.

1996년 1월 16일, 브레히트가 묻혀 있는 도로테엔슈타트 공동묘지에 안장됨. 마지막 작품 『게르마니아 3. 죽은 자와 유령들』이 출간되고, 5월 보쿰에서 레안더 하우스만의 연출로 이 작품이 초연됨. 6월에는 이 작품이 마르틴 부트케의 연출로 베를린 앙상블에서 공연됨.

【참고문헌】

1차 문헌

텍스트

Müller, Heiner : Geschichten aus der Produktion 1, Berlin 1974

: Geschichten aus der Produktion 2, Berlin 1974

: Die Umsiedlerin oder das Leben auf dem Lande, Berlin 1975

: Theater-arbeit, Berlin 1975

: Germania Tod in Berlin, Berlin 1977

: Mauser, Berlin 1983

: Herzstück, Berlin 1983

: Shakespeare Factory 1, Berlin 1985

: Shakespeare Factory 2, Berlin 1989

: Die Schlacht Wolokolamsker Chaussee, Frankfurt 1988

: Kopien 1, Berlin 1989

: Kopien 2, Berlin 1989

: Gemania 3 Gespenster am toten Mann, Köln 1996

: Gesammelte Werke, Frankfurt 2003

대담, 인터뷰

Müller, Heiner : Gesammelte Irrtümer Interviews und Gespräche, Frankfurt 1986

: Gesammelte Irrtümer 2. Interviews und Gespräche, Frankfurt 1990

: Gesammelte Irrtümer 3. Texte und Gespräche, Frankfurt 1994
: Rotwelsch, Berlin 1982
: Zur Lage der Nation, Berlin 1990
: Jenseits der Nation, Berlin 1991
: Krieg ohne Schlacht. Leben in zwei Diktaturen, Köln 1992
Müller, Heiner / Kluge,Alexander
: Ich schulde der Welt einen Toten, Hamburg 1996

2차 문헌

박설호 외 : 하이너 뮐러 연구, 한마당 1998
전영애 : 독일의 현대문학, 창작과 비평사 1998
한국브레히트학회 편 : 하이너 뮐러의 연극세계, 연극과 인간 2006
라인하르트 찹케 : 하이너 뮐러 평전, 연극과 인간 2001
이창복 : 하이너 뮐러 문학의 이해, 한국외국어대학출판부 2001

Benjamin, Walter : Illuminationen ausgewählten Schriften, Frankfurt 1988
Brecht, Bertolt : Gesammelte Werke, Frankfurt 1967
Eke, Norbert Otto : Heiner Müller, Padaborn 1989
Fiebach, Joachim : Inseln der Unordnung, Berlin 1990
Girhausen, Theo : Realismus und Utopie, Köln 1981
Hauschild, von Jan-Christoph : Heiner Müller oder das Prinzip Zweifel, Eine Biographie, Berlin 2003
Hörnik, Frank(Hrsg.) : Heiner Müller Material, Göttingen 1989
Knopf, Jan : Brecht Handbuch, Stuttgart 1980
Lehmann, Hans-Thies/Primavesi, Patrick : Heiner Müller Handbuch, Stuttgart 2003

Malzan Carlotta : Zur Bedeutung von Geschichte. Sexualität und Tod in der Werke, Heiner Müllers, Frankfurt 1988

Neubuhr, Elfriede(Hrsg.) : Geschichtsdrama, Darmstadt 1980

Schulz, Genia : Heiner Müller, Stuttgart 1980

Steinweg, Reiner(Hrsg.) : Brechts Modell der Lehrstücke. Zeugnisse, Diskussion, Erfahrungen, Frankfurt 1976

Storch, Wolfgang(Hrsg.) : Explosion of a memory Heiner Müller DDR, Ein Arbeitsbuch, Berlin 1988

Suschke, Stephan : Müller macht Theater. Zehn Inszenierungen und ein Epilog, Berlin 2003

Wieghaus, Georg : Heiner Müller, München 1981

잡지

Theater der Zeit, Berlin 1975 Aug.

Theater heute, Jahrbuch 1977 Seelze

Theater heute Jahrbuch 1980 Seelze

Alternative Heft Nr. 110/111 1976 Berlin